课堂深度变革丛书
丛书主编：刁伟波

课堂深度变革：新时代教学技术

刁伟波　李云辉　编著

中国海洋大学出版社
·青岛·

图书在版编目(CIP)数据

课堂深度变革:新时代教学技术 / 刁伟波,李云辉
编著 . -- 青岛:中国海洋大学出版社,2022.9
ISBN 978-7-5670-3280-4

Ⅰ. ①课… Ⅱ. ①刁… ②李… Ⅲ. ①课堂教学-教
学研究 Ⅳ. ①G424.21

中国版本图书馆 CIP 数据核字(2022)第 173657 号

KETANG SHENDU BIANGE: XINSHIDAI JIAOXUE JISHU

出版发行	中国海洋大学出版社
社 址	青岛市香港东路 23 号 邮政编码 266071
出 版 人	刘文菁
网 址	http://pub.ouc.edu.cn
订购电话	0532-82032573(传真)
责任编辑	赵孟欣 电 话 0532-85902533
印 制	青岛中苑金融安全印刷有限公司
版 次	2022 年 9 月第 1 版
印 次	2022 年 9 月第 1 次印刷
成品尺寸	170 mm ×240 mm
印 张	18.50
字 数	303 千
印 数	1—1 000
定 价	59.00 元

发现印装质量问题,请致电 0532-85662115,由印刷厂负责调换。

编委会

序 言

教育是国之大计、党之大计。"为谁培养人""培养什么人""如何培养人"的系列重大理论与实践问题是当前深化教育领域综合改革的首要问题。而习近平总书记关于教育的论述就内在形成了一个围绕为"为谁培养人""培养什么人""如何培养人"的逻辑理路。坚持回归常识、回归本分、回归初心、回归梦想在某种程度上就成为我们实施教育教学改革的基础和方向。

从课堂的战略地位出发,把课堂教学改革作为教育改革的核心,是烟台市多年的基础教育综合改革的基本经验。2007年,烟台市启动的"和谐高效思维对话"型课堂教学改革,提出了"教学的本质即思维对话"的主旨观点。在此后的十余年里,随着教学改革的不断推进,全市学校的整体变革取得重要进展。2019年,烟台市提出"基于学科核心素养的课堂改革",展开区域性新一轮课堂教学改革,着力在理论和实践两个层面进行实质性再创新,以期整体着实提高烟台市基础教育阶段的育人水平、教学质量。

面对新一轮课堂教学改革,我对县域教研策略的整体规划与区域融合是满怀期待的。因为,这不仅是各区市面对新机遇和新要求时的重要布局与调整,也是各区市系统梳理县域已有教学改革实践的经验与问题,广泛借鉴市内外乃至国内外影响深远的教育教学改革流派的可靠成果,努力做到兼收并蓄为我所用,融会贯通自成一体的建构过程。令人欣慰的是,海阳市教学研究室组织县域教育科研骨干编写的《课堂深度变革:新时代教学技术》一书,恰是对该县域这样一个繁难重建过程的最佳总结与诠释。

如何充分发挥每个部门每一位同仁的聪明才智,努力把教研部门建设成区域和县域教育决策的智囊团、课程与教学改革的发动机、学校和教师发展的加油站？当然，认知的不同决定了答案的不一。但我想，在海阳市教学研究室的这本《课堂深度变革：新时代教学技术》里，我似已寻找到一种答案。那就是将专业的教学技术从理念化为教育行动与实践探索。与此同时，他们也理性地认识到，当前深化课堂教学改革要警醒于单纯的技术主义，于是便从学习"地位、时间、空间"三个层面淬炼出包括课程标准的分解、课程纲要的编写、学情调研与分析在内的十项教学新技术。

众所周知，县域基础教育承载的是中国基础教育的底色和基础。那么，推动县域基础教育迈向高位优质均衡就是我们义不容辞的责任和使命！让我们深深地祝福他们！

烟台市教育科学研究院院长　管锡基

2022 年 4 月

目　录

第一章

课程标准的分解

　　新课程改革过程中出现课程标准与课堂教学"两张皮"现象,在很多教师的教学实践中是一种客观存在。怎样缩小"两张皮"间的鸿沟? 这是一个专业问题。此问题可以表述为:如何保持课程标准与教学、评价的一致性? 解决这一问题的可行路径是,将专家确定的课程标准中的内容标准落实到教师具体的课堂教学之中。也就是说,教师应理解课程标准的内涵,将其分解、转化为学习目标,并以此作为设计教学和评价的依据。对于教师群体而言,课程标准始终是教学的上位目标,因此一线教师首先需要系统学会分解实施课程标准,即掌握如何根据当前课程标准、教材、学生素质与教学资源要求等教学具体情况,将相关课程标准内容分解落实成一系列具体适用的、可实施操作检验的、可考核评价的教育学习目标。本章内容主要是,通过教学理论知识导航案例和课程实践教学案例等对新版课程标准内容分解过程进行深入解读。期待广大教学一线教师也能够通过课程标准的分解,制定更为具体有效的、可实践操作的、可持续评价的学习目标,为课堂深度变革打好基础。

第一节 理论导航

一、课程标准的相关概念

(一)什么是课程标准

2001年,我国发起推动了中国第八轮教育课程教材改革,课程标准体系是推进本次新一轮课程教育改革工作的重大标志性文件,也是教育改革理念的核心体现。更重要的是,课程标准从教育结果的角度规定了学生应知与能会的内容。因此,课程标准是包括本课程性质、课程目标、内容目标、实施纲要等各种建议内容形式的教学指导性文件。

(二)什么是分解课程标准

从教学课程理论观点分析上可以说,内容标准本身就是指为每个基础学段教师制定的共同的学习与活动目标,是上位的、抽象的、概括性的集体学习活动的基本目标。因此,分解课程标准实质上也就是指通过技术手段将上位化的课程教学内容标准进行分解,或具体分解为某一个学习单元目标,或指导该单元课时任务下教学的每一个阶段或过程目标。

(三)课程标准的主要语法结构

分解课程标准,首先需要明白内容标准是如何表述的。内容标准主要是对学生经历某一学段之后的学习结果的行为描述,其表达方式有许多种,但其核心的内容就是学生的“应知应会”。所以,它的基本句法结构至少由行为动词和这些动词所指向的核心概念(名词)构成。具体来说,内容标准的主要语法结构有以下四种。[1]

第一种:只描述行为表现。

它由行为动词和核心概念两个部分构成,描述的是“学什么”,这种语法结构是内容标准最基本、最常见的一种,例如,“了解并梳理常见文言实词、文言虚词、文言句式的意义或用法”,“理解同角三角函数的基本关系”,“愿意向他人展示并描述自己的作品”,“知道化学键的断裂和形成是化学反应中能量变化的主要原因”,“说出不同环境中可能面临的危险和避免方法”。

第二种:行为表现 + 行为条件。

这种语法结构是在上述结构的基础上,增加了一个规定行为条件的句子成分,是由行为表现和行为条件两个部分构成,描述的是“学什么”和“怎么学”,为学生的学习活动或教师的教学活动提供指导和建议。例如,“根据生产生活

中的应用实例或通过实验探究,了解钠等金属及其重要化合物的主要性质",
"在平面直角坐标系中,结合具体图形,探索确定直线位置的几何要素"。

第三种:行为表现 + 表现程度。

这种语法结构是在基本结构的基础上,增加了形容词和(或)副词等描述行为表现水平的成分,它由行为表现和表现程度两个部分构成,描述的是"学什么"和"学到什么程度",对学生的学习行为或学习结果的表现程度提出了更明确的要求,为评价工具的开发提供指导。例如,"45 分钟能写 600 字左右的文章,课外练笔不少于 2 万字","较好地掌握球类项目中某一或某些项目的技术和战术"。

第四种:行为表现 + 行为条件 + 表现程度。

这种语法结构不多见,它是在基本结构的基础上,同时增加了描述行为条件和行为表现水平的成分。它是由行为表现、行为条件和表现程度三个部分构成,描述的是"学什么""怎么学""学到什么程度",对课堂教学中学与教的活动提供指导和建议,也对学生的学习表现程度提出了大概的要求,为评价开发提供指导。例如,"在日常生活中恰当理解和表达问候、告别、感谢、介绍等交际功能","运用地图和其他资料,联系某国家自然条件特点,简要分析该国因地制宜发展经济的实例"。

内容标准的语法除含行为动词和核心概念外,还包括许多表示行为表现程度的形容词、副词等修饰词以及规定行为的条件。这些修饰词和规定性条件,与行为动词和核心概念连接在一起,构成了内容标准更加复杂丰富的内涵。因此,如何清楚地理解这些内容标准,将是教育实践者很重要的一项工作。

二、课程标准分解的意义和价值

1.分解课程标准是契约精神的体现

分解课程标准的过程,是从国家到地方教育行政部门到学校再到教师,一层一层地落实,最终达到育人的目标的过程。因此,我们每一位教师都肩负着落实课程标准的责任,分解课程标准是契约精神的体现,是民族责任的体现,是国家意志的体现。

2.分解课程标准能够促使国家课程改革的总体思路落地

分解课程标准是为了让学生清楚自己应该知道什么、会做什么;让教师可选择适当的教学方式促使学生达到标准;让管理者依据标准来合理配置教学资源以达到标准的教学。所以,分解课程标准有助于教育改革工作步调统一、目标一致、首尾如一地进行下去,使每一个人都朝着同一方向前进,使教育改革成为整个教育系统的事情,而不仅仅是某一局部的改革,从而促使国家课程改革的总体思路真正落地。

3.分解课程标准是落实学科核心素养的需要

小学数学教学中有这样一道应用题:"小红做了6朵花,小红做的数量是小明的2倍,小明做了几朵花？"学生做这类题的时候,对于用乘法还是除法经常搞不明白。而面对同一道数学题,却有截然不同的两种教法。第一位教师是这样教的。这位老师从"小红做的数量是小明的2倍"这句话中提炼出了"谁是谁的几倍"这样的句式,然后跟学生们总结说:第二个"谁"知道,用乘法,第二个"谁"不知道,用除法。第二位教师让学生通过画图的方法理解"小红做的数量是小明的2倍"表示的意思就是把6平均分成两份,小明占其中的一份,在画图的过程中抓出这道题的本质:平均分。在数学上,用除法表示平均分,学生自然而然想到用除法解决。比较这两位教师的教法,第一位教师是典型的经验主义,关注的是教师的教,虽然这种办法在短时间内有效果,但学生学到的是死知识,逻辑思维得不到深度发展。而第二位教师心中有课标,因为他关注的是学生的学,学生画图的过程就是用数学的思维来思考问题的过程,在这一过程中,学生的几何直观、数学抽象等数学核心素养都能得到有效培养,所以分解课程标准是落实核心素养的需要。

三、课程标准分解的技术要领

(一) 内容标准和学习目标的对应关系

课程标准分解是一个复杂的历程,有多种分解取向、分解方式、分解策略和对应关系。将内容标准分解成课堂操作层面的课时学习目标,在数量上的对应关系,大致有下列三种情形(表1.1)。[2]

表1.1 内容标准和学习目标在数量上的对应关系

内容标准	操作要领	学习目标	对应关系
I	替代	A	一对一
II	拆解	B	一对多
		C	
III	组合	D	多对一
IV			
V			

如表 1.1 所示,一对一关系是指一条学习目标达成一条内容标准,一对多关系是指一条内容标准需要分解成多条学习目标才能达成,多对一关系则是将多条内容标准或其中相关的目标因子组合、聚焦或联结在一起而成为一个学习目标。

(二)内容标准的分解策略

根据上述内容标准与学习目标的三种对应关系,我们将内容标准的分解确定为四种相应的策略:替代、拆解、组合、聚焦/联结(表 1.2)。

表 1.2 内容标准的分解策略

对应关系	一对一	一对多	多对一	
分解策略	替代	拆解	组合	聚焦/联结
关系图示	A → A′	A → A_1, A_2, A_3	A, B, C → D	A, B, C → D

1. 替代策略

替代策略是指利用一对一的对应关系,用具体的学习内容代替内容标准中宽泛的学习要求。以一年级数学下册《认识图形》这一单元为例,这一单元主要学习的几何体是长方体、正方体、圆柱体和球。《数学课程标准》当中 1～3 学段关于几何体的课标描述有这样一句话:能对简单的几何体和图形进行分类。那么在学习这一单元时,我们就可以用长方体、正方体、圆柱体和球这样具体的内容替代宽泛的几何体。

2. 拆解策略

拆解策略是利用一对多的对应关系,将内容标准拆解成几个互相联系的细项指标,以此形成具体的学习目标。以小学数学《24 时记时法》一课为例,课标中关于"24 时记时法"的描述是"了解 24 时记时法"。关于"怎么样就算是了解"以及"了解 24 时计时法的哪些相关内容"课标当中没有做具体的阐述,因此需要用"拆解"策略对"了解 24 时记时法"进行分解。这里的核心关键词是"24 时记时法",与"24 时记时法"相关的核心知识体系包括"记时原理""记时特征""记时意义""相互转化"等。根据这些核心知识可以把"了解"拆解为"描述""说出""举例说明""辨认"等,这样就形成了"24时计时法"这一课学习目标的剖析图。

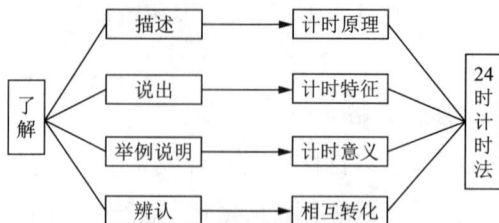

图1.1 "24时计时法"学习目标剖析图

3.组合策略

组合策略是按照多对一的对应关系,合并相关的内容标准,或选取多条内容标准中具有关联性的部分内容作为教学焦点,形成学习目标。例如中学《体育与健康》这一单元相关联的课标内容为:"认识和理解体育锻炼对身体形态发展的影响""认识和理解体育锻炼对身体机能发展的影响",这两条标准其实都是强调体育锻炼对体质健康的意义,所以我们就可以将这两条标准具有关联性的部分内容作为教学焦点,形成"理解体育锻炼对体质健康的意义"这一学习目标。

4.聚焦/联结策略

聚焦/联结策略是运用多对一的对应关系,选取多条课程标准中相同的或具有关联性的部分内容作为教学的焦点,形成一个学习目标。如"能用动摩擦因数计算摩擦力","用力的合成与分解分析日常生活中的问题",可以聚焦/联结,形成"分析斜坡停车问题"这一学习目标。

分解课程标准是根据学情、校情和其他课程资源将上位的内容标准具体细化为下位学习目标的过程。这一过程中,基本的分解策略是拆解,即使采用聚焦/联结策略,也必须在拆解的基础上,再聚焦/联结其中内容相同或关联的部分构成学习目标,因此,拆解策略是分解课程标准的基本策略。

五、内容标准分解的基本方法

分解课程标准的基本方法是要素分析法,主要就是分析一条内容标准的语法结构中是否具备行为主体、行为动词、行为条件以及表现程度这四个基本要素,一致性地回答"谁学"(经常省略)、"学什么""怎么学""学到什么程度"。运用要素分析法分解课程标准一般分为六步:第一步,分析语法结构和关键词;

第二步,扩展或剖析核心概念;第三步,扩展或剖析行为动词;第四步,确定行为条件;第五步,确定表现程度;第六步,写出学习目标。

总之,将内容标准具体化为课堂中的学习目标,是一项复杂的专业活动,整个过程充满着专业判断。因此,本章所讨论的策略与技术只是教师或命题专家在开展基于课程标准的教学与评价时的知识基础,并不能代替教师或命题专家的工作。还有许多问题有待进一步研究,期待本章内容能够起到抛砖引玉的效果。

六、理论提升

改革开放40多年来,我国基础教育课程教学改革从目标方向和价值追求的变迁来看,经历了从"双基"到"三维目标"再到"核心素养"三个阶段。从"双基"到"三维目标"再到"核心素养"的变迁体现了从学科知识到学科本质,再到学科育人价值的转变,从而使学校教育教学不断地回归人、走向人、关注人,进而实现真正的以人为本。

(一)教学评一致性

教学评一致性是有效教学体系的一种基本原理,它要求教师自身的教、学生之间的互学、课堂之间的评高度一致起来,这种一致性应体现在所有教、学、评共同指向同一学习的目标上——"教师的教,是为学习目标的教;学生的学,是为学习目标的学;课堂的评,是对学习目标的评"。因而,设计一套科学、具体、可供操作应用的学习目标也是有效的教学设计的应有之意。因此,课程标准分解是保障教学评一致性的有效前提。

(二)目标导向

"双减"背景下课堂教学要"提质增效",这是广大一线教师面临的新挑战。试想一下,如果一堂课没有清晰准确的目标进行引领,"提质增效"就无从谈起。这就要求我们从传统课堂的教学走向目标导向的课堂教学。学科课程标准在宏观层面上规定了现阶段国家教育方针对该领域学科质量标准提出的最新要求,是我们确立"基于标准教学"科学之本,是教师设计课程学习总目标的一项重要依据,它必然是我们课程目标制定的指导方向。

(三)素养导向

"学生发展核心素养"课程已经基本成为当前我国基础教育发展的内在灵魂,可以说其核心素养要求是契合新课标理念的。义务教育一线教师必须主动思考并提升自己以教育价值观培养为根本核心要素的综合素质能力,才能更好地承担起全面培养基础教育学生核心素养、综合教育能力水平的任务。这就意味着新课程标准还隐含着我们对新课程教师角色转变的一种期待:不是一本教科书的直接执行者,而是一整套教学实施方案的直接开发者。它更加明确地限定了让教师与学生等新课程实施者同时作为相对独立的个体全面参与新课程教学改革过程,使新课程更具有自我生成性、适应性和进行实践的可能。也就是说,教师要从教书匠成为育人者,从学科教学转向学科育人。

第二节　课标分解让教学有根可寻

"纸上得来终觉浅,绝知此事要躬行",课程标准分解技术需要在实践中不断提升,才能为有效教学更好地服务。以下教学案例,分别从小学和中学不同学科进行了课程标准分解的尝试与探索,希望能为广大教师提供课程标准分解的指导和帮助。

小学案例篇

案例一

课程: 小学语文

教材版本: 义务教育教科书(五·四学制)小学语文人教版五年级上册

教材课题: 四季之美

课程标准:

(1)有较强的独立识字能力。累计认识常用汉字 3000 个左右,其中 2500 个左右会写。

(2)能用普通话正确、流利、有感情地朗读课文。

(3)默读有一定的速度,默读一般读物每分钟不少于 300 字。学习浏览,扩大知识面,根据需要搜集信息。

(4)能联系上下文和自己的积累,推想课文中有关词句的意思,辨别词语的感情色彩,体会其表达效果。

(5)在阅读中了解文章的表达顺序,体会作者的思想感情,初步领悟文章的基本表达方法。在交流和讨论中,敢于提出看法,做出自己的判断。

(6)受到优秀作品的感染和激励,向往和追求美好的理想。

（7）养成留心观察周围事物的习惯,有意识地丰富自己的见闻,珍视个人的独特感受,积累习作素材。

对应关系:本课教学目标在课程标准中的内容标准有一定的概括性,需要分解为多条学习目标才能达成,与本课学习目标的关系是"一对多"。

分解策略:替代策略、拆解策略、组合策略

分解步骤:

第一步:分析句型结构及找出内容标准中的关键词。

陈述方式:结果性目标

句型结构:行为表现 + 行为条件 + 表现程度

行为动词:独立识字、认识、会写、搜集信息、积累、推想、辨别、初步领悟、提出看法、受到激励、留心观察、积累素材。

核心概念:读、悟、写

第二步:扩展或剖析关键词或核心概念。

表1.3

课题	概念体系	知识地位
四季之美	掌握生字、生词	一般
	有感情地朗读课文	重点
	品味动态描写,感受独特韵味	难点
	写出片段体现动态美	一般

第三步:形成剖析图,扩展或剖析行为动词。

表1.4

课题	概念体系	行为动词	学生经验
四季之美	掌握生字、生词	认识、会写	有前备经验
	有感情地朗读课文	朗读、默读、搜集、推想	有前备经验
	品味动态描写,感受独特韵味	体会、领悟、交流、体会、提出	有前备经验
	写出片段体现动态美	做出、观察、积累	有前备经验

第四步:确定行为条件。

表 1.5

课题	概念体系	行为动词	行为条件
四季之美	掌握生字、生词	认识、会写	自主预习,教师范写
	有感情地朗读课文	朗读、默读、搜集、推想	抓住关键词句,想象画面
	品味动态描写,感受独特韵味	体会、领悟、交流、体会、提出	练习上下文、关键语句
	写出片段体现动态美	做出、观察、积累	联系课文选取自己印象深刻的景物

第五步:确定行为表现程度。

表 1.6

课题	概念体系	行为动词	行为条件	表现程度
四季之美	掌握生字、生词	认识、会写	自主预习,教师范写	会写、会认
	有感情地朗读课文	朗读、默读、搜集、推想	抓住关键词句,想象画面	有感情地朗读句子
	品味动态描写,感受独特韵味	体会、领悟、交流、体会提出	联系上下文	初步领会、深刻感悟
	写出片段体现动态美	做出、观察、积累	联系课文选取自己印象深刻的景物	学会,能够

第六步:综合上述思考,叙写出学习目标。

(1)正确认识"旷、怡"等 5 个生字,会写"黎、晕"等 9 个字,会写"黎明、红晕"等 13 个词语。

(2)通过自主朗读课文画出标志性景物,并借助关键语句,联系上下文,初步体会景物的动态描写。

(3)有感情地朗读课文,读出春天黎明的安静。在反复朗读的基础上通过画面提示、关联词提示、颜色提示等方法流利背诵课文。

(4)能选取自己印象最深的景致,再对其颜色、动作、声音、形状等方面的变化进行描述,学会按照一定的顺序描述景物。

(海阳市核电小学　隋蓓蕾提供)

案例二

课程: 小学数学

教材版本: 义务教育教科书(五·四学制)小学数学青岛版三年级上册

教材课题: 分数的初步认识

课程标准: 能结合具体的情境初步认识分数,能读、写分数。

对应关系: 课标中关于分数的意义没有做具体的阐述,因此课程标准内容标准有一定的概括性,需要分解为多条学习目标才能达成,与本课学习目标的关系是"一对多"。

分解策略: 替代策略、拆解策略、组合策略

分解步骤:

第一步:分析句型结构及找出内容标准中的关键词。

陈述方式:结果性目标

句型结构:行为表现 + 行为条件 + 表现程度

行为动词:认识、读、写

核心概念:分数

第二步:扩展或剖析关键词或核心概念。

表 1.7

课题	概念体系	知识地位
分数的初步认识	分数(具体概念)	重点
	分数的意义	重点、难点
	分数各部分的名称	一般
	分数的读法和写法	一般

第三步:形成剖析图,扩展或剖析行为动词。

表 1.8

课题	概念体系	行为动词	学生经验
分数的初步认识	分数(具体概念)	指认	有前备经验
	分数的意义	辨认	无前备经验
	分数各部分的名称	指认	无前备经验
	分数的读法和写法	读出、写出	有前备经验

第四步:确定行为条件。

表 1.9

课题	概念体系	行为动词	行为条件
分数的初步认识	分数(具体概念)	指认	在具体情境中,通过观察
	分数的意义	辨认	在不同的实际操作中,将一个物体或图形平均分成若干份
	分数各部分的名称	指认	
	分数的读法和写法	读出、写出	在分一分、数一数、比一比等操作活动中

第五步:确定行为表现程度。

表 1.10

课题	概念体系	行为动词	行为条件	表现程度
分数的初步认识	分数(具体概念)	指认	在具体情境中,通过观察	自主地
	分数的意义	辨认	在不同的实际操作中,将一个物体或图形平均分成若干份。	能用操作结果表示分数或者是用分数表示物体
	分数各部分的名称	指认		
	分数的读法和写法	读出、写出	在分一分、数一数、比一比等操作活动中	准确地

第六步:综合上述思考,叙写出学习目标。

(1)在具体情境中,通过观察,自主地指认分数。

(2)在不同的实际操作中,将一个物体或图形平均分成若干份,辨认其中的一份或几份能用分数表示。

(3)在分一分、数一数、比一比等操作活动中,准确读出、写出分数。

(海阳市实验小学 尚晓燕提供)

案例三

课程:小学英语

教材版本:山东科学教育出版社(五·四学制)英语小学三年级上册

教材课题: Unit 2 Introduction

课程标准:能相互致以简单的问候;能相互交流简单的个人信息,如姓名、年龄。

对应关系：课标中对互相问候的内容及活动没有做具体的阐述，对交流简单个人信息内容进行了说明，但对相应活动没有做具体阐述。因此课程标准内容有一定的概括性，需要分解为多条学习目标才能达成，与本课学习目标的关系是"一对多"。

分解策略：替代策略、拆解策略、组合策略

分解步骤：

第一步：分析句型结构及找出内容标准中的关键词。

句型结构：内容型

行为动词：致以、交流

核心概念：简单的问候、简单的个人信息。

第二步：扩展或剖析关键词或核心概念。

表 1.11

课题	概念体系	知识地位
简单的问候	"Good morning./ Good afternoon." 的运用	一般
	"Nice to meet you." 句型的运用	重点
简单的个人信息	能听懂、会说 "This is…"	一般
	能听懂、会说 "He's/ She's my friend" 并能在实际中运用	重点
	能听懂、会说 "What's your name? My name's…" 并能在实际中运用	重点、难点

第三步：形成剖析图，扩展或剖析行为动词。

表 1.12

课题	概念体系	行为动词	学生经验
简单的问候	"Good morning./ Good afternoon." 的运用	听懂、会说	有前备经验
	"Nice to meet you." 句型的运用	听懂、会说	有前备经验
简单的个人信息	能听懂、会说 "This is…"	听懂、会说	无前备经验
	能听懂、会说 "He's/ She's my friend." 并能在实际中运用	听懂、会说	无前备经验
	能听懂、会说 "What's your name? My name's…" 并能在实际中运用	听懂、会说	无前备经验

第四步:确定行为条件。

表 1.13

课题	概念体系	行为动词	行为条件
简单的问候	"Good morning./ Good afternoon." 的运用	听懂、会说	通过师生对话说出
	"Nice to meet you." 句型的运用	听懂、会说	通过角色扮演说出
简单的个人信息	能听懂、会说 "This is…"	听懂、会说	通过听音模仿说出
	能听懂、会说 "He's/ She's my friend." 并能在实际中运用	听懂、会说	通过听音模仿、学生情景交际说出
	能听懂、会说 "What's your name? My name's…" 并能在实际中运用	听懂、会说	通过听音模仿、师生互动对话说出

第五步:确定行为表现程度。

表 1.14

课题	概念体系	行为动词	行为条件	表现程度
简单的问候	"Good morning./ Good afternoon." 的运用	听懂、会说	通过师生对话说出	准确无误
	"Nice to meet you." 句型的运用	听懂、会说	通过角色扮演说出	准确无误
简单的个人信息	能听懂、会说 "This is…"	听懂、会说	通过听音模仿说出	准确无误
	能听懂、会说 "He's/ She's my friend." 并能在实际中运用	听懂、会说	通过听音模仿、学生情景交际说出	准确无误
	能听懂、会说 "What's your name? My name's…" 并能在实际中运用	听懂、会说	通过听音模仿、师生互动对话说出	在情景交际中使用

第六步:综合上述思考,叙写出学习目标。

(1)通过师生对话,能准确听懂、说出 "Good morning." 和 "Good afternoon."。

(2)通过角色扮演,能准确听懂、说出 "Nice to meet you."。

(3)通过听音模仿和情景交际,能准确运用 "This is…, He's/She's my friend."。

（4）通过听音模仿和互动对话，能准确运用"What's your name? My name's…"。

（海阳市实验小学　黄烨提供）

案例四

课程： 小学道德与法治

教材版本： 义务教育教科书（五·四学制）小学道德与法治部编版三年级上册

教材课题： 不让溺水悲剧发生

课程标准： 引导学生初步认识和体验人的生命是可贵的，珍惜生命。生命与安全教育中要求学生知道生命只有一次，理解生命的珍贵，懂得珍惜生命，呵护生命。树立安全自律意识，学会自我保护技能，远离危险。

对应关系： 课标中对于了解发生溺水的原因、树立生命安全观、珍惜生命的可贵、掌握防止溺水的安全知识与技能没有做具体的阐述，因此课程标准内容标准有一定的概括性，需要分解为多条学习目标才能达成，与本课学习目标的关系是"一对多"。

分解策略： 替代策略、拆解策略、组合策略

分解步骤：

第一步：分析句型结构及找出内容标准中的关键词。

陈述方式：结果性目标

句型结构：行为表现 + 行为条件 + 表现程度

行为动词：知道，掌握

核心概念：溺水安全常识及自救自护

第二步：扩展或剖析关键词或核心概念。

表 1.15

课题	概念体系	知识地位
不让溺水悲剧发生	体会生命来之不易，知道爱护自己的身体和健康	重点
	了解溺水的原因	一般
	树立安全游泳意识	一般
	掌握安全游泳的技巧以及溺水自救的能力	重点、难点

第三步:形成剖析图,扩展或剖析行为动词。

表 1.16

课题	概念体系	行为动词	学生经验
不让溺水悲剧发生	体会生命来之不易,知道爱护自己的身体和健康	体会	有前备经验
	了解溺水的原因	了解	无前备经验
不让溺水悲剧发生	树立安全游泳意识	树立	有前备经验
	掌握安全游泳的技巧以及溺水自救的能力	掌握	无前备经验

第四步:确定行为条件。

表 1.17

课题	概念体系	行为动词	行为条件
不让溺水悲剧发生	体会生命来之不易,知道爱护自己的身体和健康	体会	通过老师的讲解以及总结已有的经验
	了解溺水的原因	了解	在已有事例、视频的基础上,通过分组讨论
	树立安全游泳意识	树立	
	掌握安全游泳的技巧以及溺水自救的能力	掌握	

第五步:确定行为表现程度。

表 1.18

课题	概念体系	行为动词	行为条件	表现程度
不让溺水悲剧发生	体会生命来之不易,知道爱护自己的身体和健康	体会	通过老师的讲解以及总结已有的经验	树立意识
	了解溺水的原因	了解	在已有事例、视频的基础上,通过分组讨论	说出至少两种溺水的原因
	树立安全游泳意识	树立		
	掌握安全游泳的技巧以及溺水自救的能力	掌握		积极参与讨论,掌握溺水救护方法

第六步:综合上述思考,叙写出学习目标。

(1)在教师指导下,通过阅读教材和教师讲解,能体会到生命来之不易,有爱护自己身体的意识。

（2）通过小组讨论，说出至少两种溺水原因，如不遵守规则、私自游泳、陌生水域游泳、私自下水救人。

（3）通过小组讨论如实说出安全游泳的重要性。

（4）通过视频学习，积极参与讨论，掌握溺水救护方法，例如，在家长陪同下在规范场所游泳，游泳前做好热身活动，他人溺水应大声呼救。

（海阳市二十里店镇中心小学　张凯琳提供）

案例五

课程：小学科学

教材版本：义务教育教科书（五·四学制）小学科学青岛版四年级上册

教材课题：导体和绝缘体

课程标准：认识导体和绝缘体、了解导体与绝缘体在生活中的应用

对应关系：课标中对于认识导体和绝缘体、了解导体与绝缘体在生活中的应用没有做具体的阐述，因此，课程标准内容标准有一定的概括性，需要分解为多条学习目标才能达成，与本课学习目标的关系是"一对多"。

分解策略：替代策略、拆解策略、组合策略

分解步骤：

第一步：分析句型结构及找出内容标准中的关键词。

句型结构：内容型

行为动词：认识、了解

核心概念：导体和绝缘体、导体与绝缘体在生活中的应用

第二步：扩展或剖析关键词或核心概念。

表 1.19

课题	概念体系	知识地位
导体和绝缘体	像铜铝铁这样的材料容易导电，属于导体	重点
	像木头、塑料、玻璃这样的材料不容易导电，属于绝缘	重点
	实验区分常见材料的导电性	重难点
	导体和绝缘体的应用	难点
	安全用电的重要性	一般

第三步:形成剖析图,扩展或剖析行为动词。

表 1.20

课题	概念体系	行为动词	学生经验
导体和绝缘体	像铜铝铁这样的材料容易导电,属于导体	总结	有前备经验
	像木头、塑料、玻璃这样的材料不容易导电,属于绝缘体	总结	有前备经验
	实验区分常见材料的导电性	总结	有前备经验
	导体和绝缘体的应用	讲述	有前备经验
	安全用电的重要性	总结	有前备经验

第四步:确定行为条件。

表 1.21

课题	概念体系	行为动词	行为条件
导体和绝缘体	像铜铝铁这样的材料容易导电,属于导体	总结	通过实验归纳总结
	像木头、塑料、玻璃这样的材料不容易导电,属于绝缘体	总结	通过实验归纳总结
	实验区分常见材料的导电性	总结	通过实验,小组归纳总结
	导体和绝缘体的应用	讲述	通过小组交流讲述
	安全用电的重要性	总结	通过小组讨论归纳总结

第五步:确定行为表现程度。

表 1.22

课题	概念体系	行为动词	行为条件	表现程度
导体和绝缘体	像铜铝铁这样的材料容易导电,属于导体	总结	通过实验归纳总结	准确无误
	像木头、塑料、玻璃这样的材料不容易导电,属于绝缘体	总结	通过实验归纳总结	准确无误
	实验区分常见材料的导电性	总结	通过实验,小组归纳总结	准确无误
	导体的应用	讲述	通过小组交流讲述	简单说出
	安全用电的重要性	总结	通过小组讨论归纳总结	简单了解

第六步:综合上述思考,叙写出学习目标。

(1)在教师指导下,通过小组合作,自主设计实验总结出导体和绝缘体的概念。

(2)在好奇心的驱使下,对导体和绝缘体表现出探究兴趣,能通过实验探究,归纳总结生活中常见材料的导电性。

(3)通过小组讨论,能用语言准确讲述导体和绝缘体在生活中的应用,培养学生善于发现、乐于交流的科学态度。

(4)通过小组讨论,在教师提示下归纳安全用电在生活中的重要性。

(海阳市育才小学 蒋萍提供)

中学案例篇

案例一

课程:初中道德与法治

教材版本:义务教育教科书(五·四学制)初中道德与法治九年级上册

教材课题:坚持人与自然和谐共生

课程标准:分析诗文在课题中起到的导引作用,通过参与、扮演、体验和感悟,使学生认同人与自然和谐共生的理念,懂得建设生态文明就是造福人类,从而阐述人与自然的关系。

对应关系:课标中对"阐述人与自然的关系"描述比较宽泛,没有做具体的阐述,因此,课程标准内容标准有一定的概括性,需要分解为多条学习目标才能达成,与本课学习目标的对应关系是"一对多"。

分解策略:替代策略、拆解策略、组合策略

分解步骤:

第一步:分析句型结构及找出内容标准中的关键词。

陈述方式:体验性目标

句型结构:行为表现 + 行为条件 + 表现程度

行为动词:参与、扮演、体验、感悟

核心概念:坚持人与自然和谐共生

第二步:扩展或剖析关键词或核心概念。

表 1.23

课题	概念体系	知识地位
坚持人与自然和谐共生	坚持人与自然和谐共生(具体概念)	重点
	坚持人与自然和谐共生的意义	重点、难点
	坚持人与自然和谐共生的名称	一般
	坚持人与自然和谐共生导引作用	一般

第三步:形成剖析图,扩展或剖析行为动词。

表 1.24

课题	概念体系	行为动词	学生经验
坚持人与自然和谐共生	坚持人与自然和谐共生(具体概念)	指认	有前备经验
	坚持人与自然和谐共生的意义	辨认	无前备经验
	坚持人与自然和谐共生的名称	指认	无前备经验
	坚持人与自然和谐共生导引作用	读出、写出	有前备经验

第四步:确定行为条件。

表 1.25

课题	概念体系	行为动词	行为条件
坚持人与自然和谐共生	坚持人与自然和谐共生(具体概念)	指认	在具体情境中,通过观察
	坚持人与自然和谐共生的意义	辨认	自主阅读
	坚持人与自然和谐共生的名称	指认	
	坚持人与自然和谐共生导引作用	读出、写出	分组讨论

第五步:确定行为表现程度。

表 1.26

课题	概念体系	行为动词	行为条件	表现程度
坚持人与自然和谐共生	坚持人与自然和谐共生(具体概念)	指认	在具体情境中,通过观察	自主地
	坚持人与自然和谐共生的意义	辨认	自主阅读	自主地
	坚持人与自然和谐共生的名称	指认		
	坚持人与自然和谐共生导引作用	读出、写出	分组讨论	准确地

第六步:综合上述思考,叙写出学习目标。

(1)通过教师讲解或总结已有经验,归纳出"分析诗文在课题中起到的导引作用"的一般策略和方法。

(2)在通读诗文的基础上,分组讨论,找出《饮酒 其五》《天星桥》中的重要词句,分析诗文在"坚持人与自然和谐共生"中起到的导引作用;如实写出并向全班展示对这些诗句在本课题中的意义和作用的理解。

(3)在通读诗文的基础上,通过分组讨论与分享,独立整理、准确归纳出诗句在"坚持人与自然和谐共生"中起到的导引作用。

(海阳市育才中学　李新提供)

案例二

课程:初中数学

教材版本:义务教育教科书(五·四学制)鲁教版六年级数学下册

教材课题:平方差公式

课程标准:会推导平方差公式,并能进行简单计算。

对应关系:课标中对于"会推导平方差公式,并能进行简单计算"描述比较宽泛,没有做具体的阐述,因此,课程标准内容标准有一定的概括性,需要分解为多条学习目标才能达成,与本课学习目标的关系是"一对多"。

分解策略:替代策略、拆解策略、组合策略

分解步骤:

第一步:分析句型结构及找出内容标准中的关键词。

句型结构:内容型

行为动词:推导、计算

核心概念:平方差公式

第二步:扩展或剖析关键词或核心概念。

表 1.27

课题	概念体系	知识地位
平方差公式的推导	如何产生	重点
	怎样概括	重点
	如何表示	重点
	有何属性	重点、难点
	有何作用	重点、难点

第三步：形成剖析图，扩展或剖析行为动词。

表 1.28

课题	概念体系	行为动词	学生经验
平方差公式的推导	如何产生	得出	有前备经验
	怎样概括	叙述	无前备经验
	如何表示	总结	无前备经验
	有何属性	观察、分析、交流	无前备经验
	有何作用	讨论、比较	有前备经验

第四步：确定行为条件。

表 1.29

课题	概念体系	行为动词	行为条件
平方差公式的推导	如何产生	得出	通过实验法得出
	怎样概括	叙述	通过交流用文字语言叙述
	如何表示	总结	在教师引导的具体情境下总结
	有何属性	观察、分析、交流	通过教师引导，观察、分析、交流
	有何作用	讨论、比较	通过小组讨论、比较

第五步：确定行为表现程度。

表 1.30

课题	概念体系	行为动词	行为条件	表现程度
平方差公式的推导	如何产生	得出	通过实验法得出	会动手计算发现规律
	怎样概括	叙述	通过交流用文字语言叙述	能用语言表达
	如何表示	总结	在教师引导的具体情境下总结	用数学符号表示，并能说出公式中字母的含义
	有何属性	观察、分析、交流	通过教师引导，观察、分析、交流	会举例说明结特征
	有何作用	讨论、比较	通过小组讨论、比较	会规范进行不同形式的计算

第六步:综合上述思考,叙写出学习目标。

（1）通过进行多项式乘法的计算、探索,从而发现平方差公式的规律;

（2）会用文字语言、数学符号语言说出或写出平方差公式;

（3）会用数学符号表示平方差公式,知道公式中 a、b 的含义（可以是数,也可以是单项式,还可以是多项式）;

（4）通过思考、交流会准确找出平方差公式的结构特征,结合不同层面的例题,获得运用平方差公式进行计算的方法与解题步骤;

（5）会用平方差公式进行简单的（正确）计算。

（海阳市教学研究室　王娟提供）

案例三

课程: 初中英语

教材版本: 义务教育教科书（五·四学制）九年级英语全一册

教材课题: Unit 9 It's important to have good habits.（Section B Reading）

课程标准:

（1）能根据上下文和构词法推断、理解生词的含义。

（2）能理解段落中各句子之间的逻辑关系。

（3）能找出文章中的主题,理解、预测故事情节的发展和可能的结局。

（4）能依据不同阅读目的运用简单的策略获取信息。

对应关系:

课标中对"如何理解段落中各句子之间的逻辑关系、运用什么样的阅读策略找出文章的主题和段落的中心"没有做具体的阐述,因此,课程标准内容标准有一定的概括性,需要分解为多条学习目标才能达成,与本课学习目标的关系是"一对多"。

分解策略: 替代策略、拆解策略、组合策略

分解步骤:

第一步:分析句型结构及找出内容标准中的关键词。

陈述方式:结果性目标

句型结构:行为表现 + 行为条件 + 表现程度

行为动词:推断、理解、找出、预测、运用、获取

核心概念:词汇语义、段落中心、文章主题、阅读策略

第二步:扩展或剖析关键词或核心概念。

表 1.31

任务一	知识体系	知识地位
快速阅读 Fast Reading	What's the passage about?（文章主旨）	一般
	Find the topic sentence of Paragraph 1（第一段主题句）	重点
	Find the topic sentence of Paragraph 2（第二段主题句）	重点
	Find the topic sentence of Paragraph 3（第三段主题句）	重点
	Find the topic sentence of Paragraph 4（第四段主题句）	重点

表 1.32

任务二	知识体系	知识地位
仔细阅读 Careful Reading	Paragraph 2　用第二段单词代替斜体部分 （1）*In fact*, we often stay up on weekends. _____ And this is *not strange*. _____ （2）I only *slept for 10 minutes* just now. _____	一般
	Paragraphs 2-3　用第二、三段单词填空 （3）To sleep twice a day may be healthier it has been found by the _____ （4）I can't work out the math problem. I don't have the _____ to work out the math problem.	重点
	Paragraph 4　扫读第四段回答问题 （5）When do people have trouble sleeping? （6）Which suggestions can you give them? （7）_____（have）good life habits, it's better _____（not eat）junk food and and researchers has found it necessary _____（get）enough sleep. So tell your friends _____（sleep）at regular times.	难点

第三步:形成剖析图,扩展或剖析行为动词。

表 1.33

任务一	知识体系	行为动词	学生经验
快速阅读 Fast Reading	What's the passage about?（文章主旨）	获取	有前备经验
	Find the topic sentence of Paragraph 1	找出	无前备经验

续表

任务一	知识体系	行为动词	学生经验
快速阅读 Fast Reading	Find the topic sentence of Paragraph 2	找出	无前备经验
	Find the topic sentence of Paragraph 3	找出	无前备经验
	Find the topic sentence of Paragraph 4	找出	无前备经验

表 1.34

任务二	知识体系	行为动词	学生经验
仔细阅读 Careful Reading	Paragraph 2　用第二段单词代替斜体部分 （1）*In fact*，we often stay up on weekends. _____ And this is *not strange*. _____ （2）I only *slept for 10 minutes* just now. _____	理解	无前备经验
仔细阅读 Careful Reading	Paragraphs 2-3　用第二、三段单词填空 （3）To sleep twice a day may be healthier it has been found by the _____ （4）I can't work out the math problem. I don't have the _____ to work out the math problem.	推断预测	无前备经验
	Paragraph 4　读第四段回答问题 （5）When do people have trouble sleeping? _____ （6）Which suggestions can you give them? _____ （7）_____（have）good life habits，it's better _____（not eat）junk food and and researchers has found it necessary _____（get）enough sleep. So tell your friends _____（sleep）at regular times.	归纳获取	无前备经验

第四步:确定行为条件。

表 1.35

任务一	知识体系	行为动词	行为条件
快速阅读 Fast Reading	What's the passage about?	获取	在标题和图示暗示下
	Find the topic sentence of Paragraph 1	找出	通过阅读策略推断获取
	Find the topic sentence of Paragraph 2	找出	通过阅读策略推断获取
	Find the topic sentence of Paragraph 3	找出	通过阅读策略推断获取

表 1.36

任务二	知识体系	行为动词	行为条件
仔细阅读 Careful Reading	Paragraph 2　用第二段单词代替斜体部分 （1）*In fact*, we often stay up on weekends. _____ And this is *not strange*. _____ （2）I only *slept for 10 minutes* just now. _____	理解	通过上下文理解预测获取
	Paragraphs 2–3　用第二、三段单词填空 （3）To sleep twice a day may be healthier it has been found by the _____ （4）I can't work out the math problem . I don't have the _____ to work out the math problem.	推断预测	通过上下文理解推理获取
	Paragraph 4　读第四段回答问题 （5）When do people have trouble sleeping? （6）Which suggestions can you give them? _____ （have） good life habits, it's better _____ （not eat） junk food and and researchers has found it necessary _____ （get） enough sleep. So tell your friends _____ （sleep） at regular times.	归纳获取	通过小组合作探讨

第五步：确定表现程度。

表 1.37

任务一	知识体系	行为动词	行为条件	表现程度
快速阅读 Fast Reading	What's the passage about?（文章主旨）	获取	在标题和图示暗示下	准确地
	Find the topic sentence of Paragraph 1（第一段主题句）	找出	通过阅读策略推断获取	准确地
快速阅读 Fast Reading	Find the topic sentence of Paragraph 2（第二段主题句）	找出	通过阅读策略推断获取	准确地
	Find the topic sentence of Paragraph 3（第三段主题句）	找出	通过阅读策略推断获取	准确地
	Find the topic sentence of Paragraph 4（第四段主题句）	找出	通过阅读策略推断获取	准确地

表 1.38

任务二	知识体系	行为动词	行为条件	表现程度
仔细阅读 Careful Reading	Paragraph 2　用第二段单词代替斜体部分 （1）*In fact*, we often stay up on weekends. _____ And this is *not strange*. _____ （2）I only *slept for 10 minutes* just now. _____	理解	通过上下文理解预测获取	准确地
	Paragraphs 2-3　用第二、三段单词填空 （3）To sleep twice a day may be healthier it has been found by the _____ （4）I can't work out the math problem. I don't have the _____ to work out the math problem.	推断预测	通过上下文理解推理获取	准确地

续表

任务二	知识体系	行为动词	行为条件	表现程度
仔细阅读 Careful Reading	Paragraph 4　读第四段回答问题 （5）When do people have trouble sleeping? （6）Which suggestions can you give them? _____（have）good life habits, it's better _____（not eat）junk food and and researchers has found it necessary _____（get）enough sleep. So tell your friends _____（sleep）at regular times.	归纳获取	通过小组合作探讨	比较准确地

第六步:综合上述思考,叙写出学习目标。

（1）通过自主学习,认读且运用基本词汇:actually, normal, nap, effect, expert, brain, ability, amount, average。准确理解并使用动词不定式做主语、宾语、宾语补足语和目的状语的用法。

（2）在老师的引导下能运用阅读策略获取每段的主题句,通过上下文理解准确地推理获取语意、理解词汇和归纳总结语篇信息。

（3）通过阅读能知晓充足的睡眠对人体健康的重要性,学会合理睡眠、关爱健康,并能为他人给出关爱健康、热爱生活的合理化建议。

（海阳市徐家店镇初级中学　马瑞菊提供）

案例四

课程: 初中物理

教材版本: 义务教育教科书(五•四学制)鲁教版初中物理八年级下册

教材课题: 浮力

课程标准: 通过实验,认识浮力,探究浮力的大小与哪些因素有关。

分解策略: 替代策略、拆解策略、组合策略

分解步骤:

第一步:分析语法结构和关键词。

句型结构:行为条件 + 行为表现

行为动词:认识、探究

核心概念:浮力

第二步:扩展或剖析课题。

表 1.39

课题	概念体系	知识地位
浮力	什么是浮力	重点
	浮力产生的原因	重点
	浮力的大小与哪些因素有关	重点、难点

第三步:扩展或剖析行为动词。

表 1.40

课题	概念体系	行为动词	学习经验
浮力	什么是浮力	描述	有前备经验
	浮力产生的原因	说出	无前备经验
	浮力的大小与哪些因素有关	探究	无前备经验

第四步:确定行为条件。

表 1.41

	概念体系	行为动词	行为条件	学生经验
浮力	什么是浮力	描述	通过日常生活经验和演示实验	有前备经验
	浮力产生的原因	说出	运用液体压强的规律	无前备经验
	浮力的大小与哪些因素有关	探究	经历探究实验和交流讨论分析	无前备经验

第五步:确定表现程度。

表 1.42

	概念体系	行为动词	行为表现	表现程度
浮力	什么是浮力	描述	通过日常生活经验和演示实验	准确地
	浮力产生的原因	说出	运用液体压强的规律	准确合理地
	浮力大小与哪些因素有关	探究	经历探究实验和交流讨论分析	准确地

第六步:综合上述思考,叙写出学习目标。

(1)通过日常生活经验和演示实验认识浮力的存在,能准确描述浮力及其方向,认识到一切浸在液体中的物体都受到浮力的作用。

(2)运用液体压强的规律,准确合理说出浮力产生的原因。

(3)经历探究浮力大小的决定因素,能够根据条件准确地比较浮力的大小。

(海阳市育才中学 李文吉提供)

案例五

课程:初三化学

教材版本:义务教育教科书(五·四学制)初中化学八年级全一册

教材课题:原子的结构

课程标准:学习原子结构的发现史,知道原子是由原子核和核外电子构成的。

对应关系:课标中关于怎样知道原子结构没有做具体的阐述,因此,课程标准内容标准有一定的概括性,需要分解为多条学习目标才能达成,与本课学习目标的关系是"一对多"。

分解策略:替代策略、拆解策略、组合策略

分解步骤:

第一步:分析句型结构及找出内容标准中的关键词。

陈述方式:结果性目标

句型结构:行为表现 + 行为条件 + 表现程度

行为动词:推理,描述

核心概念:原子的结构

第二步:扩展或剖析关键词或核心概念。

表 1.43

课题	概念体系	知识地位
原子的结构	原子结构的发现史	一般
	卢瑟福的 α 粒子轰击金箔的实验分析	重点、难点
	原子结构	重点

第三步:形成剖析图,扩展或剖析行为动词。

表 1.44

课题	概念体系	行为动词	学生经验
原子的结构	原子结构的发现史	讲述	无前备经验
	卢瑟福的 α 粒子轰击金箔的实验分析	分析,推导	无前备经验
	原子结构	说出	无前备经验

第四步:确定行为条件。

表 1.45

课题	概念体系	行为动词	行为条件
原子的结构	原子结构的发现史	讲述	在对原子结构史实的叙述中
原子的结构	卢瑟福的 α 粒子轰击金箔的实验分析	分析,推导	在分析实验现象中,推导出原子的结构
	原子结构	写出	在写一写、做一做、画一画等操作活动中

第五步:确定表现程度。

表 1.46

课题	概念体系	行为动词	行为条件	表现程度
原子的结构	原子结构的发现史	讲述	在对原子结构史实的叙述中	自主地
	卢瑟福的 α 粒子轰击金箔的实验分析	分析,推导	在分析实验现象中,推导出原子的结构	自主地
	原子结构	写出	在写一写、做一做、画一画等操作活动中	准确地

第六步:综合上述思考,叙写出学习目标。

(1)在对原子结构史实的叙述中,自主地讲述出原子结构的发现史;

(2)在分析 α 粒子轰击金箔的实验现象中,推导出原子的结构;

(3)在写一写、做一做、画一画等操作活动中,在分一分、数一数、比一比等操作活动中,准确地写出、做出、画出原子结构。

(海阳市育才中学　李玲提供)

案例六

课程：初中地理

教材版本：义务教育课程标准(五·四学制)鲁教版初中地理六年级上册

教材课题：地图的阅读

课程标准：在地图上辨别方向，判读经度和纬度，量算距离。根据需要选择常用地图，查找所需要的地理信息，养成在日常生活中使用地图的习惯。列举电子地图、遥感图像等在生产、生活中应用的实例。

对应关系：课标中对于辨别方向和量算距离没有做具体的阐述，因此，课程标准内容标准有一定的概括性，需要分解为多条学习目标才能达成，与本课学习目标的关系是"一对多"。

分解策略：替代策略、拆解策略、组合策略

分解步骤：

第一步：分析句型结构及找出内容标准中的关键词。

陈述方式：结果性目标

句型结构：行为表现 + 行为条件 + 表现程度

行为动词：辨别、判读、量算、选择、查找、养成。

核心概念：地图三要素、经线、纬线、经度，纬度、辨别方向。

第二步：扩展或剖析关键词或核心概念。

表 1.47

课题	概念体系	知识地位
地图的阅读	地图三要素	一般
	经度和纬度的判读	一般
	在地图上辨别方向	重点
	利用比例尺量算距离	重点
	电子地图和遥感图像在生产生活中的应用	一般

第三步：形成剖析图，扩展或剖析行为动词。

表 1.48

课题	概念体系	行为动词	学习经验
地图的阅读	地图三要素	说出	无前备经验
	经度和纬度的判读	判读	有前备经验
	在地图上辨别方向	辨别	无前备经验

续表

课题	概念体系	行为动词	学习经验
地图的阅读	利用比例尺量算距离	量算	无前备经验
	电子地图和遥感图像在生产生活中的应用	举例说出	无前备经验

第四步:确定行为条件。

表 1.49

课题	概念体系	行为动词	行为条件
地图的阅读	地图三要素	说出	通过阅读教材
	经度和纬度的判读	判读	
	在地图上辨别方向	辨别	通过回忆内容
	利用比例尺量算距离	量算	通过小组讨论
	电子地图和遥感图像在生产生活中的应用	举例说出	通过阅读教材或教师演示

第五步:确定表现程度。

表 1.50

课题	概念体系	行为动词	行为条件	表现程度
地图的阅读	地图三要素	说出	通过阅读教材	准确地
	经度和纬度的判读	判读		
	在地图上辨别方向	辨别	通过回忆内容	
	利用比例尺量算距离	量算	通过小组讨论	
	电子地图和遥感图像在生产生活中的应用	举例说出	通过阅读教材或教师演示	自主地

第六步:综合上述思考,叙写出学习目标。

(1)通过阅读教材,准确说出地图三要素,并通过回忆能辨别经线和纬线,判读经度和纬度,准确地在地图上辨别方向。

(2)通过小组讨论,在教师提示下能利用比例尺量算距离,能根据需要选择合适地图,能准确描述从地图上查找的地理信息,培养使用地图的习惯。

(3)通过阅读教材和教师的引导,能自主说出电子地图和遥感图像及其在生产、生活中的实例。

（海阳市实验中学　张扬提供）

第二章

课程纲要的编写

　　自 2001 年至今,我国基础教育课程改革已经走过了 20 多个年头,应该说课程改革取得了重要成果。学校承担课程改革的主要任务就是推进国家课程的最优化实施,而国家课程最优化实施的根本途径就是国家课程校本化。国家课程校本化实施的依据是什么? 这是学校和教师在行使课程自主权时必须要思考的问题。而课程纲要的编写,既能将课程标准具体化,又能发挥学校教师在国家课程校本化实施过程中的主观能动性。课程纲要是连接课程标准和课堂教学的"桥梁",是国家课程校本化实施的重要依据。我国第八次课程改革,其突出亮点就是研制并颁布课程标准,以"课程标准"替代 20 世纪 50 年代以来的"教学大纲"。之前的传统教学,教师要依纲扣本,可以说教师没有任何课程自主权。"用教材教而不是教教材",成为新课程改革的一句标志性口号,从过去的"依纲扣本"到现在的"用教材教",课程改革背后的深意在于赋予了学校和教师更大的课程自主权。

第一节　理论导航

如何将体现国家意志的课程标准,转化为教师实实在在的教学行动纲领和行为指南?这需要广大教师基于课程标准来编制课程纲要,让课程纲要成为教师教育教学的"路线图"。

一、课程纲要的相关概念

教师编写课程纲要是对将要实施的课程教学进行整体的规划和设计,要结合课程教学中的诸要素,如课程目标、课时安排、学情分析、课程组织、实施条件、课程评价等情况进行分析、设计。因而,课程纲要是一种规定时间内(学期、单元)的课程计划,它是教师依据课程标准、教学辅导用书以及相关教材,围绕课程要求,凸显以学生发展为主旨的,所撰写的体现某门/种课程各种元素的计划大纲。

(一)什么是课程纲要

"课程纲要"是指以纲要的形式呈现某门课程的各种课程元素。从广义来说,大到国家课程方案,小到教师写的教案或活动计划,都是课程纲要。狭义来讲,课程纲要是包含各种课程元素的某门课程的大纲或计划书。这里主要取其狭义,是指教师依据课程标准或指南和相关教材撰写的某学期某门课程(包括校本课程)的纲要。所谓"学科课程纲要",就是指学科教师依据学科课程标准和学科学材(教材)编制的某学期、某门课程、体现课程元素,从整体上规划设计学生"学"与教师"教"的计划纲要,是一学期学科课程教学的行动指南[3]。

"学期课程纲要"的规范理解和表述应是这样的:学期课程纲要是国家课程标准在本学期的具体化,是站在课程的高度设计和统领整个学期教学进程的课程计划,以提纲的形式一致性呈现一门课程的目标、内容、实施、评价四个基本的课程元素。

学科课程纲要与教案、教学进度表的主要区别在于:课程纲要是从整体上来对课程教学进行规划设计,完整地体现了课程元素—课程目标、课程内容、课程实施与课程评价的组织、联系与实施;教案往往着重关注教学内容与方法,注重单一内容的实施与目标达成;教学进度表主要包括教学时间与内容安排,着重体现的是教学进度的安排,没有教学活动的整体规划、组织与实施,只有内容,没有课程,只有教师,没有学生,没有着眼学生整体发展、完整育人去分析、设计。教案和教学进度表都没有完整地体现课程的基本元素[4]。

表 2.1　课程纲要与教学进度的主要区别

课程纲要	教学进度
课程目标、课程内容、课程实施、课程评价	时间、教学内容安排
强调教学	强调进度
关注课程	关注课文
学生行为	教师行为

（二）课程纲要的内涵理解

课程纲要是以提纲、纲要的形式一致性、整体性地呈现出一门课程的目标、内容、实施和评价这四个基本要素，指向学生的整体、全面发展。因而，这四个要素要回答的问题分别是：要把学生带到哪里去？可依托的课程资源、素材或活动是什么？怎样带他们去？怎么知道他们已经到哪里？

课程纲要第一个要回答的问题就是学生在这个学期将要"学会什么"，紧接着回答需要提供什么样的内容、组织什么样的活动，才能帮助学生更好地学会，以及通过设计怎样的评价任务就能够检测和评判学生的学习进程、结果。课程纲要要自始至终围绕着学生的学习，来进行整体规划与具体活动设计。课程纲要不仅要呈现课时安排，更要回答为达成本学期的目标，关键的教与学的活动及其方式是什么。课程纲要要全面而一致地回答"为什么教、教什么、怎么教和教到什么程度"等问题，且均一致性地指向"目标"的达成。

表 2.2　教学计划与课程纲要的联系与区别

项目		教学计划	课程纲要
联系		对一个学期教学的整体规划	
区别	主体不同	教师为主体	学生为主体
	结构不同	指导思想 教学目标 教学措施 教学进度	课程目标 课程内容 课程实施 课程评价
	内容不同	教教材 （针对教学内容规划执行）	用教材教 （内容优化、资源整合）

二、课程纲要的意义价值

教师撰写课程纲要，是着眼学生的整体、全面发展，从学期的角度围绕课程的目标、相应的课时、学生情况分析、课程组织、实施的条件、学生评价以及各方面情况进行总体规划与设计。课程纲要的撰写涉及学校的课程开发管理、师生层面的课程教学实施、课程学习,因而课程纲要在教学中具有多重意义。

(一)有利于教师整体把握课程目标与活动内容

教师撰写课程纲要实际上就是对将要实施的课程教学进行提前的整体规划和设计,只是这个规划和设计是着眼于学生的整体、全面发展,体现的是整体育人、完整育人。在以往传统教学实践中,教师往往只是清楚每个章节的知识点,但却忽略了各章节之间的逻辑关系以及所指向的课程目标,缺失对学科课程教学的总体把握。这种"只见树木,不见森林"的现象易使教师忽略了学科的本质特征和目的所在。在撰写本学期的课程纲要时,教师必须厘清本学期教学内容在本课程中的地位与价值,明确本学期的课程内容与课程整体的逻辑关系,明确知识点与课程目标之间的逻辑关系,因此有利于教师把握课程的整体,从而能够更好实现整体、全面育人。

(二)有利于教师审视满足课程实施的所有条件

之前的教学大纲,还是当前的教学进度表,更多的只是从教学管理的角度出发,很少考虑教学实施所需的各方面条件。课程纲要是一种规划,也是一种对教学实施的预期,必须充分地考虑要达到课程目标所需要的各种课程实施相应的条件以及各方面、综合性的课程资源等,这些条件是教学顺利实施的必要条件,必须在课程纲要中做出明确的规划、设计和安排。课程纲要审议的一个重要方面就是评估课程纲要实施的可行性,并把审议的结果反馈给相关教师。[5]这样一种个体和集体共同进行的审议活动有助于教师进一步反思教学实施的合理性,有利于教师正视教学条件的现状,以便做出更充分的准备、更优化的调适、改进。

(三)有利于学生明确所学课程的总体目标与内容框架

课程纲要虽然由教师来编制,但课程纲要编制根本出发点是学生,是着眼和关注学生发展而进行的学期课程整体规划设计。因而,课程纲要不仅是教师的教学设计方案,更是指导学生学习的蓝本。对于学生来说,课程纲要描述了学习的目的地,知道"自己要到哪里去",画出了学习线路图,知道"自己怎样才能到那儿去",提出了学习的基本要求,因此,课程纲要让学生在学期伊始就清晰地知道本学期的课程学习安排,从而明确自己的学习目标、学习任务,以及本学期学习内容的逻辑框架,进而更好地学会规划自己的学习。[6]学期初的课程纲要分享课,就是要求学生明确学习目标和学习内容,并安排好自己的学习。实践证明这样一种做法对于培养学生的元认知能力,进而提高课程学习方面的成就,具有十分重要的作用。

(四)有利于学校开展课程审议与管理

由于长期以来课程意识的淡薄,学校的课程管理工作比较薄弱,更多的是局限于一种教学进度的管理,在学期初由教师填写、上交教学进度表。这种进度表只是从时间上的一种管理,更多的是一种形式意义,无多大实际价值。在这种情况下,课程管理实际上变成了教学进度管理,没有从课程本身的诸方面做出规划,课程管理被严重窄化。课程纲要要求教师对本学期的课程教学进行全面的设计,保证了课程的全部元素——课程目标、课程内容、课程实施和课程评价,都被纳入学校课程管理范畴之中。学校、教研组、教师和学生个体都成了课程纲要实施的主体,都在课程纲要实施中承担相应任务,发挥各自作用,让课程纲要成为学校课程管理与审议的有力抓手,教师课程实施的纲领性指导,学生课程学习的清晰路线图,在很大程度上避免了课程管理的形式化、行政化的倾向。

综上所述,课程纲要的撰写,极大地提升了教师的课程意识和课程管理能力,较好地促进了学生有计划、有目的学习,它不但是课程管理与实施一种手段,更是课程教学要达到的根本目的。从这个意义上讲,无论对于老教师或新教师,静下心来,花一些时间来撰写课程纲要都是很有裨益的。

三、课程纲要编制的技术要领

一线教师如何才能在解析内容标准的基础上,将相关的学习要求落实到学期课程纲要当中,来研制基于标准的学期课程纲要呢?

(一)了解学期课程纲要基本组成

《课程纲要》的构成要素主要分为两部分,即一般项目和课程元素。

一般项目包括课程名称、课程类型、教材来源、适用年级、课时、设计教师等等。老师们会发现,像这些一般信息实际与教学计划中的有些要素是相同的,但是它更言简意赅。

课程元素包括课程目标、课程内容、课程实施、课程评价四项内容,也是我们学期课程纲要编制要研究的主要内容。

案例一:一年级下册课程纲要

小学一年级《数学(下册)课程纲要》

课程名称:数学

课程类型:必修

教材来源:青岛出版社 2013 年版

适用年级:小学一年级

课　　时:70 课时

设计者:一年级教研组

(二)根据四要素编制课程纲要

1. 叙写"课程目标"

这里的课程目标是"学期课程目标",是描述一学期学习的关键表现,指向学科关键能力,是课程的灵魂。

在学期课程目标的确立中,我们还是要充分依托课标、教材和学情。把握好三大依据,我们就能做到"心中有标""手中有本""目中有人"。

(1)源于课标。课标的要求是我们编制学期课程纲要的总纲和关键,需要我们对课程标准分解、分配、分层等等,是一系列教学活动的综合实现,需要经过长期的培养才能达成。

(2)据于教材。教材指向我们具体的课程内容,我们在研读教材、教参、其他资源的基础上分析本册内容所处的独特位置和价值以及前后联系,理清教材核心素养及学科育人的承载点,为了达成课程目标,我们要对教材进行整合,删减。

(3)基于学情。我们需要关注学生认知特点和已有知识积累、学习经验、方法,具备了哪些基础,还有哪些不足等,本学期在老师的带领下将要达到怎样的目标。

(4)总体要求。学期课程目标制定的具体要求是整体、全面、适切、清晰。整体,是要着眼一学期整体课程来确立目标;全面,指的是关注核心素养统领下的课程目标的全面达成;适切,指的是目标要既关照学生整体,又要兼顾个体,能适应所有学生发展;清晰,指的是目标具体明确、层次分明,叙写规范,4～6条为宜。这是我们学校一年级数学下册课程纲要中课程目标的编写。

例:课程目标

(1)借助操作小棒、计数器等学具,理解和掌握100以内数的组成和读写,探究100以内数的计算方法,能准确熟练地口算,掌握相应的竖式计算方法,会用100以内加、减法知识解决简单实际问题。

(2)通过观察、动手拼摆等活动,直观辨认长方形、正方形、三角形平行四边形、圆形等平面图形,初步建立空间观念。

(3)认识钟表整时、大约几时;认识人民币面值及三个单位,知道元、角、分之间的关系,会运用人民币知识解决实际问题。

(4)在实践活动中体会厘米、米的含义,能准确估计一些物体的长度并选择合适的长度单位进行测量。

(5)经历简单的数据收集和整理过程,能用自己的方式呈现整理数据的结果,初步理解数据所蕴含的信息。

2. 撰写"课程内容"

课程纲要中的"课程内容"并不完全等同于"教材",对于内容的把握应有一个大的课程内容观。

(1)目标教材观。课程内容是依据课程目标以国家课程内容为基础,对教材的内容及相关的资源进行一定的选择与组织。教师要从总体上把握教学内容的难点、重点,依据课程标准、教材及相关学习资源进行设置。也就是说课程内容重组的依据是确立好的课程目标。

教材是为实施、达成目标服务的,所以作为教师来说要树立正确的教材观,我们是用教材来教,教材只是个例子,我们可以根据课程目标,灵活变通、创造性开发、使用教材,而非原原本本去"教教材"。

(2)整合课程观。我们要有课程整合的理念,可以对现有教材可以进行删减、替换、拓展、整合等等(教材内优化统整、由内向外拓展、由外向内整合)。

以数学学科为例。增:增加新内容,如补充性材料或主题活动、数学阅读、数学计算比赛、主题拓展活动、实验操作等。删:删除重复的、不符合标准的、不必要的内容。换:更换不合理或不合适的内容。合:打破原来学科内容次序或不同学科的内容限制,整合不同知识点或不同学科的内容。

通常我们学期课程纲要以增加为主,涉及删、换、整合一般是在具体课时教学中,通过集体备课、集体教研进行适当微调、选择。

(3)合理安排项目(内容、课时、复习考试时间等)。其中,第一课时统一确定为与学生分享此纲要。

一年级数学下册课程纲要中课程内容的设置：

表2.3 小学数学一年级下册课程内容

课程内容		课时
开学第一课	⊙分享课程纲要	1
第一单元 认识钟表	认识整时、半时、大约几时	2
第二单元 100以内数的认识	100以内数的认识	3
	数的大小比较	1
	整十数加整十数、整十数加一位数及相应的减法	3
	智慧广场	2
第三单元 认识图形（二）	认识长方形、正方形、三角形和平行四边形	1
	从物体表面抽象出平面图形	1
综合与实践	想一想、摆一摆	1
	⊙"拼一拼"实践活动	1
第四单元 100以内的退位加减法（一）	两位数加一位数和两位数加整十数（不进位）	3
	两位数加一位数（进位）	2
	两位数减一位数和两位数减整十数（不进位）	3
	两位数加一位数（不进位）	2
	⊙整理和复习	1
第五单元 人民币的认识	认识人民币、简单的计算	3
	解决问题	2
	⊙整理复习	1
	⊙"我当家"实践活动	1
第六单元 100以内数的加法和减法（二）	两位数加两位数、两位数减两位数	9
	解决问题：两位数连加、连减、加减混合运算	2
	整理复习	2
	智慧广场	2
第七单元乘法初步认识	求几个相同加数的和	3
	乘法的初步认识	1
	有关1和0的乘法	1

续表

课程内容		课时
第八单元 厘米、米的认识	认识厘米和线段	2
	认识米	2
综合与实践	我们身上的小尺子	1
	⊙绘本阅读《国王的新衣有多长》	1
第九单元 统计	学习记录数据的方法	1
	简单的数据收集和整理、体会数据蕴含的信息	1
总复习	结合纠错本复习整理本学期所学知识	5
⊙计算能力比赛	本学期所学习的口算	1
⊙期末测试	本学期所学知识	2

说明:第一课时设立为课程纲要分享课。⊙是教材之外增加的内容,根据本册书的内容和该年龄段学生的特点,在计算部分增加了"计算能力比赛"来夯实计算;增加了绘本阅读《国王的新衣有多长》增加数学的趣味性;增加2个"整理和复习"帮助学生整理知识,养成良好的学习习惯;增设2个"实践活动",有利于培养学生运用知识解决问题的能力以及培养学生学习数学的兴趣。

3.设计课程实施

课程实施,应是学期课程纲要编制中的重点部分,重点设计如何更好地来实施课程内容,促进学生更好地学,为学生安排学习机会,以利于实现我们所期望的课程目标。

课程实施从整体上来讲,就是站在一门课程、一学期的立场去思考:作为教师这一学期我怎样实施我的教学,引领学生参与怎样的学习活动,可以整合、利用、重组怎样的课程资源等来达成课程目标。

具体来说,课程实施的设计需要写明要用到课程资源有哪些、整体教学活动有哪些。

课程资源包括:教材、教学 PPT、教具、口算题卡、网络资源等。教学活动包括学习主题、教学方式、学习方式、实施手段、活动安排等。

具体要求:

◆选择与目标匹配的教学方法(课程目标最终指向学生的核心素养,我们选择合作学习、大问题教学)。

◆寻求指向学科核心素养的多样化学习方式(小组合作,培养学生批判质疑高阶思维,促进学生深度学习)。

◆设计体现育人价值的"知识—活动体系"(从线性流程教学转向板块式教学,根据学生需求随时调整课堂教学,从"学"服务于"教"转向"教"服务于"学")。

◆关注学科拓展、课外实践活动设计实施等。

课程实施的最终目的是让学生明白:本学期如何学习本学科,需要做几件事。

在下面这份课程实施中,主要有课程资源、教学活动两项。在课程资源中有教材、PPT、网络资源、教具;在教学活动中写明了学习方式、教学方式、活动安排、实施方式。明确了这些活动,这些事件,这样学生就能够明白本学期如何学习本学科,具体做哪儿件事情。

● 本学期仍延续使用"问题导学"、小组合作学习的学习方式,通过选取生活化的素材,采用板块式教学,学生在探究和交流的基础上质疑、反思,在教师的引导和点拨下,经历知识的形成过程,初步培养自主学习和探究的能力。教师要注重联结学生已有的知识和经验,根据学生学习的困惑,把握生成,随时调控,即时评价,促进学生的深度学习。

● 根据课程目标,我们所设计的主题活动安排是:安排两次数学实践活动和一次口算比赛。一次是用图形"拼一拼"。在4月中旬进行,学生利用老师准备的平面图形进行创意设计,进行30分钟的拼图,之后进行作品展评针对作品的质量和创意进行评分。另一次是"亲子购物"的综合实践活动,安排在5月底,将组织全班学生进行一次模拟超市的购物活动,学生准备可以进行交换的物品,每人制作多种"人民币"学具,根据物品的价格进行购物,根据购物花费的计算正确性和购物方案的多少来计分。口算比赛大概6月底进行,全班学生参与,在限定的10分钟内给定100道口算题,按正确题数来评价学生(以资源、活动、事件的方式实施)。

课程实施面向丰富多彩的生活,关注的不仅仅是知识系统,而是注重提高学生解决问题的能力,致力于提升学生的综合素养。

课程实施预留给我们老师更多思考的空间和施展才能的天地,基于课程目标,我们该给学生怎样全新的学习方式,促进学生更好地发展,实现全面而富有个性化地育人,在课程实施上我们还有很多的文章可思,可做。

4. 制定课程评价

需要说明的是,这里的课程评价是对学期课程目标的评价。是指选择与学期课程目标匹配的评价方式,以确定上述的目标已经或正在得到实现,采用什么样的评价方式才能使学生表现得更好等。

过去我们对学生的评价大多采用终结性评价,注重学生学业成绩,而忽视学生的全面发展。基于标准的课程评价关注课程内容、实施、评价与目标的一致性。

课程评价一般框架包括:评价主体(多元化,是学生、同伴、老师、家长),评价内容(关注学习目标的达成度),评价方式(多样化,关注"过程评价"的表现性评价与"结果评价"的终结性评价相结合)、评价标准(具体、明确,有相应的评价指标)。

例:一年级下册数学课程评价

学期总评成绩 = 过程性评价成绩 + 期末考试成绩

1. 过程性评价成绩(30分)

过程性评价成绩 = 课堂表现(10分) + 作业表现(5分) + 数学实践活动(10分) + 口算比赛(5分)

表 2.4　过程性评价

评价内容	评价要素	等级描述
课堂表现 (10分)	习惯	根据上课听讲、参加数学活动、思考问题和主动发言的情况分为五个等级:5分、4分、3分、2分、1分
	合作	根据和同学间讨论问题合作的情况分为三个等级:5分、3分、1分
作业表现 (5分)	态度、质量	根据完成作业是否及时,态度是否认真,作业的质量和纠错情况分为五个等级:5分、4分、3分、2分、1分
数学实践活动 (10分)	拼一拼	根据动手能力、创新表现分为五个等级:5分、4分、3分、2分、1分
	我当家	根据购物方案的合理性和计算的正确率分为五个等级:5分、4分、3分、2分、1分
口算比赛 (5分)	速度和正确率	在规定的时间内根据算对的题数分为五个等级:5分、4分、3分、2分、1分
说明:两次数学活动的评价者有老师和学生。		

2. 期末考试成绩(70分)

以期末测试成绩为准,得分按70%计入学期总评成绩。

3. 学期总评成绩结果呈现

共分为四个等级:优(≥95分)、良(85～94分)、合格(60～84分)、不合格(<60分)。

说明:根据学生的最后得分,按结果呈现的四个等级进行等级评定,并记录在素质报告手册上。

这份课程评价的主体是老师和学生,采用的是过程性评价和结果评价共同评价的方式。过程性评价有课堂表现、作业表现、数学实践活动、口算比赛等不同的评价内容,涵盖了学生课上课下的表现情况,并且从习惯、合作、态度、应用能力、运算能力,综合考察学生数学学科能力及素养。每一项都有评价标准和具体的要求,定量定性相结合进行评价。最后以四个等级进行等级评定。

这就是我们理解和正在实践中的学期课程纲要。老师在充分理解课标,吃透教材的基础上,完成了学期课程纲要,就知道本学期教什么,怎么教,目的地在哪里,学生同样明确这一学期我将要学什么,如何学,有哪些活动,学到什么程度等问题。

四、理念提升

(一)深刻回答了课程教学"三大问题"

在基于新课程标准指导、引领下的课程教学中,我们经常会思考和反复追问三个问题:

1. 我要把学生带到哪里去?

2. 我怎样把学生带到那里?

3. 我如何确信已经把学生带到了那里?

这也是新课改视角下要深刻回答的课程教学"三大问题",课程纲要清晰而深刻地给出了答案。

● "我要把学生带到哪里去",要回答的是:"我要让学生学什么,学到什么程度",其实就是——"课程目标"。

● "我怎样把学生带到那里",回答的是:我要给学生提供怎样的学材和活动、学习策略和经历怎样的学习历程,实则就是——"课程内容"和"课程实施"。

●"何以知道学生已经到了那里"，其实回答的就是学习效果的评价、检测问题，即"课程评价"。

上面这三个问题，紧密相连，环环相扣，也是教学中不可或缺的环节、内容，而三个问题其根本实质指向了课程的"目标""内容""实施"与"评价"的问题，而这也正是课程纲要编制所必备的四要素。

所以说，我们已经在实际教学中思考或实践课程纲要了，只是我们没有进行明确、细致、系统的分析，没有形成具体、规范的文本。通过对上述三个问题的回答与理解，我们对学期课程纲要的科学认知就是让老师们站在课程的高度，全面统筹规划设计教书育人的全程活动，实现系统规划，整体育人，完整育人。

(二)实现了课程教学的"三大转向"

1. 由"教本位"向"学本位"转变

传统教学观，教学是教师站在个体的立场去思考如何完成教学任务并对一学期的学习进行整体规划和安排。而课程纲要是站在学生立场去思考和规划"让学生学什么""怎样学""怎样学得好"。看上去是主体不同，实则是教师课程理念的根本转位，课程纲要引领教师由教师的"教"向学生的"学"转变，也就是由"教本位"向"学本位"的转变，把儿童置于学习的首要位置，一切以促进儿童更好地学习、发展为目标去思忖、规划和设计。

2. 由学生适应课程向课程适应学生转变

过去的传统课程观的"教学计划"是由指导思想、教学目标、教学措施、教学进度构成的，侧重于固有、既定计划、内容的遵照执行和落实。而课程纲要是由课程目标、课程内容、课程实施、课程评价构成的，是基于学生立场去确定、调整、实施、评价，实现了由学生适应课程到让课程适应学生。另外，很重要的一点就是，课程纲要让学生明确所学课程的总体目标与内容框架，让学生知道了这一学期要学什么内容、怎样去学习，要达到怎样的目标。

3. 由"教教材"向"用教材教"转变

教学计划是按照教学进度表，针对教材内容规划执行，缺少对教材内容的开发，更多地趋向于"教教材"。而课程纲要，是课程站位的一份课程计划，是在对教材透彻理解，掌握教材的知识体系和结构的基础上进行课程内容优化、课程资源整合，实现学科知识与现实生活的联系，和学生经验的结合，体现的是活用教材,生发教材,更趋向"用教材教"。由"教教材"走向"用教材教",是一个由教师被动执行走向主动创造的过程,体现了由教师"教学科"走向引领学生"学学科"的转变,因此编制课程纲要体现了"以人为本""学为中心"的课程理念。基于课程标准的学期课程纲要编写,把研读课程标准作为提高教学有效性的切入点,以纲要编写为载体,引领教师审视、思考课程价值、明确课程目标、整合课程内容、优化课程实施、关注课程评价,提高教师理解课标、把握教材、设计教学的能力。

(三)阐释了课程教学的"五大层级"

课程纲要是课程运作系统的重要组成部分,表 2.5 是崔允漷所列的课程层级。

表 2.5　课程层级

课程层级	课程运作系统
1. 理想的课程	1. 课程改革方案
2. 正式的课程	2. 课程计划
	3. 课程标准
	4. 教材
3. 教师理解的课程	5. 学期(模块)课程纲要
	6. 课时计划
4. 师一生运作的课程	7. 课堂教学
5. 学生实际体验到的课程	8. 检查、考试等评价

从以上 5 个课程层级中,我们不难看出,学期课程纲要是教师理解的课程,是理想课程(课程改革方案)落实到学生实际体验到的课程(检测、评价)的重要环节,在课程运作中起到承上启下的作用。如果教师没有理解好课程,就会直接影响到后面 4 级、5 级课程的实施,教师的教,就很难落实到学生的学上,教学目标就会大打折扣。教师编制《学科课程纲要》是引领教师由个人经验的感性教学走向了基于标准的理性教学,也引领教师向科研型、专家型教师渐变成长的过程。

综上所述,课程纲要不仅是教师的教学设计方案,同样也是指导学生学习的蓝本。对于学生来说,课程纲要描述了学习的目的地,画出了学习线路图,并且提供了学习的基本要求,明确了自己的学习任务,进而学会规划自己的学习。

学期课程纲要是基于儿童立场、学生发展本位来思考、规划和设计课程实施，凸显了以生为本、学为中心的课程理念。这也是由"学科教学"走向"学科育人"的根本理念转位。

学期课程纲要有利于教师思考从"一节课"走向"一门课程"；有利于教师整体审视满足这门课程实施的所有条件；有利于学生明确这门课程的全貌，知道自己做什么。同时，课程纲要也引领教师实现两大提升：从"教学科"到教学生"怎样学学科"，按学科学习规律学习；从引领学生"怎样学学科"到以学科素养引领学生"怎样成才"，实现学科育人价值。

学期课程纲要是基于系统建构的课程发展观，对现有课程内容进行增删调换，对课程资源进行整体优化配置；在课程实施、学习方式上，把课后实践拓展、学科融合、跨界学习、项目化学习等多样化的学习方式融进课程，使课程实施有了更宽广的视域和空间。

第二节　课程纲要的编写案例

案例一：小学一年级数学（下册）课程纲要

课程名称：数学

课程类型：必修

教材来源：青岛出版社 2013 年版

适用年级：小学一年级

课时：70 课时

设计者：一年级教研组

一、课程背景

本册教材中的认识图形、100 以内数的认识、100 以内的加法和减法都是一年级上册知识的扩展，其余内容是学生第一次接触。100 以内加减法的口算是本册的重点和难点，所涉及的计算内容是整个小学阶段加减法计算教学的核心，是迅速和准确计算多位数加减法的必要前提，更是解决生活中实际问题的基础；在算法多样化的基础上强调最优化的计算，强调在掌握计算方法的基础上，发现计算规律，形成计算技能。此外，教材非常注重对知识的回顾整理，在每个单元的结束处都设置了"问题口袋"，引导学生养成整理知识的好习惯，为逐步学会主动建构知识奠定基础。书中有六个单元都编排了解决问题的例题，学生在经历观察、比较、操作的过程中，初步掌握解决问题的方法和步骤，感受数学和生活的联系。

二、课程目标

（1）借助操作小棒、计数器等学具，理解和掌握 100 以内数的组成和读写，探究 100 以内数的计算方法，能准确熟练地口算，掌握相应的竖式计算方法，会用 100 以内加、减法知识解决简单实际问题。

（2）通过观察、动手拼摆等活动，直观辨认长方形、正方形、三角形、平行四边形、圆形等平面图形，初步建立空间观念。

（3）认识钟表整时、大约几时；认识人民币面值及三个单位，知道元、角、分之间的关系，会运用人民币知识解决实际问题。

（4）在实践活动中体会厘米、米的含义，能准确估计一些物体的长度并选择合适的长度单位进行测量。

（5）经历简单的数据收集和整理过程，能用自己的方式呈现整理数据的结果，初步理解数据所蕴含的信息。

三、课程内容

表 2.6　小学一年级数学（下册）课程内容

课程内容		课时
开学第一课	⊙分享课程纲要	1
第一单元　认识钟表	认识整时、半时、大约几时	2
第二单元 100 以内数的 认识	100 以内数的认识	3
	数的大小比较	1
	整十数加整十数、整十数加一位数及相应的减法	3
	智慧广场	2
第三单元 认识图形（二）	认识长方形、正方形、三角形和平行四边形	1
	从物体表面抽象出平面图形	1
综合与实践	想一想、摆一摆	1
	⊙"拼一拼"实践活动	1
第四单元 100 以内的退位加减法（一）	两位数加一位数和两位数加整十数（不进位）	3
	两位数加一位数（进位）	2
	两位数减一位数和两位数减整十数（不进位）	3
	两位数加一位数（不进位）	2
	⊙整理和复习	1

	课程内容	课时
第五单元 人民币的认识	认识人民币、简单的计算	3
	解决问题	2
	⊙整理复习	1
	⊙"我当家"实践活动	1
第六单元 100以内数的加法和减法(二)	两位数加两位数、两位数减两位数	9
	解决问题:两位数连加、连减、加减混合运算	2
	整理复习	2
	智慧广场	2
第七单元 乘法初步认识	求几个相同加数的和	3
	乘法的初步认识	1
	有关1和0的乘法	1
第八单元 厘米、米的认识	认识厘米和线段	2
	认识米	2
综合与实践	我们身上的小尺子	1
	⊙绘本阅读《国王的新衣有多长》	1
第九单元 统计	学习记录数据的方法	1
	简单的数据收集和整理、体会数据蕴含的信息	1
总复习	结合纠错本复习整理本学期所学知识	5
⊙计算能力比赛	本学期所学习的口算	1
⊙期末测试	本学期所学知识	2

说明:第一课时设立为课程纲要分享课。⊙是教材之外增加的内容,根据本册书的内容和该年龄段学生的特点,在本学期增加了"计算能力比赛"来夯实计算能力;增加了绘本阅读《国王的新衣有多长》增加数学的趣味性;增加2个"整理和复习"帮助学生整理知识,养成良好的学习习惯;增设2个"实践活动",有利于培养学生在真实情景中运用知识解决问题的能力。

四、课程实施

(一)课程资源

(1)青岛出版社一年级《数学(下册)》教科书。

(2)教师自制的相关教学PPT,口算卡片;充分利用现有一起作业网的资源

（3）学校周边的超市；家长帮助制作、准备的学具。

（二）教学活动

（1）本学期仍延续"素养指向的问题导学学本课堂"的学习方式,通过前置性作业的探究和交流,在教师的引导和点拨下,经历知识的形成过程,初步培养自主学习和探究的能力。教师要注重了解学生的已有知识和经验,发现学习的困惑,把握生成,即时评价,促进学生的学习。

（2）根据课程目标,我们所设计的主题活动安排是:安排两次数学实践活动和一次口算比赛。一次是用图形"拼一拼"。在4月中旬进行,学生利用老师准备的平面图形进行创意设计,进行30分钟的拼图,之后进行作品展评针对作品的质量和创意进行评分。另一次是"亲子购物"的综合实践活动,安排在5月底,将组织全班学生进行一次模拟超市的购物活动,学生准备可以进行交换的物品,每人制作多种"人民币"学具,根据物品的价格进行购物,根据购物花费的计算正确性和购物方案的多少来计分。口算比赛大概6月底进行,全班学生参与,在限定的10分钟内给定100道口算题,按正确题数来评价学生(以资源、活动、事件的方式实施)。

（3）数学学习不但注重结果,更要注重过程。要善于把自己的想法说出来,和大家交流。要力求做到不但会做,还要知道这样做的道理,并通过梳理相关知识来渗透知识间的联系。要建立纠错本,做到能及时纠错,举一反三。

五、课程评价

学期总评成绩 = 过程性评价成绩 + 期末考试成绩

1. 过程性评价成绩（30分）

过程性评价成绩 = 课堂表现（10分）+ 作业表现（5分）+ 数学实践活动（10分）+ 口算比赛（5分）

表2.7　小学一年级数学过程性评价

评价内容	评价要素	等级描述
课堂表现（10分）	习惯	根据上课听讲、参加数学活动、思考问题和主动发言的情况分为五个等级:5分、4分、3分、2分、1分
	合作	根据和同学间讨论问题合作的情况分为三个等级:5分、3分、1分
作业表现（5分）	态度、质量	根据完成作业是否及时,态度是否认真,作业的质量和纠错情况分为五个等级:5分、4分、3分、2分、1分

续表

评价内容	评价要素	等级描述
数学实践活动 （10分）	拼一拼	根据动手能力、创新表现分为五个等级:5分、4分、3分、2分、1分
	我当家	根据购物方案的合理性和计算的正确率分为五个等级:5分、4分、3分、2分、1分
口算比赛 （5分）	速度和正确率	在规定的时间内根据算对的题数分为五个等级:5分、4分、3分、2分、1分
说明:两次数学活动的评价者有老师和学生。		

2. 期末考试成绩（70分）

以期末测试成绩为准,得分按 70％计入学期总评成绩。

3. 学期总评成绩结果呈现

共分为四个等级:优（≥95分）、良（85～94分）、合格（60～84分）、不合格（<60分）

说明:根据学生的最后得分,按结果呈现的四个等级进行等级评定,并记录在素质报告手册上。

（海阳市亚沙城小学　孙翠提供）

案例二:初中九年级语文（上册）课程纲要

课程名称:语文

课程类型:必修

教材来源:人民教育出版社 2019 年版

适用年级:初中九年级

课　　时:56 课时

设计者:九年级教研组

一、课程背景（教材分析、本学期指向的教学标准、学情分析、资源分析）

本册教材由诗歌、议论性文章、写景抒情诗文和小说构成,从专题和文体两个角度考虑进行了单元的划分。第一单元围绕"鉴赏—朗诵—创作"开展诗歌活动探究;第二单元的文章,以演讲和书信为主,或谈人生,或谈社会,或论教养,无不闪耀着智慧的光芒;第三单元带领我们登亭台楼阁、观湖光山色,游目骋怀,纵情山水,感受自然之美,领略历史文化的底蕴;第四单元取材独特而广泛,或涉及少年成长,或从少年视角观察世间百态;第五单元所选文章,或针砭时弊,阐释公理正义;或谈论学术,探讨创造的意义;第六单元的课文,节选明清时期的古代白话经典长篇小说中的精彩片段,有的讲述英雄传奇,有的描绘儒林世相,有的演绎历史故事,有的展现封建大家族的生活,情节引人入胜,人物形象鲜明。

学生已经具有一定的语文学习基础,在阅读理解与鉴赏表达能力方面还需进一步加强,要根据语文学科双线组织单元结构,使语文要素和人文主题双线并进,加强语文能力的培养,注重语文素养的提升。在单元拓展整合和学科核心素养的大背景下,围绕语文主题阅读教学的要求,以教材内容为载体,进行合理的课外延伸,使课内与课外有机融合,以达成预期学习目标。

二、课程目标

(1)学习鉴赏诗歌作品,了解诗歌的意象,体会诗歌的意境,理解诗人的情感,感受诗歌的艺术魅力。把握诗作的感情基调,揣摩诗人情感的发展脉络,能够在朗诵时通过重音、停连、节奏等传达出诗人的思想感情。学习借景或借物表达情志的写法,并尝试进行创作。

(2)了解议论性文章的基本特点,正确把握作者的观点,理解文章的中心论点,能区分观点与材料之间的联系,理清论证的思路。理解议论文逻辑严密、思辨性强的特点。学习常见的论证方法,体会议论文严谨、准确、具有逻辑力量的语言特点。培养学生实事求是、敢于质疑的科学精神和大胆设想、勇于创造的创新精神。

(3)了解古代写景记游散文的文体特点,体会作者在景物描写中寄寓的政治理想和思想感情。通过诵读,体会古代诗文语言简洁、音韵和谐、意境深远的特点,在理解内容的基础上,熟读成诵。

(4)积累文言常用实词,注意其古今意义的不同;积累常见文言虚词,注意其在表达语气、关联文意方面的作用;积累古代诗文中的名言警句。

(5)了解明清白话小说的特点,把握小说内容,概括分析故事情节。初步感知小说的叙事手法,尝试分析人物形象,结合自己的生活体验,理解小说的主题,感受小说展现的人生经验,加深对社会和人生的理解,获得自我成长的教益。

三、课程内容

表2.8　初中九年级语文(上册)课程内容

单元主题	课程内容	课时
第一单元:走进诗歌世界	单元导读课:朗读第一单元5篇课文《沁园春·雪》《周总理,你在哪里》《我爱这土地》《乡愁》《你是人间的四月天》《我看》,感知单元诗歌内容,了解诗歌相关概念	1
	教读引领课:学习课内《沁园春·雪》,拓展课外《沁园春·长沙》,感受其音乐美和意境美,把握诗中的意象,揣摩诗人营造的氛围	1
	组文阅读课:学习课内《周总理,你在哪里》《我爱这土地》《乡愁》,把握诗歌的感情基调,感受诗人营造的氛围,体会蕴含的深沉而真挚的情感	2
	教读引领课:学习课内《你是人间的四月天》,拓展课外《冰窗花》,感受诗歌的美,分析诗歌的表现手法,品味两首诗歌语言风格的差异	1
	群文阅读:拓展课外两首诗歌《煤的对话》和《太阳》,进一步理解诗歌的意象,体会意境,把握诗人表达的情感	1
	读写联动课:在激发创作诗歌的热情之后,进行诗歌创作,并在班级交流展示,加深对诗歌的认知与理解	2
	名著导读课:以《艾青诗选》为主,拓展《泰戈尔诗选》加强品味诗歌语言、把握诗歌意象、体会诗歌情感与理性美等方法指导	2
第二单元:思辨生发智慧	单元导读课:学习第二单元4篇课文《敬业与乐业》《就英法联军远征中国致巴特勒上尉的信》《论教养》《精神的三间小屋》,感知课文内容,了解议论文的特点	1
	教读引领课:学习课内《敬业与乐业》,拓展课外《向匠人致敬》,理清行文思路,找出作者观点,分析论证方法及作用,认识“敬业”与“乐业”的重要性,并培养“敬业、乐业”精神	2
	教读引领课:学习课内《就英法联军远征中国致巴特勒上尉的信》,拓展课外《舍弃,也是一种尊严》,明确观点,分析文章结构,体会文章富有激情和想象力的语言,学习对比、反语等表达感情的手法,学习雨果公平正直的博大胸怀和人道主义精神	2
	组文阅读课:学习课内《论教养》《精神的三间小屋》,品味文章语言风格的差异,引导关注自我内心世界,积极构建个体的精神空间	1

续表

单元主题	课程内容	课时
第二单元:思辨生发智慧	群文阅读课:课外《教养就是要让别人舒服》《学贵质疑》,加深对议论性文体特点的理解,找出作者观点,理清行文思路,分析论证方法及其作用	1
	读写联动课:引导学生以鲜明的态度和立场看待事物,并能提出自己的观点,善于对生活和社会现象进行个性化的思考,且论证有理有据	2
第三单元:体悟古人情怀	单元导读课:熟读《岳阳楼记》《醉翁亭记》《湖心亭看雪》,积累重点语句,初步感知作者的情感	2
	教读引领课:学习课内《岳阳楼记》,拓展课外《登岳阳楼》《洞庭风月岳阳楼》《一个永恒的范仲淹》,掌握常见实词的意义和虚词的用法,学习文章将叙事、写景、抒情和议论巧妙结合在一起的写法,理解作者"先天下之忧而忧,后天下之乐而乐"的政治理想	3
	教读引领课:学习课内《醉翁亭记》,并与《岳阳楼记》相比较,积累"而""之""者""也"等虚词的用法,体会作者骈散相融的语言风格,学习写景与抒情自然结合的手法,体会作者与民同乐的情怀	2
	组文阅读课:学习课内《湖心亭看雪》,拓展课外《龙山雪》,了解作者的写作背景,赏析白描写景的手法,品味雪后西湖奇景,抓住"独往""痴"等词,走进作者的精神世界,体会其家国之思	2
	教读引领课:学习课内《诗词三首》,拓展课外《阳关曲·中秋月》《西江月》《水》,理解诗句含义,品味诗歌意境,体会诗人情感,学习积极乐观的人生态度	2
	群文阅读课:学习课外古诗词《月夜忆舍弟》《长沙过贾谊宅》《左迁至蓝关示侄孙湘》《商山早行》,积累重点语句,体会诗人蕴含的情感	1
第四单元:理解成长味道	单元导读课:学习第四单元3篇课文《故乡》《我的叔叔于勒》《孤独之旅》,在反复熟读课文的基础上,能够初步梳理三篇小说的故事情节	1
	教读引领课:学习课内《故乡》,拓展课外《飘逝的风筝》,从人物描写的不同角度,学会分析人物形象,结合写作背景,了解社会环境给人物带来的改变,理解文章主题	2
	教读引领课:学习课内《孤独之旅》,拓展课外《草房子》之陆鹤选段,体会人物细节描写,把握文章主旨,珍惜现在美好生活,并激发学生再次走进曹文轩的《草房子》	2

续表

单元主题	课程内容	课时
第四单元:理解成长味道	群文阅读课:比较阅读《我的叔叔于勒》《变色龙》《范进中举》,体会其刻画人物方法的异同,发现作者巧用对比,凸显人物的方法,在此基础上,丰富情感体验,树立正确的价值观	2
第五单元:引发人生思考	单元导读课:熟读第五单元4篇课文《中国人失掉自信力了吗》《怀疑与学问》《谈创造性思维》《创造宣言》,把握文章内容,试着明确作者所要表达的观点	2
	教读引领课:学习课内《中国人失掉自信力了吗》,拓展课外《黄岩岛,你究竟属于谁》,了解驳论文的特点,学习文章结构严谨、逐层推进的论证方式,品味语言风格,体会作者的爱国精神及民族自信心与自豪感	2
	教读引领课:学习课内《怀疑与学问》,拓展课外《贵在独创》,注重发现材料与观点之间的关系,并通过自己的思考做出判断,提升思辨能力	2
	组文阅读课:学习课内《谈创造性思维》《创造宣言》,注意分析文章所用材料,发现作者的论证方法与思路,培养创造性思维能力	1
第六单元:品味百态人生	单元导读课:阅读第六单元4篇课文《智取生辰纲》《范进中举》《三顾茅庐》《刘姥姥进大观园》,初步感知文章内容,了解古典小说的特点	2
	教读引领课:学习课内《智取生辰纲》,拓展课外《林教头风雪山神庙》,根据故事情节,结合人物描写,进行人物形象的分析,激发学生阅读古典小说的兴趣	2
	教读引领课:学习课内《范进中举》,拓展课外《儒林外史之周进》(选段),品味精彩段落,把握人物性格及塑造人物的方法,从夸张、对比手法中,认识科举制度对读书人的毒害	2
	组文阅读课:理解学习课内《三顾茅庐》和《刘姥姥进大观园》,理解人物形象,学习侧面烘托及多种刻画人物的手法,激发阅读《三国演义》《红楼梦》的兴趣,感受传统文化的魅力	2
	群文阅读课:阅读《杨志卖刀》《从香菱学诗谈起》,梳理情节,把握人物形象,探讨其性格形成的原因,了解古代白话小说的艺术特点	1
	读写联动课:学习改写《夸父逐日》,明确改写的概念及意义,掌握从多种角度进行改写的基本形式与技法	1
	名著导读课:以《水浒传》为阅读文本,了解古代白话小说的艺术手法,探究其中的故事情节,分析人物形象,体会语言风格	2

四、课程实施

（一）课程资源

（1）人民教育出版社九年级《语文（上册）》教科书。

（2）教师自制的相关教学 PPT，网络语文教学资源，课外拓展阅读材料。

（3）学生搜集的相关学习资料，利用网络自制的学习资源。

（二）教学活动

（1）根据诗歌学习活动·探究任务，在学生阅读大量诗歌的基础上，举行诗歌朗诵比赛，让学生在朗诵中掌握重读、停连、节奏等朗读技巧，把握诗歌的感情基调，读出感情，读出韵律。

（2）在学习议论性文章之后，结合"观点要明确，议论要言之有据，论证要合理"的学习要求，开展辩论会，让学生能够用简洁的语言明确地表达出自己的观点，并能够围绕自己的观点选取适当的材料展开论述，从而做到论证有理有据。

（3）组织"小说故事会"活动，以《水浒传》为主要故事素材，将自己印象最为深刻的小说情节，先用思维导图梳理，然后进行演说。

（4）结合小说单元的学习，引导学生区分作品和虚构作品，寻找周围生活中的小说素材，展开想象，进行虚构、演绎，编写故事或试着写小小说。

（5）开展"故事新编"活动，结合学生原有的阅读经历，对熟悉的文本进行改写，可以从各个角度进行改写。比如：可以改变文体，可以改变语体，可以改变叙述角度等。

五、课程评价

学期总评成绩 = 过程性评价成绩 + 期末检测成绩

1. 过程性评价成绩（30分）

过程性评价成绩 = 课堂表现（10分）+ 作业表现（10分）+ 语文活动（10分）

表 2.9　初中九年级语文过程性评价

评价内容	评价要素	等级描述
课堂表现（10分）	语文 习惯	根据上课听讲、积极思考和发言参与的情况分为五个等级：5分、4分、3分、2分、1分
	合作 学习	根据和同学合作时，能否积极参与，且与他人进行思维的碰撞，能够理性辨别他人的观点等情况分为三个等级：5分、3分、1分

续表

评价内容	评价要素	等级描述
作业表现 (10分)	态度、质量	根据完成作业是否及时,态度是否认真,作业是否能够呈现做题过程分为五个等级:10分、8分、6分、4分、2分
语文活动(10分)	说一说	根据要求,主题是否明确,是否能够围绕观点表述清晰等表现分为五个等级:5分、4分、3分、2分、1分
	写一写	根据写作要求,能够做到主题鲜明、结构清晰等分为五个等级:5分、4分、3分、2分、1分

2.期末检测成绩(70分)

以期末测试成绩为准,得分按70%计入学期总评成绩。

3.学期总评成绩结果呈现

共分为四个等级:优(≥95分)、良(85~94分)、合格(60~84分)、不合格(<60分)

说明:根据学生的最后得分,按结果呈现的四个等级进行等级评定,并记录在学生素质评价手册上。

(海阳市实验中学　隋运梅提供)

案例三:初中三年级英语(上册)课程纲要

课程名称:英语

课程类型:必修

教材来源:山东教育出版社2013年版

适用年级:初中三年级

课　时:64课时

设计者:八年级教研组

一、课程背景

八年级上册共8个单元,全书采取任务型语言教学模式,融汇话题、交际功能和语言结构,形成了一套循序渐进的生活化的学习程序。每个单元都列出明确的语言目标、主要的功能项目与语法结构,需要掌握的基本词汇,并分为A、B两部分。A部分是基本的语言内容,B部分是知识的扩展和综合的语言运用。每个单元还有自我测试(self check)部分,供学生自我检测本单元所学的语言知识之用。它采用"语言的输入—学生的消化吸收—学生的语言输出"为主线编排的。通过确定语言目标(language goal),采用听、说、读、写、自我检测等手段,有效提高语言习得者的学习效率,有利于习得者的语言产出,体现了以学生为主体的思想。

二、课程目标

(一)总体目标

(1)学生有明确的英语学习动机和积极主动的学习态度。能听懂教师对有关熟悉话题的陈述并能参与讨论。

(2)能读懂供八年级学生阅读的简单读物和报纸杂志,克服生词障碍,理解大意。能根据阅读目的运用适当的阅读策略。

(3)能够围绕课程设置的 8 个话题展开熟练的交流,正确表达个人观点,并在口语交际中增进对英语文化的理解,逐步提升英语学习兴趣。

(4)能与他人合作,解决问题并报告结果,共同完成学习任务。能在学习中互相帮助,克服困难。能合理计划和安排学习任务,积极探索适合自己的学习方法。

(二)单元目标

(1)礼貌地用"could"表示要求和征询许可。

(2)能询问并陈述自己的麻烦,能针对别人的困境提出解决的办法和建议。正确运用情态动词"could""should"表达建议或劝告。正确运用"Why don't you...?"句型表达建议。

(3)能讲述过去正在发生的事情,正确运用连词"when"和"while"。能运用过去进行时结构进行提问和陈述。

(4)学会熟练运用"as soon as""unless""so...that"等连词。

(5)学会正确使用较大数字,熟练运用形容词的比较级和最高级谈论地理和自然话题。

(6)学会正确使用现在完成时表达已经发生的事情,谈论最近的经历。初步了解英美经典文学。

(7)学会用现在完成时表示是否去过某地,是否曾经做过某事。

(8)使用现在完成时询问并表达持续性动作或状态。

三、课程内容

Unit 1 Could you please clean your room? (Section A 2 课时, Grammar focus 1 课时, Section B 2 课时, Self check 1 课时, Writing 1 课时, Review 1 课时, 总计

8 课时）

Unit 2 Why don't you talk to your parents?（Section A 2 课时，Grammar focus 1 课时，Section B 2 课时，Self check 1 课时，Writing 1 课时，Review 1 课时，总计 8 课时）

Unit 3 What were you doing when the rainstorm came?（Section A 2 课时，Grammar focus 1 课时，Section B 2 课时，Self check 1 课时，Writing 1 课时，Review 1 课时，总计 8 课时）

Unit 4 An old man tried to move the mountains.（Section A 2 课时，Grammar focus 1 课时，Section B 2 课时，Self check 1 课时，Writing 1 课时，Review 1 课时，总计 8 课时）

Unit 5 What's the biggest mountain in the world?（Section A 2 课时，Grammar focus 1 课时，Section B 2 课时，Self check 1 课时，Writing 1 课时，Review 1 课时，总计 8 课时）

Unit 6 Have you read Treasure Island yet?（Section A 2 课时，Grammar focus 1 课时，Section B 2 课时，Self check 1 课时，Writing 1 课时，Review 1 课时，总计 8 课时）

Unit 7 Have you ever been to a museum?（Section A 2 课时，Grammar focus 1 课时，Section B 2 课时，Self check 1 课时，Writing 1 课时，Review 1 课时，总计 8 课时）

Unit 8 I've had this bike for three years.（Section A 2 课时，Grammar focus 1 课时，Section B 2 课时，Self check 1 课时，Writing 1 课时，Review 1 课时，总计 8 课时）

四、课程实施

（一）课程资源

（1）山东教育出版社八年级《英语(上册)》教科书:对教材内容进行适当的补充和扩展,可以替换一些活动内容。

（2）调整教学方法,多使用直观课件,充分利用科大讯飞上的资源。

（3）根据上课需要调整教学顺序。

（4）其他资源:教材辅导材料,课件,试题等。

（二）教学活动

（1）任务型教学。教师创设任务型情境，设置问题，学生自学、合作、探究、交流问题，解决问题。该教法用于主干知识的课堂教学。

（2）小组合作学习：以小组合作和同学互助合作方式完成结对练习。课堂外成立学习互助小组，由小组长负责单词、课文的背诵。培植合作的意识，习得合作的方法和技能。

（3）讲解和阅读训练：精讲主干知识，精炼结构化知识，通过全批全改及面谈和笔谈，掌握学情，调整教学。

（4）主要通过观察／问答／交流／操作／考试等途径来实现课堂的反馈，主要通过校本作业／报告／访谈等途径来实现课后的反馈。

（5）以语法功能用法为主线，理清知识脉络，构建知识体系；以典型例题为载体，提高知识和技能的运用能力，掌握方法。

（6）积极开展丰富多彩的英语活动，提高学生兴趣。如英语演讲比赛、单词听写比赛、朗读比赛、英语手抄报比赛等。

（7）注重个别辅导，在面向全体学生的基础上，培优转困。

五、课程评价

体现学生在评价中的主体地位。本课程建议让学生成为评价的主体，因为这样有益于学生认识自我、树立自信，有助于学生反思和调控自己的学习过程，从而有利于促进语言能力的发展。每一课的评价都基本上由学生来完成。

注重形成性评价对学生发展的作用。评价的目的是为了学生更好地发展，因此，本课程建议对学生进行形成性评价。对学生每一堂课上的表现、所取得的成绩以及所反映出的情感、态度、策略等方面的发展做出客观的评价。同时让学生同伴、教师共同参与评价，注意评价的正面鼓励与激励作用。

注重评价方法的多样性和灵活性。学生自评和互评相结合，教师、家长的评价相结合，给每位学生做出综合评定，评价方式应当多种多样，即可用书面考试、口试、活动报告等方式。

学期总评成绩＝过程性评价成绩＋期末考试成绩

1.过程性评价成绩（30分）

过程性评价成绩＝课堂表现（15分）＋作业表现（10分）＋英语比赛（5分）

表2.10 初三英语过程性评价

评价内容	评价要素	等级描述
课堂表现（15分）	习惯	根据上课听讲、参加英语活动、思考问题和主动发言的情况分为五个等级：10分、8分、6分、4分、2分
	合作	根据和同学间讨论问题合作的情况分为三个等级：5分、3分、1分
作业表现（10分）	态度、质量	根据完成作业是否及时，态度是否认真，作业的质量和纠错情况分为五个等级：10分、8分、6分、4分、2分
英语比赛（5分）	参与度和正确率	根据比赛的参与度和在比赛中运用英语表达的正确率，分为五个等级：5分、4分、3分、2分、1分

2. 期末考试成绩（70分）

以期末测试成绩为准，得分按70%计入学期总评成绩。

3. 学期总评成绩结果呈现

共分为四个等级：优（≥100分）、良（75～99分）、合格（60～74分）、不合格（<60分）

说明：根据学生的最后得分，按结果呈现的四个等级进行等级评定，并记录在素质报告手册上。

（海阳市亚沙城初级中学　吕琳提供）

第三章

导学作业的设计

　　捷克著名的教育家夸美纽斯曾说:"找出一种教育方法,使教师因此可以少教,但是学生多学。"以此,我们从丰富课堂内涵和促进学生深度学习入手,积极进行导学作业的设计与实施研究,构建了以问题导学为主线、以导学作业为载体、以培育核心素养为导向的新样态课堂。导学作业的设计,在根本上改变了教与学的关系,令教师从学生学习的指导者变为学生学习的促进者、引导者与合作者,令学生从被动的知识接受者转变为主动的知识探究者,进一步优化了课堂结构,为培养具有终身学习能力的学习者奠定了坚实的基础。

第一节　理论导航

一、导学作业的核心概念以及界定

导即指导、引导,学即学生、学习。导学作业是以课程标准为依托、以培养核心素养为导向编写的,用于指导学生自主学习、主动参与、合作探究的学习方案。导学作业是学生自主学习的方案,也是教师指导学生学习的方案。是教师根据本节课教学知识的特点、教学目标和课程标准,依据学生的认知水平、知识经验,为学生进行主动的知识建构而编制的学习方案,是教师集体备课的结晶。它将知识问题化,能力过程化,情感、态度、价值观的培养潜移化。在充分尊重学生主体地位的前提下,积极发挥教师的主导作用,通过科学有效的训练,达到课堂学习效益的最大化。

教师致力于学生自学能力、展示能力、质疑能力、创新能力的培养,依据学生的认知水平、接受能力,积极探索,形成了较为成熟的依托小学"预习单"和初中"课前预习案"的课堂学习模式。小学"预习单"以课为单位进行设计,初中"课前预习案"则以单元整合为出发点来制定,既为学生提供学习工具,又为学生的思维发展提供"脚手架"。我们从教的设计转向学的设计,以"预习单"和"预习案"两种形式的导学作业为载体,以"问题驱动"为链条,让学生在发现问题、解决问题、生成问题、再解决问题中实现深度学习,不断提升学生的学科思维和素养。通过问题导学机制、小组合作机制、学科素养评价机制等机制的保驾护航,教师、学生之间不再是纯粹的教与学的关系,而是和谐共进的学习共同体。

导学作业的设计一般具备以下特点。

(1)目标精准化。以课程标准为出发点,采取读、学、研、落等一系列方式让教师对导学作业的目标和内容熟知,由单元到课时,层层分解,结合学情具体确定本单元或课时的导学作业,如此导学作业更易理解、易操作、能评价、能指向核心知识。

(2)过程问题化。依据确立的精准的学习目标,确定导学的主、分问题。主问题的设计要有统领性,达到"一问多效"的目的。对应的分问题设计要有梯度性,由简到易,循序渐进;分问题的设计还要有层次性,满足不同层次学生的需求。学生的思维在解决问题的过程中逐步深化。

(3)结果生成化。导学作业并非一成不变,为满足不同梯度学生的不同需求,作业设计要有弹性。优生能从中感受到挑战,增强思维创新性;一般生能从中感受到激励,增强思维的完整性;学困生能从中找出答案,增强思维的连贯性。让每个学生都能从不同程度调动学习积极性,学有所得。

二、导学作业的实践意义和价值

(一)意义

导学作业的实践是对国家新课改工作推进的落实,教师通过课前作业目标、任务的设计来引导学生进行预习,这一节中学生借助小组合作等方式进行自学,积累自己的疑惑,在课堂中交流、展示等形式总结课前学习情况等,提高了自主学习的能力。

1. 导学作业做到了减负高效

导学作业将学习的重心前移,问题驱动使师生的主要精力集中在课堂上。学习、探究、训练、检测和拓展在课内消化,课后不留问题,学生家长再也不用为课后作业犯难犯愁。导学作业使学生真正跳出了题海,也顺应了国家"双减"要求,切实为学生减轻了学习负担。

2. 导学作业体现了教师的主导作用

从编写导学作业开始,教师就呈现主导的角色。导学作业设计中教师要关注学习目标的确立,学习方法的设计,学习内容、学习环节的预设等。依据导学作业但又不拘泥于导学作业;教师根据教学情境和学情,适当调节学习节奏,及时给予帮助和点拨,促进知识的生成和能力的提升。教师真正参与学生的学习中,成为学习的启发者、点拨者和引导者。

3. 导学作业体现了学生的主体地位

导学作业是学生自主学习的脚手架。学生拿到学案,根据目标和问题,自主探究所要学习的内容。我们调查数据显示,80%的学生能解决基础知识,70%的学生能理解学习的重难点,50%的学生在自主学习后能提出新的疑点,95%的学生能自觉做好课前准备。学生自主解决的问题,教师不必讲;学生不会的、新生的问题,在课堂中通过教师讲授、师生对话、生生讨论等形式再研磨。无论哪个环节,都需要学生发挥能动性主动参与,自觉融入,学生成为学习的主体、学习的主人。

此外,导学作业激发了学生的好奇心和求知欲,导学作业中问题设计给学生留下足够的思考空间。

（二）价值

1. 导学作业是提高课堂教学质量和效益的有效载体

导学作业是在新课改的前提下，结合核心素养的要求，面向全体学生，以提高教学质量。它既是学生自主学习的方案，也是教师指导学生学习的方案。在尊重学生主体地位的前提下，发挥教师的主导作用，通过有效训练，提高课堂教学效益。

2. 导学作业实现了因材施教

导学作业的设计遵循学生的认知规律，由自主学习到提出问题、合作学习、释疑解惑、巩固练习、监测评估，再到拓展训练，环环相扣。教师则根据学生的不同学习现状进行点拨，可集体点拨，可个别指导，以促效果。

基本思路：提出问题—分析方法—合作探究—展示交流—问题反馈—点拨指导—巩固练习。训练中，学生学会了自主学习，自己提出问题，自己寻找解决问题的方法和途径。教师要对学生自主学习成果进行点拨，实现因材施教。

三、导学作业的编写与使用

（一）导学作业的组成

导学作业，一般由以下六部分组成：学习目标—知识链接—学法指导—导学问题—我的疑惑—当堂检测。

（二）导学作业编写的基本环节

导学作业的编写要做到"四个统一"，即统一编写流程、统一基本组成部分、统一课时容量、统一编写格式。

1. 统一编写流程

一份高质量的导学作业一定是集体智慧的结晶，因此，编写导学作业要强化集体研讨。具体流程：主备人个人初备，形成一稿；备课组集体研讨，并由主备人修改，形成二稿；学科领导审核，签字；相关任课教师依据班级学情进行个性化修改，形成三稿；结合具体的授课过程，修订，存档。

2. 统一基本组成部分

（1）学习目标：是学习活动的指向标，是导学作业编写的出发点、落脚点。所以，学习目标以生为本，指出学生要学什么，怎样学，学多少。

学习目标的编写，要从以下几个方面着手。

① 以课程标准为准绳,强化教材的研读。一要研读教材内容与课程标准的衔接点,还要明确课程标准中"了解、知道、理解、探究"等字眼的陈述与学生素养结合点。如识记的目标对应的是知识素养,而应用层次和理解层次的要求对应的则是能力素养和情感素养。二要结合教材所处的单元,把握该单元的编排意图和教学目标,找到课时具体承载的点进细化落地。三要结合本课的导语、课后题等,进行综合思考,确定该课时的知识点、重难点,详细记录该节课的相关问题,准确把握考点。

② 注重对学生学情的把握。教师了解学生的学情,根据学情,进行大胆取舍,突出重点,搭建学生通往教材的桥梁,使目标的确立更有针对性、目的性和激励性,更加适合自己的学生。学生也会存在个体差异的,在知识储备、认知能力、原有经验等方面也存在着差异性,所以,教师面对不同的学生要进行目标的调节,既要有"普遍目标",又要有"发展性目标"。

③ 学习目标要体现核心素养,即所有的目标设立都应落实立德树人基本要求,培养学生适应发展需要的必备品格和关键能力。

④ 目标的表述要清楚、准确,不要用"理解、了解"之类的模糊性词语,要准确、具体、可操作性强,通俗易懂。要把课标中概括性的、模糊的动词用具体的、可操作性的行为动词代替,如使用"找到""说出""会用……解决……"之类的明确语言,引导学生明确学习目标。学习目标的陈述要关注三个关键词:用什么方法来学、学什么内容、学到什么程度。

制定学习目标时需要注意以下问题。

① 学习目标区别于教学目标,学习目标的主体是学生,是指学生通过自主学习应该达到的程度。在学习目标中不能出现"使学生""培养学生"等陈述性词语。

② 学习目标要具体,不能空洞。学习目标指向的是学生在自主学习时应该具体去做什么,越具体明白,越有利于学生的操作和达成。

③ 学习目标的数量不宜过多,2～3个为宜。若多了,学生很难达成就失去了意义。

如初三历史上册第18课《美国的独立》,课程标准:知道华盛顿《独立宣言》和1787年的宪法的相关史实,能讲述美国独立战争对美国历史发展的影响。结合课标和以往三年会考考点分析,教师们集体研讨,制定了本节课的学习目标:

a. 通过阅读教材,简述北美殖民地的发展近况,完整叙述美国独立战争的爆发原因、经过、结果及影响;

b. 通过对图片、史料等的观察与阅读,对重大历史事件和历史人物的评价,归纳总结美国独立战争的胜利原因和双重性质;

c. 通过美利坚反对英国殖民统治的斗争史实,感知其斗争精神和以弱胜强的坚强意志,培养自强不息的民族精神。

又如鲁教版初中化学八年级《水分子的变化》一节,课程标准的要求是"认识化学变化的基本特征,初步了解化学反应的本质""初步形成'在一定条件下物质可以转化'的观点""初步认识常见的化合反应和分解反应",教师在设计预习作业的时候,应该根据教材内容,分清哪些知识是学生联系生活经验的条件下能够学懂,哪些知识学生需要结合老师提供的信息能够学会。在充分落实课标要求和把握学情的情况下,我们设计本节的学习目标:

a. 通过课本与视频相结合,得出实验结论,并能设计实验;

b. 以水通电分解为例,会使用文字表达式表示化学反应;

c. 比较水通电和氢气燃烧两个反应的特征,会根据反应特征判断两种基本反应类型。

再如《义务教育数学课程标准》在"课程内容"的"第二学段"中提出"在具体情境中能用字母表示数""结合简单的实际情境,了解等量关系,并能用字母表示数"。老师们在认真解读课程标准之后,对初中数学六年级上册《用字母表示数》一节,设计的学习目标如下:

a. 通过观察图片,进一步理解用字母表示数的意义,形成初步的符号意识;

b. 能用字母正确地表示数量和数量关系;

c. 结合具体情境,了解代数式的概念,能用代数式表示简单问题中的数量关系和变化规律。

(2)知识链接:知识链接的主导作用就是加强学生知识点间的互相联系。一般包括三个方面:新旧知识的链接、同类知识的链接和相关知识的链接。新旧知识的链接,就是引导学生通过比较学习,以旧唤新,以新替旧,促进学生知识巩固化、系统化;同类知识的链接,即引导学生对同类的知识进行系统地整理、归纳,理清各类知识的脉络,形成知识网络图;相关知识的链接,则是引导学生对某一知识点从不同的方向、不同的侧面、不同的层次,横向拓展,逆向深入,培养学生的创新意识,从而产生新的知识结构。

知识链接的编写,要从以下几个方面着手。

① 紧紧围绕学习目标。知识链接的目的是为了帮助学生在自学的过程中有效达成学习目标,因此,它的设计要紧紧围绕学习目标这个中心,如果脱离了这个中心,知识链接的设置将毫无意义。例如,设计与学习目标相关的背景材料,像语文课文中写作的时代背景、作品的思想意义等,有价值的知识链接,有利于学生自学,为有效达成学习目标奠定了扎实的基础。

② 要融会贯通教材。知识链接就是要引导学生学会对知识间包括新旧知识、同类知识、相关知识等的相互贯通,教师只有对学科的知识了如指掌,融会贯通,才能游刃有余进行设计。

③ 准确把握学情。设计知识链接,一定要把握学情,主要是学生的知识储备,包括学生已有知识和生活的经验等,便于让学生建立知识链接。

编写知识链接需要注意以下问题。

① 要有针对性。知识链接是围绕学习目标设计的,是为了解决学生学习的障碍并有效达成学习目标。教师在设计时,首先要明确学习目标;其次要了解学情,明确学生学习的障碍;最后有针对性地设计符合学习目标要求而又适合学生需求的知识链接。这样的知识链接才是高效的、有价值的。

如部编版小学语文四年级上册第一单元第2课《走月亮》,这是一篇非常优美的抒写童年回忆的散文,如诗如画,很容易使学生深入文本,得到情感体验。考虑到"走月亮"是白族的一种习俗,为了使学生在预习的时候对这一民族风俗有一定的了解,不走偏路弯路,教师在导学作业单上设计了这样的资料链接:

a.看看插图,从图上两人的穿着猜猜她们是哪个民族的(补充插画);

图3.1　猜民族

b.读读补充资料:

资料一:白族是中国的少数民族之一,主要分布在云南、贵州、湖南等省,其中以云南省的白族人口最多,主要聚居在云南省大理白族自治州。

资料二:作者吴然是云南人,曾写过《大青树下的小学》。

资料三:"走月亮"是南方的一种风俗,指在月亮下散步。

② 要有启发性。知识链接的作用是"引导",引出新知识,引发学生思索,因此,它带有一定的启发性。

如初中语文人教版八年级上册《我的母亲》一课,为了让学生对作者胡适和他的母亲这两个人物形象有更加直观、立体的认识,设计了这样两个知识链接,对文本进行了有效的补充。

a. 胡适:他一生获得36个博士学位,曾任北大教授、北大校长。他是中国新文化运动的开拓者,是白话文、新诗的倡导者。他与陈独秀同为五四运动的核心人物,他对中国近代史产生了深远的影响。

b. 胡适的母亲:冯顺弟17岁时嫁给了比她大32岁的胡适父亲做续弦。胡适三岁时,父亲病故, 23岁的寡母做了乡村大家族的主母。

③ 要少而精。知识链接在导学案中虽然不可或缺,但学习中它不占主导地位,因此,对它的设计要少而精,否则就是本末倒置了。

如小学五年级数学上册《长方体的表面积》一节,教师们充分注重了学生的学情,考虑到该节要探究的知识与学习过的长方体和正方体的特征有关联,就设计了以旧知复习为载体的知识链接。具体如下:

a. 长方体一般是由6个(   ),特殊情况有两个相对的面是(   )围成的立体图形。

b. 在一个长方体中,相对的面(   ),相对的棱(   )。

c. 正方体是由6个(   )围成的立体图形。

d. 下图长方体的长是(   )厘米,宽是(   )厘米,高是(   )厘米。

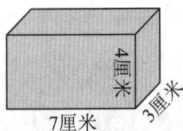

图 3.2 长方体

(3)学法指导:学法指导指的是在教学过程中教师通过有效指导,使学生掌握学法,并获得具有运用学习方法进行有效学习的能力。

如何进行学法指导的选择呢?

① 教师要掌握灵活多样的学习方法,并能够根据学习内容进行有效筛选,确定出适合相关学习内容的、适合学生能力提升的学习方法进行专项指导。

② 要根据学习目标和学习内容而定。在教学中指导学生学会学习方法、

技能,有效完成学习目标。如理解教材的内容,要抓住新旧知识的联系、知识的内在规律,发展学生的思维能力,可以培养学生形成思维方法;而运用知识这一类的内容,要进一步发展学生的思维能力,可以引导学生做到理论与实际相结合,逐步学会运用所学知识解决实际问题的方法。

③ 学法指导要根据学生不同的年龄特点和发展需求而定。小学生,要以发展学生的形象、感性思维为主,可以指导学生掌握一些基本的学习方法,如观察法、绘图法等;初中阶段的学生,要以发展学生的抽象、理性思维为主,则可指导学生掌握一些学习方法,如比较法、分析归纳法等。

学法指导需要注意以下问题。

① 学法指导要有针对性,具体要与课标要求相吻合,与学习内容相匹配。三者之间是有机结合的整体,不是孤立存在的。

② 学法指导要有启发性。学法指导的目的就是学生能够借助有效的方法实现对新知识的学习,所以,学法指导要有一定的启发性。

③ 学生指导要多样化。教师可以根据学习内容从不同角度出发,灵活进行学法指导,使不同思维阶层的学生都能够得到思维的提升。

如鲁教版初中数学六年级下册《角的比较》,该课时的学习内容是角的度量和比较,之前学生已学习了线段,因此可将角与线段的比较进行类比。具体操作如下。

自主探究:角的平分线

学法指导:

(1)先完成动手实践,时间 8 分钟,阅读课本第 13 页,针对角的平分线定义,用铅笔对关键词进行圈画。

(2)脱离课本,独立完成下列问题,然后打开课本,查找答案进行批阅,最后合上课本独立修改。

回忆:请用几何语言描述什么是线段的中点。

动手实践:在纸上画个角,沿着顶点对折,使角的两边重合。

问题 1:∠AOC 被折痕 OB 分成的两个角有什么关系?

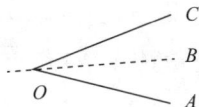

图3.3 问题1、问题2图

问题2:∠AOC 与∠AOB 和∠BOC 有什么关系? 这个关系怎样用式子来表示? 射线 OB 叫作什么?

问题3:你判断的依据是什么?

思考:你能用几何语言来描述角的平分线吗?

角的平分线:从一个角的_____引出的一条_____,把这个角分成两个_____的角。

在通过类比法,迁移线段中点的学习方法到角平分线的学习之后,教师又设计了梯度练习,引领学生步步深入地运用预习所得的知识进行问题解答,既锻炼了学生的解题能力,又关注了学生的思维提升。

如八年级生物上册第二章第一节《遗传的物质基础》一节,《课程标准》对该节课的学习要求是"说明 DNA 是主要的遗传物质;描述染色体、DNA 和基因之间的关系",考虑到学生对本节内容缺乏感性认识,教师在设计导学作业的学法指导时采取了资料分析和动手操作相结合的方式,既有方法支撑,还有对预习知识的落实,让学生在明确基因与染色体的位置关系和基因的作用之后,借助"小试牛刀""巧夺天工"两个板块,进一步落实预习任务。具体如下。

基因是包含遗传信息的 DNA 片段

学法指导:阅读课本 22 页内容,观察果蝇某条染色体上部分基因分布示意图,解决以下问题。

什么是基因? 基因有什么作用? 基因与 DNA 有什么关系?

【小试牛刀】下列关于人体 DNA 的说法,错误的是(　　)

A．DNA 是人体的遗传物质

B．截取 DNA 上任意片段,至少含有一个基因

C．DNA 是长长的链状结构,外形像一个螺旋形的梯子

D．DNA 存在于染色体上,在体细胞中成对存在

【巧夺天工】独立制作某种生物的基因色卡

自由选取一种生物,想一想这种生物具有哪些特征? 控制这种特征的基因会在一条染色体上怎样分布呢?

材料:空白色卡、A4 纸、彩色记号笔、固体胶

步骤:将空白色卡用固体胶粘贴在 A4 纸上,用不同的彩色记号笔在色卡上标记出相应基因的位置,并在每个基因右侧写下它所控制的具体特征。

以上案例中的学法指导,均从学生实际需求出发,以培养学生的自主学习

能力。另外,在学法指导环节,教师们还可以根据知识的难易程度或者是学生的接受能力进行创造性思考,如小学的孩子年龄小,对文本的阅读理解能力有限,尤其是在进行数学的预习时,往往抓不住重点,理解不了课本上的基本信息,教师可以采取录制前置性预习视频的方法,慢慢引导学生进行有效预习。再比如初中的化学,学生缺少实验基础,对很多相关知识的预习就会出现浅表化的现象,教师也可以另辟蹊径,通过推送实验视频的形式,让学生在观察中加深对文本的理解,从而实现预习的预期目标。

（4）导学问题:导学问题是导学作业主要的组成部分。

导学问题作为导学作业中最重要的构成环节,主要有三大功能。第一,导学功能。能使学生在最短的时间内通过自主学习获取最重要的信息,实现对知识的整体把握。第二,导思功能。它是建立在导学基础上的高级认知活动。要求学生学会思考,从而提升探究、思维能力。第三,导练功能。能让学生在不同层次的练习内容中实现有序的实践。

如何设计导学问题呢?

① 精心设计主问题。导学问题的设计分为主问题和分问题。主问题要简洁凝练,围绕学习目标和学习内容,聚焦一个"牵一发而动全身"的关键点,从而帮助学生对学习内容有一个整体把握。

② 精心设计分问题。确定主问题后,还有设计匹配的分问题,每一个问题或者活动都要围绕主问题去设计。在设计分问题时不能脱离对学生学习起点的了解,要有助于基础判断能力的形成,有利于知识体系的自我建构。要求教师做到:一是设计的问题要考虑到趣味性、探究性、层次性和开放性,设计情景问题,激活学生的认知和思维;二是要有问题预设,比如常规问题,意想不到的怪异或错误问题,允许学生对问题有不同的见解,尊重不寻常的想法和方式,及时引导,准确评价,及时纠偏。

设计导学问题需要注意的问题如下:

① 问题层次化。问题设计分为必做和选做两个层次,必做侧重于对学习内容的梳理、识记和理解,而选做则侧重于对知识的应用和拓展。不同层次的问题设计,目的是让不同水平的学生都能够有所选择,都有完成度,都有成就感。

② 问题探究化。学生能够以导学的问题为主线,借助提供的学法指导,经过"学—疑—思—释—怡"的过程,达到自我认知构建的目的。

③ 问题情境化。设计问题要尽可能提供"真实"的、"生活"化的学习情境和活动，便于更好地激发学生的学习兴趣。

如鲁科版八年级物理《运动的快慢》一节的导学作业，问题导学贯穿整个过程，如下：

先观看平板中老师推送的微课，思考并解决以下问题。

将小聪和小明谁快谁慢的计算过程写出来，并思考运用了比较物体运动快慢两种方法中的哪一种？

速度的定义和公式是什么？并指出每个字母所代表的物理量。

你能比较出 1 m/s 和 1 km/h 的大小吗？

按照运动快慢，物体的运动可以分为哪两类？

此环节的设计与教材一一对应，前后联系既紧密又连贯，学生在进行预习的时候，可以根据平板微课对课本进行充分预习，挖掘有用信息。这些问题的设计一目了然，且层层递进，学生可以根据导学作业中导学问题的引领，进行有效思考，从而保证预习效果，为新授课做好准备。

（5）我的疑惑：导学作业中一定要设计学生疑问区，让学生把预学中的疑问写下来，倡导学生一定要有疑而问，疑问区设计是整个预习案的浓墨重彩之处，只有自我肯定才敢于创新，勇于表达。

① 指导先行。对导学作业中"我的疑惑"这一部分，教师要对学生进行相应的指导，引导学生对有价值的内容进行思索，否则，学生漫无目的地提出一些"千奇百怪"的问题，就失去了导学作业中这一环节的设计意义了。教师要引导学生对教材的难点、易漏点、易混点进行质疑，而不是面面俱到地对教材的全部内容进行质疑问难。这就需要教师深挖教材，把握教材的关键之处，即那些与学习目标的实现密切相关的内容，如文中的关键词句、文中的矛盾之处、课后思考题等，然后在这处设计质疑问难，引导学生发现问题、分析关问题，有效达成学习目标。

② 注重评价。学习中，教师要善于捕捉学生思维的火花，鼓励学生质疑。当学生踊跃提出自己的疑问时，大胆地发表自己的见解时，教师应予以积极的评价。鼓励学生从不同角度、不同层面去质疑问难，开启学生的思维。

当堂检测：当堂检测就是教师结合所学内容，精心设计检测题，对学生进行当堂检测，以达到对所学知识理解、巩固和运用的目的。学生在完成本课时内容后，根据学生的学情及本课重、难点，教师精选、精编习题，让学生限时限量去完成,以夯实基础知识,提高运用所学知识解决实际问题的能力,从而确保本节课学习目标的达成。

① 当堂检测中问题的设计要有梯度性,层次性。问题的设计要有梯度性,既要面向全体,又要关注差异。检测题的设计要有层次性,分必做题与选做题。必做题侧重于基础知识和基本技能,重点在于巩固强化对课堂知识的识记、理解与运用,要求全体学生都要完成;选做题侧重于对所学知识的深化运用,难度较大,主要是针对那些学有余力的学生,也是为了避免出现个别学生"吃不饱"的问题。

② 当堂检测题量要适中,要做到"少而精",时长约为5分钟。题型设计上,教师要注意检测题的变式训练,可根据每节课的知识特点有的放矢地精心选择题型。

③ 当堂检测中问题的设计要有针对性、代表性和拓展性。教师在设计检测题时要紧紧围绕学习目标,使学生在有限的时间内把握学习重点,提高学习效率。所设计的习题要"精",要有代表性、拓展性。学生在完成检测后,能做到举一反三,对所学知识融会贯通,思维能不断向深度和广度拓展。

如鲁教版初中化学八年级《水分子的变化》一节,导学作业中的"当堂检测"环节就安排了这样几道问题来检测学生对预习内容的理解及掌握程度。具体如下:

1. 电解一定量的水,当某电极上产生 5 mL 气体时,另一电极上产生气体的体积可能是( )。

A. 2.5 mL 或 5 mL   B. 5 mL 或 10 mL

C. 10 mL 或 15 mL   D. 10 mL 或 2.5 mL

(这道题是针对体积比的考察)

2. 在收集氢气、检验氢气纯度的实验操作中,不正确的是( )。

A. 用排水法收集一试管气体

B. 用拇指堵住试管口,管口向上,靠近火焰,移开拇指点火

C. 如果听到的声音很小,表示气体较纯

D. 如果听到尖锐的爆鸣声,可直接用排水法收集一试管氢气,再进行检验

这份化学的导学作业所设计的"当堂检测"试题,紧扣学习目标,涵盖所有预习的知识点,能够真正为先学后教做铺垫。

3.统一课时容量

一般情况下,一份导学作业要按照一个课时容量进行设计,所以导学作业的量要适宜,既要符合实际学情,又要注重实际效果。问题的设计要精,一个主问题加 2~3 个分问题组成一个问题链,引导学生由浅入深进行文本解读。导学作业的容量,小学以不超过 20 分钟为宜,初中以不超过 40 分钟为宜。

4.统一编写格式

导学作业要形成序列化,小学可以课为单位,初中可以单元为单位。关注序号的排列、表头的设计、字号的规定等方面,统一格式,形成规范。

(三)导学作业的使用

1.对学生的要求

(1)导学作业是学生在课前进行自主研学的"路线图",对学生的自主学习起着引领的作用。这就要求学生对导学作业的每一个环节进行研读,从学习目标到知识链接,从学法指导到导学问题,一项项细致研读,明确将要学习什么,怎么去学习,要解决什么问题。

(2)不能为了作业而作业,导学作业的质量反馈学生自学的好坏。学生要结合教材的学习,根据知识链接的提示、学习任务的安排,自主研读教材内容,独立思考,完成相应的学习任务。对于疑惑或者不理解的地方要进行记录或者标记,写在"我的疑惑区"。而不是把它当成负担不做或滥做。

(3)导学作业中"当堂检测"的内容,学生要在课内认真、按时、独立完成,不允许讨论或参照课本。如此一则可以真正检测学生对当堂知识的消化情况,二则可以培养学生独立思考的习惯和能力。

2.对教师的要求

(1)设计优质的课前预习案。教师必须结合学情精心准备。

(2)保证充足的自主研学时间。学生自主研学的过程一定会比完成某项练习花费的时间长一些,但是这个过程对于学生知识的自我构建却有着十分重要的作用,是培养学生自我学习力的关键。所以,教学中必须保证给予学生充足的自主研学时间。

(3)给予学生自主研学的方法指导。学生的自主研学能力需要教师由"扶"到"放"的一个引导过程。实施初期,可以拿出课堂时间进行,教师引导学生认真分析课前预习案的每一个环节,明确每个环节的作用。然后,针对不同的学习问题,逐步从研读内容、进行步骤、时间把控等方面进行细致指导。在引导过程中,根据学生的掌握水平,再一步步进行"放手",使学生逐渐形成自主研学的能力。

(4)精心批阅课前预习案,重视评价。要求教师在批阅预习案的时候,重点关注学生在自学中暴露出来的知识层面、理解层面的问题,关注学生的思维过程,找到学生的思维根源,进行筛选、归类,同时关注学生的疑惑区,为新授课做好准备。同时,根据学生在课前预习案上呈现出来的不同的思维阶层,予以不同的评价。

3.在课堂上的落实

(1)检查学生的自学效果。通过检查,让学生对预习作业主体部分的学习成果进行展示,展示的形式可以多种多样,如口语表达式、思维带图式、板书演示式……具体可以根据检查的内容而定。

(2)以学定教。教师要针对从学生导学作业中发现的问题和学生提出的疑问进行分类解决。易解问题,一般采取提问或者合作互助的方式;难解问题,采取精设梯度分问题、创设情境等形式进行探究活动,引导学生合作解决。

四、理论依据

(1)辩证唯物主义:关于事物发展的"内因、外因、共同作用理论",人的发展要靠内外两个因素,外因是次要的辅助因素,内因才是主要的核心因素。编写导学作业要重点规划好、设计好学生的学,而且要进行整体的和完整的规划。

(2)布鲁诺的发现学习理论:学生的学习是主动发现的过程。设计导学作业就是要有梯度性、循序渐进,引导学生主动发现问题的过程。

(3)奥苏伯尔的有意义学习理论:学生能自主探究、自主学习,自主性和能力随着年龄的增长不断增强。在运用导学作业的教学中,学生在教师的指导下,有意义、有目的地自主探究学习,充分发挥自己的学习潜能,创造高效的学习效果。

(4)建构主义:人的认知结构是通过同化和顺应过程逐步建构起来,在"平衡—不平衡—新的平衡"循环中得到不断的丰富、提高和发展。通过学生的学和教师的教,实现问题意识形成和培养,也是学生知识建构的过程。

第二节　优秀导学作业设计案例

【案例1】人教版五·四制语文八年级上册《我的母亲》

情处苦涩，爱不褪色
——令母亲形象"立"起来
第一课时　自主学习课

一、预习目标

（1）速读课文，提取信息能换角度复述文本。

（2）精读文章，分析文中多角度塑造的母亲形象。

（3）品读课文，初步探知语言描写之妙。

【设计目的】

凸显预习关键点。预习的关键点不一定等同于学习的重难点，但要体现新旧知识的连接，也要符合学生思维规律和年龄特点。教师设计预习目标时要与课标、教材、学生充分对话，让学生在预习时能充分调动已有的学习基础和生活经验，调动求知内驱力。

《课程标准》中提出"养成默读习惯，有一定的速度，阅读一般的现代文每分钟不少于500字"。这是对学生阅读训练的要求。我们在培训高效速读的同时，也关注速读下的内容提取，同时依据课后习题，设计了目标1、2；根据课程标准"在通读课文的基础上，理清思路，理解主要内容，体味和推敲重要词句在语言环境中的意义和作用"提出了目标3。

二、预习过程

（一）自学导航——【知识链接】

（1）胡适。

他一生获得36个博士学位，曾任北大教授，北大校长。

（2）胡适母亲——冯顺弟。

17岁时，嫁给了比她大32岁的胡适父亲做续弦。胡适三岁丧父，23岁的寡母做了乡村大家族的主母。

【设计目的】

凸显知识连贯点。"知识链接"不是单纯的阅读材料，而是课文学习的有效补充部分。它不只是给学生提供一些拓展阅读的材料，它更是一种提示，一种引导。

（二）走进文本

（1）初读课文,整体感知,梳理思维导图。（利用"五指复述图",梳理有关母亲的事件与形象。）

【设计目的】

凸显预习兴趣点。设计预习案时要注意趣味性,通过典型事例感悟人物形象是新授课必须完成的预习任务,"复述故事"是一种很好的培养学生语言和思维的方法。整个过程也是一个锻炼学生表达的很好机会,也能激活学生的创造性思维。

同时,"五指复述图"只是思维导图的构建形式,这也是借助于高效阅读借鉴引用,思维导图的构建令学生的思维更加可视化。

（2）精读文章,做批注,不少于三处。

阅读,贵在得法。相信你用"批注式阅读法"阅读,肯定会对胡适母亲有深刻的认识。

请在文中找出、归纳母亲的形象,尽量全面。

【设计目的】

凸显思维点。批注法,即从内容、语言、结构、写法等方面给文章加上评语。阅读的时候随时批注,可助学生深入理解,深入思考。

（3）预习检测（教师寄语:自我达标,相信你能行!）

站在胡适的角度,对照五指复述图介绍母亲。（我的母亲是一个……的人,因为她……）

【设计目的】

凸显激励点。当堂检测有助于学生将所学的知识"堂堂清""课课清"。此外,学生在完成预习后,心理上非常希望获得老师的肯定与鼓励。老师通过检测,适时给予鼓励性评价,哪怕一个手势,一个眼神都能让学生感受到快乐。而且一些基础较弱、语文素养较差的,学习相对有困难的,老师的肯定和鼓励会成为他们继续努力的动力。

（4）质疑交流。

在预习中,你还有什么疑难或困惑?

【设计目的】

凸显梯度点。学起于思,思源于疑。问题是思维的起点,又是思维的动力。预习案适用于全体学生,但它又不束缚学生,也能做到"因材施教"。老师鼓励学生写下在预习过程中遇到的问题,引导学生积极思考,拓展思维。"学贵有疑",质疑,不仅能调动学生学习的积极性,提高自学能力,发展学生的思维能力。

三、预习案设计反思

课前预习重在培养自学能力。课前预习培养了学生阅读、理解、分析、综合等能力。本节预习案的设计遵循文本解读的规律:整体感知(复述)—精读品析(分析人物形象、语言品读)—情感提升。学生在完成预习案的过程中,认知不断更新、提高和发展;并在独立思考过程中,通过参与知识构建,自主获得新知识,体验新成功,从而激发学习兴趣和主动性,为课堂学习打下坚实基础。

(海阳英才实验学校　王娟提供)

【案例2】青岛版五·四学制数学五年级上册《长方体和正方体的表面积》

信息窗2　包装盒
——长方体和正方体的表面积

一、预习目标

(1)知道什么叫作长方体的表面积。

(2)能够根据长方体的特征,用合适的方法计算长方体表面积。

【设计目的】

主要是让学生明确本节课我们要学习探究什么知识,让学生的探究带有目标性,有目标才有方向。

二、预习过程

(一)自学导航——【知识链接】

(1)在一个长方体中,相对的面(　　　),相对的棱(　　　)。

(2)正方体是由6个(　　　)围成的立体图形。

【设计目的】

这一环节一个主要的意图是让学生了解本节要探究的知识与学习过的哪些知识有关联,例如,本节课复习的是长方体和正方体的特征,主要是为探究表面积公式的时候需要利用面的特征来总结规律,为本节课学习做好铺垫。

(二)新知探究

1. 设问导学

这是一个电脑的包装盒,请你算一算这个包装盒用了多少纸板?

分析①:包装盒是(　　　)形状

分析②:哪些面要用到纸板,结合你手中的长方体模型,你能动手指一指吗？

分析③:这些面一共有(　　　)个,又有什么特征呢?

结论:长方体 6 个面的面积之和叫作长方体的表面积,求用多少纸板就是求长方体 6 个面的表面积。

【设计目的】

这个环节的设计意图是利用生活中情景,结合实物模型让学生通过看一看,摸一摸,知道贴纸板的部分就是长方体的表面积,初步理解表面积的含义。通过分步观察长方体上下面、前后面和左右面的长和宽分别是多少,得出各个面的面积,再根据长方形的面的特点,从而求出长方体的表面积。

2. 预习检测

探究长方体的表面积:

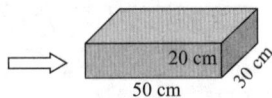

图 3.4　长方体

(1)上、下每个面,长____cm,宽____cm。

(2)前、后每个面,长____cm,宽____cm。

(3)左、右每个面,长____cm,宽____cm。

(4)表面积:_____。

【设计目的】

学生的认知规律是观察、思考、说理,所以这一环节我们设计的练习主要是符合学生的认知规律,并帮助学生系统的理解和巩固相关的知识,从建构知识网络入手,再对基本练习、变式练习从易到难体现一定的层次,最终达到学以致用的目的。

3. 质疑交流

在预习中,你还有什么疑难或困惑,请写在预习问题口袋中。

【设计目的】

"问",源于思,是学生主动学习的核心环节。一个问题的提出往往是需要时间的,在学生独立预习的过程中会有很多的疑虑,只有在充分的交流与共享中才能产生新思考和达到解惑的目的。

三、预习案设计反思

导学案的设计我们处在探究的阶段,还有不成熟的地方,对于我们的教学

各有利弊:

优点:通过这种方式可以锻炼学生的自主探究的能力,但是在老师慢慢的培训下孩子们由开始的不知如何预习到知道如何结合前置的视频和导学案进行探究,并能借助导学案自主学会简单的知识,例如本节课通过预习能够让学生对表面积的含义有一个初步的理解,并且能结合特征对前面、后面、左面、右面、上面、下面单个面的计算方法较好掌握。

同样还存在不足的地方,例如本节课缺少从立体到平面,再从平面到立体的过程,对学生的立体空间感培养有限制。视频中对学生的放手太少,表面积的探究相对简单,完全可以让学生自主探究,但老师还是先给出了概念,让学生解决问题,缺少了发现问题、分析问题的过程。

(海阳英才实验学校　林艳萍提供)

【课例3】鲁教版五·四学制化学八年级上册《水分子的变化》

一、预习目标

(1)通过读课本,看视频认识水通电分解和氢气燃烧实验的实验现象,根据现象得出可靠的结论,会设计实验证明产物。

(2)以水通电分解为例,会使用文字表达式表示化学反应。

(3)以水的通电和氢气燃烧为例,比较分解反应和化合反应的特征,会判断两种反应类型。

【设计目的】

让学生根据自主学习目标,有针对性地读课本,根据老师推送的视频,有选择性地看视频。增强学习的目标意识。

二、预习过程

(一)水的分解实验

先仔细阅读课本 36~37 页后,然后认真观看水的分解实验视频回答下列问题。

【设计目的】

给学生一定的学习指导,避免学习走弯路,增强学习的针对性。

(1)水的分解实验装置叫什么?

(2)通电后,水电解器电极上的现象是什么?

一段时间后两个电极上收集到的气体体积之间的关系?

(3)产物的检验:根据氧气的助燃性,正极产生的气体如何检验?

产物检验,涉及物质的性质,这一部分给学生一定的提示,建立根据物质性质进行物质检验的一般思路。

(4)实验结论:①水通电生成什么?

②水由哪些元素组成?

(5)用文字表达式表示水通电分解的过程。

(6)反应类型:根据反应物和生成物的种类,水通电分解属于哪种反应类型?

(二)水的合成实验

先仔细阅读课本38～39页,然后认真观看水的合成实验视频回答下列问题。

(1)点燃氢气前需要检验氢气的纯度,如何验纯?

(2)氢气燃烧的实验现象有哪些?

(3)如何检验氢气燃烧的产物?

(4)氢气燃烧的实验结论有哪些?

(5)如何用文字表达式表示氢气燃烧过程?

(6)反应类型:根据反应物和生成物的种类,氢气燃烧属于哪种反应类型?

【设计目的】

这一部分内容学习过程与方法和水的分解学习过程相同,旨在形成对照,找出知识间的区分与联系。

三、预习自测

1.图3.5为电解水的实验装置图,下列说法错误的是(　　)

A.该实验说明水是由氢气和氧气组成的

B.与负极相连的试管内得到的气体能燃烧

C.在水中加入少量硫酸钠可以增强水的导电性

D.该实验中所得氢气和氧气的体积比约为2∶1

2.电解一定量的水,当某电极上产生5 mL

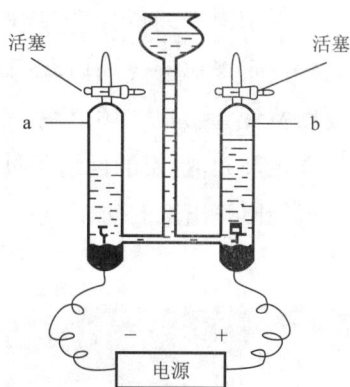

图3.5　电解水实验装置图

气体时,另一电极上产生气体的体积可能是(　　　)

  A. 2.5 mL 或 5 mL   B. 5 mL 或 10 mL

  C. 10 mL 或 15 mL   D. 10 mL 或 2.5 mL

【设计目的】

  预习自测是有效评价学生对预习内容掌握程度的一种手段。1题是对水分解实验中现象、气体检验、注意事项等的综合评价。2题是对体积比的理解评价。

四、思维导图

  根据预习内容,请同学们绘制本节课的思维导图。

【设计目的】

  让学生画思维导图,是想让学生通过预习把所学内容结构化,以便理解巩固。

五、我的疑惑或收获

【设计目的】

  预习后让学生写疑惑,是为了督促学生形成思考的习惯,及时记录学习中遇到的问题。

六、预习案设计思考

  这节预习案在设计过程中除了对课本的使用之外,老师给学生推送了水的分解与氢气燃烧两个视频,通过观看视频增强了学生预习的兴趣,提高了预习质量,预习案中没有涉及化学变化的微观本质,这部分内容较难,准备留在课堂学习过程,用小组合作的方式解决。

  在预习案的设计过程中,一定要注意自学内容是通过孩子自身努力、结合老师提示能够解决的内容;而有难度的内容,或学生通过预习提出来的问题则要留待课堂解决。预习案不能增加学生学习负担,打击学生学习的积极性,内容立足基础,提出的问题尽量是让学生思考后结合课本内容或老师提示稍做加工就能回答出来的问题,避免填空式(缺少思维含金量)的问题。

(海阳英才实验学校　杨新年提供)

第四章

学情调研与分析

　　陶行知先生说:"教什么和怎么教,绝不是凌空可以规定的,他们都包含'人'的问题,人不同,则教的东西、教的方法、教的分量、教的次序都跟着不同了。"教师只有对教育对象具体把握与了解之后,方可进行有意义的教学。"学本"课堂研究,就是要把教学重心从"教"转向"学",让"教"服务于"学",让"教"的活动匹配于"学"的活动。然而在实际教学中,依然有诸多教师没有理顺教与学的关系,坚持"教"为中心,让"学"顺从于"教",这就好比"强按牛头喝水","教"和"学"都很费力,最后的结果却事与愿违。要改变这种高耗低效的教学现状,就需要教师转变教学观念,掌握学情调研与分析的技术。本章主要通过理论导航和实践案例对课前、课中和课后三个时间段的学情调研与分析进行解读。期待广大一线教师能够通过课前学情调研与分析,针对"学"的需求实施"教";通过课中学情调研与分析,针对"学"的障碍调节"教";通过课后学情调研与分析,针对"学"的结果去评价和改进"教"。

第一节 理论导航

一、学情调研与分析的相关概念

(一)什么是学情

学情是指学生在学习某一知识内容时已有的知识结构和在学习过程中的个性差异。学情影响着学习活动的开展与深化,教学设计理论主张"为学习设计教学",强调任何教学活动都要以满足学习者的学习需求为出发点和落脚点,促进学习者学习。

学情包括学习起点状态和学习潜在状态两部分。学习起点状态包括三个维度:知识维度(学生的认知基础);认知维度(学生已有的学习能力和思维水平);情意维度(学生的学习态度、学习动力、学习毅力)。学习的潜在状态包括两个维度:学习可能发生的状况(学生多元智力、能力、思维等发展状况);学习可能发展到的状况(学生能在各自原有的基础上综合素养有所提升)。

(二)什么是学情调研

学情调研是根据教育学、心理学、统计学原理,通过调查、测量、分析、访谈等途径对学生的已有认知、知识、情意等进行研究,教师在科学精准分析的基础上,教师有针对性地组织学习活动,促进学习目标达成。

学情调研贯穿于学习的整个环节,教师了解把握学生的已有知识经验和心理认知水平,从而确定学生在不同学科、不同领域和不同学习活动中的最近发展区,才能真正建设高效课堂。

(三)学情调研框架图

三个模块包括学前调研、学中调研和学后调研。学前调研模块主要通过问卷、访谈等途径了解学生的"知",即知识、认知、情意,寻找认知冲突。学中调研模块主要在"连续、关联、循环"的学习过程中观察学生学习状态,根据学生的认知冲突,对预设活动适时进行调整,让学习活动得以顺利进行,提高学科核心素养。学后调研模块主要是对学后检测进行分析、开展学生访谈等,对学习的效果做出定量与定性分析,为提升教学效果提供参考。

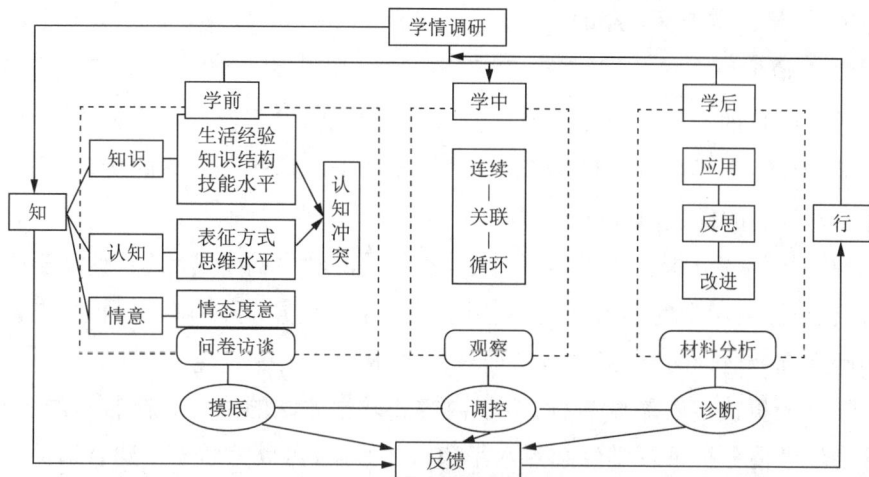

图 4.1　学情调研框架图

（四）什么是学情分析

狭义的学情分析是指教师在个性化备课中对班级学生学习情况的概括分析，体现为教案中的一个板块设计；广义的学情分析存在于教学和教研活动中，教师通过对学生认知基础、能力水平、态度倾向等维度的分析研究，设计并改进教学活动，满足不同层次学生学习的需求。

二、学情调研与分析的意义和价值

（一）意义

新课程改革强调以学生发展为根本，要求教师不再从教材或学科专家的角度出发，而是从学生的学习需求角度出发来设计和开展教学活动，这就需要教师进行学情分析。[7]

2014 年 4 月，教育部颁发《教育部关于全面深化课程改革　落实立德树人根本任务的意见》，[8] 标志着我国课程改革进入全面深化时期，培养学生核心素养已成为教育教学改革发展的新方向。2017 年 9 月，中共中央办公厅、国务院办公厅印发《关于深化教育体制机制改革的意见》，提出强化学生关键能力培养，这是核心素养的另一种表达形式，其实质含义与"核心素养"相同，重点是培养学生认知能力、合作能力、创新能力与职业能力。[9]

基于差异教学理念指导下的教学模式、教学活动、教学方法都要以学情把握为起点，要把学生放在教与学的中心位置，根据学生的学习需求指引我们的课堂教学。教师要及时对班级整体学情、对学生个体学情有正确的把握，才会让学生学得会、学得深、学得广。

(二)价值

教育的目的在于使个人能够继续他们的教育,获得终身发展。[10] 学情检测与分析作用于学生课业的减负与提质,作用于教师教学策略的优化,作用于学生学习策略的优化,都产生很高的价值。

教师将学情分析引入教学活动中,随时关注学生的学习状态、调动学生的学习兴趣、激发学生的学习动机、关照学生的个体差异,学生就可以根据自己的认知起点选择适合的学习目标,从而获得个体主动发展。

学情分析决定着教学目标、教学内容和教学方法的确定。在教学准备时,教师通过学情分析了解学生起点水平和认知倾向,可以为学生搭建合适的学习"支架";在教学过程中,学情分析可以为教师教学行为提供反馈信息;在课后可以对学习结果分析,促进教师教学反思。

三、学情调研与分析的技术要领

(一)课前的学情调研与分析

课前学情调研模块是对学生的生活经验、认知结构、知识结构、表征方式、思维水平、技能水平、情意态度等进行分析把握,找到认知冲突。教师要基于课程标准、教材内容将学习前置,把握学生最近发展区,分析学生已有的知识储备(已知),判断学生现阶段的学习能力(如何知),寻找提升学生能力的方法(能知),促进每个层次的学生学会学习,帮助每个层次的学生在学习中获得成就感。

1.专项测查:基于知识迁移的内在逻辑,增设测查学生思维过程的学习内容

不同层次的学生,他们的思维存在差异,课前学情分析有助于教师推动学生思维发展。最有效的方法有:问卷调查、个别访谈、座谈会、直接观察、导学作业等。教师可以根据教学内容和教学需要,合理选择有效方法,灵活使用。如:问卷调查法,教师将想要了解的内容编成问题或者表格,由学生填写,然后回收、整理、统计并加以分析;导学作业法,教师根据学科知识的重难点设置测查学生思维过程的问题,其形式或是动手操作绘图,或是记录思考步骤,由此外显学生思维过程的精彩点与疑难阻滞点。

2.全面分析:从整体、个体两个层面把握学生思维与知识逻辑的承接状态

教研组集体备课一般提前三天完成,首先根据学段知识结构进行研讨分

析,初步形成教学活动板块设计,然后老师们根据自己班级的学情进行个性化设计或者补充。如通过对学困生的已知、思维阻滞点及原因分析,确定思维搭桥的环节和着力点;由一些优秀学生的思维推进路径分析其方法策略及优势是什么,确定如何引导学生思维的独立性、深刻性、创造性和批判性。

一是分析学生的知识起点。教学活动开始前学生在认知、态度、情感等方面已经达到的水平,标志着学生已经能做什么、能说什么和想明白了什么。教师首先要了解他们对新知识的预习掌握程度,分析学生的知识准备状态;其次,要了解学生在学习新知识中具备的认知倾向和认识能力,预先判断学生对新知识的接受程度,分析学生的能力储备状态。

二是分析学生的学习态度。在教育教学过程中,为促进学生可持续学习能力,为学生终身发展奠定身心健康基础,教师需要分析学生的心理需求差异、了解学生学习兴趣、关注学生的学习态度、培养学生自主发展能力等。

三是分析学生的学习方式。在教学活动中要提倡自主、合作、探究的学习方式,倡导学生主动参与、勤于动手、乐于探究、学会合作交流。学生在合作学习中处理好个人与他人、个人与社会的关系,在集体活动中培养学生解决问题的能力,在实践探索中培养创造性地解决问题能力。

四是分析学生的思维状态。随着学生年龄的增长,他们的思维水平处于由具体思维向抽象思维发展的过程。在学习新知识时,为学生的思维搭建发展"支架",帮助学生把理解性的活动落到实处;在进入深层次学习时,凭借思维搭桥将新知识形象化,加深学生对知识的理解领悟。

(二)课中的学情调研与分析

课中学情调研模块是在"连续、关联、循环"学习过程中观察学生学习状态,判断学生整体与个体在班集体教学中的学习状态(在学习吗)与学习程度(已经走到了哪里),教师根据学生的学习状态,对预设问题进行适时调控,便于学习活动顺利进行,提升学科核心素养。

1.观察学习行为,把握学习状态

学生学习中会呈现很多学情表现(表情、动作、语言)的信息,这些群体与个体信息背后隐含的是群体与个体间思维的具体情况,这正是教师判断学生是否在学习的有力证据。教师通过观察学生表情、动作,记录各层次学生在课堂中举手发言的次数、听课的专注程度、学习速度等学习行为表现,来判断学生的注意力是否集中,学习态度是否积极。通过这些信息更好地控制课堂,确保每一位学生都能积极参与课堂学习。

2. 多元评价方法,了解学习程度

通过合理多元评价手段,帮助教师深入了解学生学习状态,科学、灵活、适量、适时地架起学生个体之间的思维联系,促进学生的差异发展。

课堂上常用的评价方法有:测试评价、自我评价、师生互相评价、定性评价、定量评价和表现性评价。师生可以在倾听学生的语言表达与对话交流中,判断不同学生所达到的认知水平;通过设计版块目标的评价任务,洞悉学生的心理与思维状态,思维过程方法与结果。教师依据不同的学情进行不同的干预方式(比如采取增设微课再放、分层巩固、生教生、反思性学习等环节)来驱动或帮助差异学情的良好发展。反馈的数据结果是推进教学的基本依据:群体数据出现,说明差异暂时共进,可以向下推进;个别数据出现,则说明差异显性出现,需要查勘原因(整体/个别),或铺垫辅助性问题,或增设教学活动,引导学生再度差异碰撞交融。

3. 多维分组课堂观察,提升差异关照的有效性

学校配套开发了多维课堂观察量表,用座位表阐释学生差异类型,从学习目标达成度、活动参与度、学生情思活跃度三个维度分组进行课中观察,通过旁观者的精细捕捉,帮助教师来准确判断有多少学生、什么层次的学生、已经走到了哪里,用科学数据,灵活、适量、适时地沟通起每个学生之间的思维联系,促进学生的差异发展。

(三)课后的学情调研与分析

课后学情调研模块是对学习检测材料的分析和学生的访谈记录等。教师对学习的效果做出定量与定性分析,为改进和提升教学提供有效参考。

1. 观课议课,策略改进

课堂观察一要观察学生认知和技能类学习结果的达成度,二要观察学生学习的认知过程,三要观察学生的情思发展。课堂授课之后,执教教师先进行教学自我反思,教研组教师根据观课分工任务,分组汇总收集的数据,针对课堂问题生成,分析差异关照效果,对教学设计进行微调整,对教学策略提出微改进,对教学活动提出微建议;教研组其他教师二次上课、观课、议课,进而形成本教学内容的一个较完善框架。

教师主要从以下四个视角观课。一是观察知识与技能类目标的达成。目

标在一堂课中具有统帅全局的作用,对目标达成度进行课堂观察,实质上就是观察并回答"我想教什么,这类学生到底学到了什么,我教的和他所学的是一回事吗？"指向目标达成的课堂观察可以让我们在千变万化的复杂课堂中判断学生是否产生了"学习进步"。为此,我们需要搜集各类学生的学习证据,分析这些行为或事件的教学意义,判断教师为这些学生设计的目标是否合理,教师的教学过程是否有助于这些学生达成目标。二是观察独立和合作学习的过程。学生的学习过程包括独立学习与合作学习。独立学习往往是内隐的,可以采用将认知过程外显化、可视化的策略,便于教师观察和分析。合作学习是学生交流共享知识、思维碰撞、内化知识的过程,合作中的学生话语透露了不同学生的思维状态,这是教师分析学生学习特点、困难的一个窗口。三是观察课堂中的积极学科情感对学习的影响力。学生的学习动机是否强烈、情感是否积极,对学习效果产生重要的影响。观察前,教师要了解学生的情感状态,运用学科情感的观察量表、叙事记录、归因单,对群体与个体学生在课堂上的积极情感进行观察,探索积极情感与学习之间的关系。[11]

2. 教学后测,差异指导

课学后测是为目标达成度提供重要的数据对比参考,以此评价课堂共性目标是否达成,不同层次学生的目标是否达成。这有利于教师进行差异关照的有效评价,提升教师基于差异理念的个别指导意识。

我们以所有学生为基数进行后测,与教学前测进行比较,计算所有学生的进步度(进步度 = 后测 − 前测)在小班化的前提下,最好的情况是细致分析出每一位学生的进步度,但这个很费时间。另一个办法就是分层,分别抽取在这一学习点上不同水平的几个学生,分析他们的进步度,以了解全班的概貌。测试最好辅之以访谈,因为访谈最能了解学生的思考轨迹。访谈时可以直接访问"这节课你学到了什么",也可以针对上课的内容、练习题目、前后测内容进行询问。这种询问可以让我们了解学生的学习观念从课前到课后产生的变化。

教学后测的形式可以是丰富多样的,除了测试题这种形式以外,还可以考虑以下这几种形式。一是聚焦于问题情境的访谈。给出一种问题情境,让学生谈谈如何解决这一问题,通过学习前后学生回答的对比,了解学生的认知是否产生了差异。二是绘制概念图。利用概念图考查学生与相关概念间的关系,也可以用概念标签的方法,给学生提供一些标签,每个标签上有一个概念,要求学生将所有的标签进行排列,并用画线的方式连接起来。有时还可以提供一些无关的标签作为"陷阱"，要求学生对每条线的关系进行描述。三是关键词语联想法。给出一个关键词，让学生在学习前后自由联想，并进行解释，由此对比考查学生在此学习点上的知识基础。

3.大数据分析，教学干预

基于大数据的学情分析具有技术上的优势，教师能对学生的学习情况进行全面、系统、及时的追踪和考察，不仅关注学生的学习结果，也关注学生的学习过程。[12]通过大数据分析，教师能清晰地发现不同层次学生、不同知识维度中的学习效果，便于在日后的教学中调整教学内容并采取合适的教学策略。

在大数据背景下，教师进行评价的方式是多元化的，可以将评价的角度深入学生学习与生活的各维度。教师可以用大数据平台中的自我管理模式，鼓励学生进行自我管理评价，引导学生自己发现学习中的问题并进行再学习，提高自我能动性，促进其学习进步。

四、理念提升

教育的本质是关注每一个学生的生长状态，呵护每一个学生的生命健康成长。面对不同的学生个体，学校教育如何落实"因材施教"？如何呈现生命成长的精彩？"研学情，知之准，识之深，教在点，才高效"。立足学情设计教学，才能以学定教；将学情分析贯穿于教学整个过程，才能提高教学的精准性。这是我们遵循的教育教学原则。

（一）因学定教

因学定教是指教师根据学生的学习困惑和需求进行教学设计与教学实施，让教师的"教"更好地服务学生的"学"，可以设计预习作业单、课前小测验和课前谈话。我们曾做过一项粗略的调查：在小学高段与初中的课堂中，新课开始前，约有20%的学生通过预习自学，能基本理解和掌握学习内容；有40%的学生，需要教师的讲授学生才会学会；另外40%的学生，是可能自学掌握，但因为在老师讲授前没来得及预习，或是没有预习习惯，而随着老师的讲解"被学习"了。所以，我们在教学中需要设计有效的导学性作业，让学生有目的地进行预习性自学，课堂上根据学生的预习情况，因学定教。

学案是教师进行学情调研的书面资料，其最大优点是让学生和教材进行独立的思维对话，学生可以从中获得独特的学习体验，教师可以从中了解学生的思维状态和学习困惑点。对于学案（或导学作业）的设计与使用要注意以下要点。一是学案应由教研组集体备课时共同议定，力争为不同班级、不同层次的学生量身定做。二是学案的内容主要包括：自学目标、回顾旧知、自学内容、自学形式（思考还是实践）、方法指导、知识整合、自学感受（有无兴趣）。三是学案下发的时间，一般安排在当天该学科最后一节课的后五分钟或放晚学布置作业的时间。四是学案的完成要以学生自学为主，还要鼓励学生借助身边的学习资源，上网查阅或与家人共同完成。需要说明的是，教师必须及时批阅学生的学案，并在批阅后分析，处在不同认知水平的学生各有多少人？教学的起点定在哪里合适？哪些问题需要集中讲解？哪些学生需要个别指导？以上问题搞清楚了，教师就可以根据学情调整自己的教学设计，使教学实施尽可能符合学生的学情。只有这样，才能体现"因学定教"的基本原则。

在"因学定教"理念的引领下，我们要头行"大单元集体备课"的思路，通过"主题教研—集体备课—个性化修改"的教研路径，以"前置性作业、导学提纲（导学案、讲学稿）"为载体；以"教材处理、学情分析、科学设计"为基点，有效把握住"因学定教"的"因"与"定"。

（二）顺学而导

顺学而导其本质是教师在课堂上讲的内容、对象、时间、方式都要依据学生的学习特征和学习状态，教师要"精讲""少讲"。

新课程倡导教师进行板块式的教学设计，就是为了方便教师根据学生的课堂学习情况灵活调整课堂组织策略。教师要眼中有学生，在课堂上通过观察、倾听、个别询问等方式捕捉并搜集学情信息，从中梳理出有价值的问题，并区分哪些问题是共性的，哪些问题是个性化的，进而有的放矢地调整教学策略。共性问题要集中点拨讲解，个性问题可以做单独指导。需要特别说明的是，学生的思维与教师的思维存在较大差异，在课堂上教师一定要站在学生的视角考虑问题，根据学生的课堂表现做出教学组织策略的调整。任何一成不变的教学实施都难以体现"顺学而导"的教学原则。

在"顺学而导"理念的引领下，我们需要构建适合自己的本土化课堂模式，通过"上课 + 观课 + 录课"的研究模式和"自主学习 + 合作展示 + 当堂训练"的课堂组织形式，一步一步探寻有效的教学模式，真正落实"顺学而导"中的"顺"与"导"。

（三）以学论教

从教育哲学的角度分析：外因是发展的条件，内因是发展的根本。学生的学习同样如此。教师对教学组织形式、教学流程和教学策略的优化都要依据学生的实际情况而定。任何教学都不应该是模糊的、想当然的,也绝不应该是老师的我行我素、一厢情愿,必须结合学生的学情进行"定身设计"。教师在教学设计与实施的过程中,不仅要优化教学内容、方法、流程等外在因素,还要准确把握学生自身的学习需求、情感态度、学业水平差异等内在因素。这就需要教师在学情调研上做足文章。以学论教要求教师抛弃主观臆断,根据学生的学情反馈、反思自己的教学,及时总结经验,纠正不足。[13]

　　课后的学情调研是让我们掌握教学目标达成度的一手资料,教师一定要认真做好事实资料的分析。对于目标达成度高的教学,教师要总结成功的经验,继续推广使用;对于目标达成度低的教学,教师要找出失败的原因,做教学的二次设计与实施,不可留下教学的漏洞,使学生的知识链条形成断裂。课后的学情调研能有效弥补教学中出现的漏洞,充分体现了"以学论教"的原则。

　　在"以学论教"理念的引领下,我们的教研思路是开展深层次的课例评析,以"集体会诊—行动跟进—资料归档"为行动路径;以"找优点、摆问题、提建议"为基本方式;以"个人反思 + 群体诊断 + 教案改进 + 撰写报告"为基本流程,通过"三个一"(肯定一个优点,经验分享;分析一个问题,深度会谈;提供一条建议,智慧碰撞)、"三个看"(坚持定量与定性相结合,着重看效率高不高、效果好不好、效益长不长)、"三个用"(用理念观照行动,用事实印证观点,用数据分析效果)来进行深层次的课例研究,逐渐把握住"以学论教"中的"以"与"论"。

第二节　学情调研与分析的分段案例

　　我们常说"理论是灰色的,实践之树长青",再好的理论都需要我们在实践中印证、完善。只有理论扎根在实践的土壤,才能开出美丽的花朵。以下三个教学案例,教师分别从"课前学情调研与分析,修改适切的学习目标;课中学情观察与思考,调整有效的学习活动;课后学情检测与分析,改进有效的学习策略"进行反思梳理,让每次的实践和反思都是一次成长和蜕变。

一、课前学情调研与分析,修改适切的学习目标

　　适切的学习目标能够促进学生思维的发展,更能提高课堂教学效率。学习目标是回答"学什么""学到什么程度"的问题,"学什么"的问题永远是第一要

考虑的问题,明确了"学什么"的问题,剩下的活动设计就有了方向。

【教学案例】《春》(部编版初中语文七年级上册第一单元)

依据《语文课程标准》中第三学段阅读教学的要求,本着基于差异、关注差异、发展差异的原则,以"基本性目标—提高性目标—拓展性目标"为准绳,确定本节课教学目标如表4.1所示。

表4.1 教学目标

学习目标	学情检测前	学情检测后
1.基本性目标	在课前预习中,全部学生自主识记本课的8个生字;能借助工具书或联系上下文理解"欣欣然、酝酿、朗润、呼朋引伴、花枝招展、抖擞精神",并积累这些词语	朗读课文,勾画关键词语,并背诵积累好的句子和段落
2.提高性目标	在品读赏析过程中,60%学生能够赏析文中准确而生动的词语、句子,70%学生能够结合语境,赏析句子的含义及表达效果,体会语言表达的技巧	通过师生一起品读课文的春花图,小组合作探究品读春风图,归纳抓住景物特点写景的方法
3.拓展性目标	在小组合作学习中,揣摩文章的表达方法,学习作者细致观察景物,抓住景物特点描写的方法;能够运用多种修辞进行生动描述的方法	联系生活,独立思考,运用景物描写的方法技巧(修辞、感官、对比、正侧面)进行仿写。在评价交流中,敢于做出自己的判断,提出自己的观点

1. 为什么要这样的修改

课前我做了学情调研与分析,给学生充分的时间预习,以调查问卷的形式了解"学生在哪里",从学生的预习收获和困惑中调整学习目标,为学生的"最近发展区"量身定做一个通往学习结果的平台。

借助课前学情分析,教师了解学生对文本的理解停留在哪个层次,从而调整课堂学习目标。目标1的"识记本课生字词,理解词义"已经掌握,调整目标1的"勾画关键词语"是学生达标的重要行为条件,让学生更有抓手、更具体,使学习目标更有操作性;"背诵积累句子"是为学生的仿写做准备。七年级的学生已经初步掌握赏析词语、句子的表达方法及作用,能够结合语境理解句子的含义及作者在文章中表达的思想感情,接下来就是学生归纳总结并学习这种情感表达的技巧,让学生的学习效果真正落实到"写"的能力上去,进行扎实的技法鉴赏及写作能力训练。这样"读""写"结合,一脉相承,环环相扣,学生学得会更扎实一些,收获也会更大一些。因此调整目标2"师生合作、小组合作,总结归纳抓住景物特点写景的方法技巧";目标3"联系生活,独立思考,运用景物描写的方法技巧进行仿写,并进行评价。"目标2的有效落实是目标3的重要行为条件,给学生一个"怎么写"的抓手,保证学习目标的可操作性和可评价性。

2.目标达成度如何

通过修改,95%学生能达到高一层的写作标准,35%同学达到更高一层的标准。其中,对于目标3的达成情况,统计的数据如表4.2。

表4.2　目标达成情况

等级	写作情况("抓住景物特点"和"运用修辞方法",100%学生能够做到)	比率
A	选取特有景物并突出景物特点,运用两种及以上修辞方法,能够准确用词,达到人情景融合的效果,做到立意深刻,有独到见解。	15%
B	选取特有景物并突出景物特点,运用两种及以上修辞方法,能够准确用词,达到人情景融合的效果。	40%
C	选取特有景物并突出景物特点,运用两种及以上修辞方法,能够准确用词。	35%
D	选取特有景物并突出景物特点,运用一、两种修辞方法或者准确用词。	10%

(海阳市凤城街道初级中学　鞠爱宠提供)

二、课中学情观察与思考,调整有效的学习活动

教师的课前预设与课堂中的学习生成是课堂教学的重要组成部分。教师作为课堂教学的实践者和思考者,应该具备课堂观察和课堂操作的双重能力,及时发现在教学设计和操作上的真问题,并及时调整教学活动。

【教学案例】《富饶的西沙群岛》(部编版小学语文三年级上册第六单元)

表4.3　调整学习活动

预设学习活动	学生思维困惑点	调整学习活动	学习成效
1.基础知识:组内检查生字词	瑰丽的"瑰"的读音,富饶的"饶""武"的书写及多音字"参"	字词放在组内检查,组长领学,然后直切课题,变为教师重点强调重点字词,再品读课文	在教师的强调下学生能准确读准生字词,会写"饶"。辨析"浇、晓、饶"

续表

预设学习活动	学生思维困惑点	调整学习活动	学习成效
2.拓展提升：从四幅图中选择其中一幅，写几句话	围绕一个意思介绍画面，介绍出图片的主要特点	分解要求，罗列出具体的步骤，搭建支架。 ① 总写图片的特点，如西沙群岛的鸟真多呀！ ② 从颜色、样子、神态、动作等方面来写 ③ 可以用上"有的……有的……"或者"……像……"或本节课积累的四字词语	学生能依据教师分解的学习任务，围绕一个意思生动形象地介绍西沙群岛美丽的画面

　　在课堂实践中，我发现原来设计的学习活动有问题，第一个环节组内检查预习，组长的领导和组织能力不强，对于组内发现难读的字没有重点强化，学习效率不高。因此，我果断地缩减了组内学习时间，将本课的重点生字词"瑰""参"的读音，"饶""武"的书写难点，进行了重点强调，并当堂练习，促进了目标一"掌握生字词"的达成。本课的拓展提高环节指向目标三的达成，我出示了四幅图画，要求学生选择其中一幅写几句话。当问题抛出后，学生面露难色，拿起笔来不知如何下笔，此时距离下课只有几分钟了，于是我调整了学习任务，将写几句话，变为说几句话，并分解了题目要求，列出了三个小要求：① 总写图片的特点，如：西沙群岛的鸟真多呀！② 从颜色、样子、神态、动作等方面来写；③ 可以用上"有的……有的……"或者"……像……"的句式。有了这样的支架，学生们迅速组织语言，介绍得非常精彩，同时为下一步的写话做好了铺垫。

　　这节课我以目标牵动，评价驱动展开教的活动和学的活动。以自学、群学、展学、评学的板块式结构开展课堂教学，每个板块有着不同的学习目标，分别设计了相对应的评价任务及梯级评价标准，以评价促学习。

（海阳市凤城街道中心小学　郭小杰提供）

三、课后学情检测与分析，改进有效的学习策略

　　课堂上学习活动的生成是多变的，学生思维的发展是不均衡的，因此课后学情检测与分析对教师反思教学行为并审视教学策略是非常必要的。

　　在学习完《苏州园林》之后，进行教后检测，阅读《高山上的守望者——岳桦》（文略）完成下列各题。

（1）第①段在文中起什么作用？（2分）

（2）第②～⑥段从五个方面介绍了岳桦,将内容写在空格处。（3分）

第②段:岳桦的属性和地理分布;

第③段:＿＿＿＿＿＿＿＿＿＿＿＿;

第④段:＿＿＿＿＿＿＿＿＿＿＿＿;

第⑤段:＿＿＿＿＿＿＿＿＿＿＿＿;

第⑥段:岳桦林的生态功能。

（3）第④段运用多种说明方法,请写出两种并分析其作用。（4分）

（4）文章的语言既生动形象又准确严密,任选一个方面,结合第⑤段的内容加以分析。（3分）

　　所设4个题,分别考查写作意图、行文思路、说明方法和说明文语言,共12分,学生平均得分率仅为48%。这些数据为课堂教学低效做了注脚。学生的分失在哪里？一是乱贴标签,说明文术语表达不恰当;二是抓不住关键词做整体概括;三是说明方法与修辞方法混为一谈。课堂上"学"说明方法,"分析"说明方法的作用,学生竟然"没有掌握",追根溯源,问题只能出在教学上:学习活动是否体现了知识与能力的联系？学习活动是否体现了方法与能力的迁移？因此,说明文教学的"效"要落在知能上,知能来自哪里？来自对"怎么写""为什么这样写"的探索和实践上,形成螺旋式递进的过程,以促进学习目标达成。

（海阳市凤城街道初级中学　赵晶提供）

第三节　学情调研与分析的完整课例

【执教心语】

　　数学课堂的教学设计既要尊重学生学情,又要兼顾数学学科核心素养的发展。在基于学科核心素养的新课堂建设过程中,我对学生的"课前学情""课中学情""课后学情"进行了初步调研与分析,执讲了一节烟台市"十三五"规划课题中期指导暨阶段成果展示会的公开课《图形的旋转——整理复习课》。课后,我更加清晰地认识到:只有充分把握学生的学情,才能了解学生群体的起点行为与教学目标的差距,找到学生的"最近发展区",让教学活动契合学生的学习实际;授课时,尊重学生的个体差异,发挥教师的引领和指导作用,及时呵护和满足学生的学习欲望和需求,最大限度地激发学生学习的主动性,做到以学定教、以教导学。这样才能使课堂教学生动、精彩,促进学生学科关键能力的提高。

鲁教版五四制数学八年级上册《图形的旋转——整理复习课》课例

一、依据学情确定目标

（一）课标分析

《课标》对"图形的旋转"的要求共分三次，即：第一学段（1～3年级）感受平移、旋转、轴对称现象；第二学段（4～6年级）体验简单图形的运动过程并能在方格纸上画出简单图形运动后的图形；第三学段（7～9年级）探索并理解平面图形的平移、旋转、轴对称，此课例属于第三学段。

对于《课标》，我有如下解读。要认清各学段的侧重点。第一、二学段重"感受"和"体验"，学生"感受"生活中广泛存在的旋转现象，通过实例"体验"，在方格纸上认识图形的旋转，能在方格纸上将简单图形旋转90°；第三学段重"探索并理解"，这比"感受"的教学要求多了对"是什么""有什么用"的探究，探究图形的旋转的基本性质，认识旋转在现实生活中的具体应用，即利用旋转的性质解决具体生活问题。这就要求教师不仅要引导学生进一步观察现实生活中的旋转现象，更要自觉地加以数学上的分析，促进学生观察、分析、归纳、概括等数学能力和审美意识的发展，进而形成正确的数学观。

（二）教材分析

图形的旋转属于图形的全等变换形式（轴对称、平移、旋转）之一，图形的变换是"图形与几何"领域中的重要内容。

前期已完成图形的旋转基本知识点学习，该节复习课的重点是图形旋转基本性质的具体应用。图形旋转的基本性质包含"一个图形和它经过旋转所得到的图形中，对应点到旋转中心的距离都相等，任意一组对应点与旋转中心的连线所成的角都等于旋转角；对应线段相等，对应角都相等"。这些性质如果脱离具体的几何图形就是抽象、晦涩的文字描述，学生很难理解，而要具体应用这些性质更是难上加难，因而该课的难点是图形旋转的基本性质的理解及利用性质解决有关的几何问题。通过该节复习课的学习，学生对图形变换的认识更加完整，进一步感受数学知识与现实生活的紧密联系，体会数学学科的生活价值和丰富内涵。

（三）学情分析

该课的教学对象是八年级学生。

从学生的知识技能基础来看，他们已经学习了轴对称（初二上）、平移（初三上)两种图形变换,加上前期图形的旋转的初步学习,对图形的旋转已具有一定的知识和技能储备,可以说,学生具备了研究图形变换的基本经验,掌握了"只改变位置的图形变换是全等变换。"

从学生前期学习的情况来看,一部分学生分析问题和应用新知解决问题的能力较弱,应用旋转的性质解决几何问题方面还存在一定困难。学生在探究性质或者是应用性质的过程中,会遇到不能发现旋转的途径、不会确定旋转中心、找不到对应量等问题。

从学生的活动经验基础来看,授课班级的学生数学基础整体偏弱,学生个体差异较大。进入初三后,教师在强化学生的自主思考、合作探究、展示交流等方面的能力做了大量训练工作,已取得初步成效。因而,本堂课让不同层次的学生通过合作学习去研究分析问题,相互取长补短。

基于以上分析,我确定了该节课的教学目标如下。

(1)能够准确说出图形旋转的概念、性质,并能应用图形旋转的性质解决具体的几何图形问题,体会数学的应用价值,培养良好的数学应用意识。

(2)通过多变的几何图形,概括、归纳出旋转类型的几何题的解题规律并构建出具体的数学模型,发展由特殊到一般的推理能力。

二、基于学情实施教学

教学环节、教学实践、教学活动中的重难点设计都应是变化的,这些变化的依据就是学生的学习情况及认知规律,即学情。此节课,我设计"导学""导疑""导练"三大环节,每环节又设计一个教学活动,分别为:知识梳理,典题练习;组内诊断,变式训练;达标检测,评价总结。教学过程中,围绕学生的"听、说、做",通过"听其言、观其行、究其因"来把握课中学情,及时完成课堂记录及有效干预。此外,充分发挥小组长作为教师小助手的作用,由小组长通过各组学情卡、红绿牌展示等呈现各组个体学情,教师依据各小组学情有效把握班级整体学情。具体来说,在三大教学环节中,我通过如下途径实现了对学生学情的有效把握。

第一环节:导学(活动:知识梳理,典题练习)。

课前,由各小组长组织本组成员完成《图形的旋转》知识树(一种思维导图的形式)的绘制,学生对该节内容的知识框架、具体知识点有了充分把握。

课堂伊始,在课件上呈现出图形的旋转的若干知识点(旋转的概念、旋转角及旋转角度、旋转的性质等），教师根据难易程度分别找 1—4 号不同层次的学生回答（听其言）。同时，回答问题的过程就是学生知识梳理、构建框架的过程，让学生复习了旧知，唤醒了记忆。

围绕上述知识点，出示典型练习题，让学生分层展开习题解答：1、2 号需完成全部 4 道题目，3、4 号完成 1—3 题，让学生感受知识点的具体运用。提醒学生将自己答题过程中的疑惑写在习题旁，引导学生自学质疑，养成独立思考的习惯。我在班级巡视，各小组长通过红绿牌（所有成员完成后，组长出示绿牌，否则红牌）展示了题目的完成情况（观其行、究其因）。

表 4.4　小组学情检测卡

组号：＿＿＿＿＿组

环节	活动	1—2 号	3—4 号	组长评价			
				1 号	2 号	3 号	4 号
一、导学	知识梳理，典题练习	正确回答所学知识点	正确回答所学知识点				
		灵活应用所学知识完成全部 4 道题目	应用所学知识完成 1—3 道基础题				

【学情分析】

（1）通过分层提问，看出学生知识基础掌握情况良好，为练习题目的完成奠定了基础。

（2）巡视发现，部分 2 号学生做第 4 题有难度，部分 4 号学生做第 3 题有难度，他们将子问题、困惑呈现在习题旁。接下来，我的主要任务就是通过组织有效的教学活动来帮助学生答疑解惑，这就自然地迈进第二环节"导疑"的教学。

第二环节：导疑（活动：组内诊断，变式训练）。

我首先在课件上出示 4 道题目的正确答案，由小组长分层统计出本小组的正确率，我依次统计各小组数据，从整体上把握学生题目的完成情况。然后，组织学生展开小组内的讨论交流，就个人疑惑、问题展开组内诊断，交流解题思路与方法，引导学生互教互学。几何教学图形千变万化，但最终要引导学生"以不变应万变"。为此，我们围绕难度较大的第四题进一步展开变式训练，开启学生用运动观点研究几何问题的视角,引导学生从复杂多变的几何图形中概括归纳一般规律和数学方法。

表4.5 学情检测卡

组号:_____组

环节	活动	1—2号	3—4号	组长评价			
				1号	2号	3号	4号
二、导疑	组内诊断,变式训练	正确完成1—4题	正确完成1—3题				
二、导疑	组内诊断,变式训练	灵活解对两道变式题目,能归纳概括出一般规律	会解变题1,能听懂蕴含的一般规律并准确表达				

【学情分析】

借各组"学情卡"上的数据把握学生完成题目的正确率,发现学生的问题聚焦在第3题(4号学生完成率约80%)、4题(2号学生完成率约70%),这显然没有达成预期目标。

【干预措施1】组织小组讨论,依次解决第3题、第4题。学生交流时,我在教室中央位置听学生讲解,几个在第3题出现错误的4号同学已无疑惑;而第4题,组长个人虽然会解但不会表达,他们众说纷纭,思路凌乱,几个出错的2号同学似懂非懂,更不用说3号和4号了。

第4题:$\triangle ABC$ 是等边三角形,点 D 在 BC 上,$\triangle ABD$ 经过逆时针方向旋转后到达 $\triangle ACE$ 的位置(图4.2),问:

(1)旋转中心是点____;旋转角度是____;

(2)$\triangle ADE$ 是____三角形;

(3)若 $\angle BAD = 25°$,则 $\angle AEC$ 的度数是____。

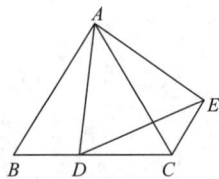

图4.2 第4题图

【干预措施2】将问题最多的第4题在班上交流,由数学思维快而准、语言表达清晰的2组组长面向班级全体讲解。讲完后,学生举手以示问题得到了解决。

【干预措施3】在此情况下,我并没有因为学生全部举手就乐观地以为达成目标,我在思考:几何图形复杂多变,仅凭一道题就让学生掌握核心的解法和背后的数学思想那是不可能的。所以,在第4题的基础上展开变式训练。

变式题 1：△ABC 是等边三角形，D 是 △ABC 内一点，若将 △ABD 逆时针旋转后得到了 △ACP，则旋转中心是（　），旋转角度是（　），△ADP 是（　）三角形（图 4.3）。

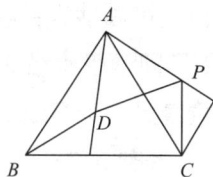

图 4.3　变式题 1 图

可以看出：在原题中，点 D 在三角形边上，现在点 D 在三角形内部，在其余条件不变的情况下，学生能得出哪些结论呢？果不其然，有了先前的原题做铺垫，我发现各组的 1 号经过短暂的思考，都举起了双手，紧接着，不少 2 号同学得出了答案也举起手，最让我惊讶的是几个 3 号同学，他们脸上露出欢喜的表情，举手很坚定。我让 3 号的文同学回答，他平时思维慢但准，这一次，他的回答很坚定、准确，讲解很详细，同学们不禁为他鼓掌。

我心里一阵高兴，这道题不需要浪费时间了，我直接出示另一道变式题目变式题 2。

变式题 2：如图，已知 △ABC 是等边三角形，D 为 △ABC 外一点，△BCD 绕点 C 旋转得到的三角形 △ACD'，A、D'、D 三点共线，则：

（1）图中（　）也是等边三角形；

（2）∠$AD'C$ ＝（　）；

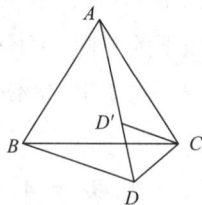

图 4.4　变式题 2 图

（3）若线段 $AD = 7$，$BC = 5$，则 △ACD' 周长为（　）。

可以看出：点 D 已经变为在三角形外部，比前面难的是，这里还有了三角形边的长度的转化。学生拿起笔在算，看来学生不能通过观察法一下子得出答案。在他们埋头沉思时，我在教室巡视学生的完成情况，大家主要在计算第（3）问。我看时间差不多了，开始让学生讲解自己的做法，思维快的董同学一下子蹦起来，她准确地说出这三个问题的答案，我说：你能为大家说说你是怎么算的第（3）题吗？她思维虽快但缺乏逻辑性，讲解时条理不清晰，一部分同学已经在摇头。"谁愿意补充一下啊？"文静的小超同学一向害羞，我看她举手时的迟疑，趁机让她上讲台展示，她慢条斯理，比划着每条线段、准确地说出它们的长度，同学们一致说"对"。

经过两道变式训练，同学们的思维变得开阔，课堂气氛变得空前活跃，我抓住时机，通过引导学生合作探究及展示交流，鼓励学生大胆质疑并发现问题：大家说说，从这三道题目中，你发现了什么？这个问题问域很宽，不同水平的学生都有发表见解的余地，大家一个个回答，3—4 号同学主要从条件入手，他们的说法可归纳为:这三道题都是基于等边三角形为大条件、都有旋转的现象,1、2号同学思维较3、4号有深度,他们的说法可归纳为:在这三道题目中,都隐藏着另一个等边三角形,这样就有两个等边三角形。

在此情况下,我把学生这些说法汇总,并形成了如下结论:

(1)几何直观:依托等边三角形的一条边,绕其某一顶点旋转60°,将得到另一个等边三角形;

(2)逻辑推理:在图形不同形式的旋转过程中,两个等边三角形始终存在;

(3)数学思想:抓住基本图形或者基本条件的不变性,通过类比、转化等来解决运动变化的几何问题。

这一串变式训练,学生会在变化的新情境下不断去发现问题并解决问题,培养学生"举一反三"的能力,提升学生的逻辑思维,使其掌握核心数学方法,让学生真正学会学习、学会运用。在此情况下,我紧追不舍、趁热打铁,出示了如下的巩固练习题。

在等边 $\triangle ABC$ 中,D 是边 AC 上一点,连接 BD,将 $\triangle BCD$ 绕点 B 逆时针旋转 $60°$ 得到 $\triangle BAE$,连接 ED,若 $BC = 5,BD = 4$,则下列结论错误的是(　　　):

A. $AE \parallel BC$　　　　　　B. $\angle ADE = \angle BDC$

C. $\triangle BDE$ 是等边三角形　D. $\triangle ADE$ 的周长是 9

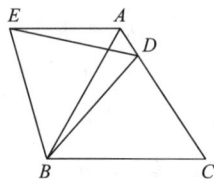
图 4.5　巩固练习题图

经统计,1—3号学生正确率高达 100%,仅剩 6 个四号学生没有做对。因而,我组织这 6 个同学观看该题的讲解视频(事先在平板电脑上录制好一些重点题目的讲解视频,留待上课备用),再次对他们进行指导,而其他同学则在我的安排下挑战难度更大的题目。分层次的指导与练习,让学生各有所学、各有所获。

第三环节:导练(活动:达标检测,总结提升)。

组织学生完成达标检测习题,指出 3—4 号同学完成 1、2、3 题后,挑战完成第 4 题。完成后,出示答案,小组长统计本轮题目正确率,借此与第一环节"典题练习"形成对比。课堂尾声,请小组长对组员在此节课的课堂表现进行评价。最后,小组四人将个人收获在小组展开"对讲"(先由 4 号讲给 1 号听、3 号讲给 2 号听,最后 1、2 号补充)。

表4.6 学情检测卡

组号：_____组

活动	1—2号	3—4号	组长评价			
			1号	2号	3号	4号
达标检测，总结提升	快速反应,答对全部题目	答对基础题目,并能尝试完成第4题				
	能说出个人收获,总结本节课主要的数学方法,并创新生成新知识	能说出个人收获,总结本节课主要的数学方法				

【学情分析】

本轮题目完成率：1—2号完成率100％，3—4号前三题完成率100％，第4题挑战成功率约60％，符合预期目标；3号与4号同学表达个人收获时主要谈及掌握了哪些知识、技能等，对核心的数学思想表达不清晰，1号与2号同学给予适时补充。惊喜的是，3、4、7、8组组长在本小组进行了针对图形旋转的习题，应如何从条件中抓取"旋转三要素"、如何避免错误解题等内容的分享，让我看到差异课堂让孩子们更具批判性、创造性思维，4号同学不再胆怯、自卑，而是积极融入宽松和谐的学习氛围，在老师分层目标的设计和同伴的帮助下，一步步登上新的台阶，有了更多的课堂发言表现。

表4.7 教师课中学情观察量表

环节	活动	听	说	做	备注
导学	知识梳理,典题练习				
导疑	组内诊断,变式训练				
导练	达标检测,评价总结				

三、基于学情反思改进

1.专家评价

原龙口市教科所副所长邹常志对该堂课进行了精准的专业评价：作为一节几何课，关注"直观想象"的核心素养首当其冲。该节课在通过一组变式训练培养学生的"逻辑推理",这固然无误,但是不能忽略几何课程最本质的内容。从几何教学发展改革看,图形变换是课标新增加的学习内容,它开启了用运动观点研究几何问题的视角。图形的旋转作为图形的三种刚性变换方式(对称、平移和旋转)之一,更需要教师通过引导学生动手操作、观察想象等对旋转有全面、丰富的认知,并在此基础上对旋转图形进行研究分析,进一步培养学生的空间想象能力。

2. 同伴评价

本课教师从学生的个体差异出发,以数学学科核心素养中的"逻辑推理"和学生学情为主要关注点,引导学生积极参与、合作探究及展示交流,鼓励学生大胆质疑;通过三道训练题展开的类比、归纳的推理过程,培养学生的几何观察与想象推理能力,养成有论据、讲条理的数学思维品质;在愉悦的学习氛围中掌握数学学习的方法与技能、体验到成功,最终实现各层学生的目标达成,促进学生的差异化发展。但是,整节课来看,教师把握学生学情仍显不足。教学过程中,小组长作为教师助手,积极对小组成员进行成绩统计、亮牌展示、组织讨论、评价总结,教师据此得出全班整体学情,但仍然出现了第12组整体参与课堂活动的活跃度差、个别学生被忽略等问题,而教师并没有及时做出干预指导,给课堂留下遗憾。

3. 自我反思

专家和同伴基于学情的精准评价,可谓一语中的、直击内心,给予我很多启发:受授课时间限制,该节课我重点围绕三道变式题目展开逻辑思维的训练,虽然满足了学优生的需求,但对于待优生来讲,内容偏难、不易理解。决定学习质量的不是教材,而是学生本身。课前学情调研与分析,让我精准确定了该节课的教学目标;课中学情调研与分析,让我根据学生的学习困惑灵活调整了教学活动;课后专家与同伴基于学情的专业点评,也帮我找到了今后数学课堂的改进方向。在今后的教学中,我不仅要关注向学生呈现什么内容,更要关注如何让学生积极参与各种教学活动,要对学生学情做出全面、具体、精准的把控与分析,努力构建适合各层级学生能力与兴趣的教育情境。借助丰富多彩、形式各异的教学活动,先引导学生动手操作、观察想象,再指导学生进行典题训练,培养学生的逻辑推理能力,这样从具象到抽象,从感性到理性,让所有学生都能在切身体验中真正获得学科核心素养的提升。

(海阳市凤城街道初级中学　王娟提供)

第五章

教学目标的制定

　　卢臻老师认为:教学目标是教学与评价的灵魂与归宿。如果没有科学合理的教学目标,教学的质量和效果就会出现不足,从而严重影响学生的发展。因此,教学目标应该根据预期的学习结果简洁明了地传达教学意图。海阳市实施的"学本"课堂建设,旨在探索"立体板块"的教学模型,变革课堂结构,倡导变"线性流程"为"立体板块",指引学生展开深度学习。因此,"学本"课堂的教学目标,要在传统教学目标设置的基础上,指向教学内容的"立体化、板块化",立足学生的深度学习,加快课堂结构变革与教学方式转变。而从目前实施的状况来看,教师往往对教学目标的导向功能和调控功能重视不够,将教学目标置于教学活动之外,教学目标大而空,大多描述有限时间内无法完成的有关能力、情感倾向培养的目的性任务,难以统领具体的课堂教学活动,导致目标与教学"两张皮"。要确定正确的教学目标,需要教师明确教学目标的作用,掌握编写的要求。本章通过理论导航和实践案例对"学本"课堂中教学目标的制定进行解读,帮助广大同行制定以内涵外、以外表内,能统筹认知、情感与动作领域的适切而精准的教学目标。

第一节　理论导航

一、教学目标的相关概念

要明确教学目标概念,首先要掌握与其相关的教育目的、培养目标和课程目标的相关概念。

(一)教育目的

教育目的指教育要达到理想的预期或结果,反映着教育在人的素质培养、努力发展方向和社会倾向性等几个方面做出的特定要求。主要表现为四个层次:教育总目的、人才培养活动目标、人才培养课程目标、人才教学实践目标。

(二)培养目标

在韩立福看来,"学本"课堂着力培养学生搜集信息与处理信息的能力、获取新知的能力、分析和解决问题的能力以及合作交流的能力,培养目标是教育目的在各级各类学校的具体化,指师生双方通过共同的学习,营造出自由、开放、多元化的健康的课堂,从而让每一位学生经历快乐学习,最后精彩绽放。培养创新意识和实践能力。[14]

(三)课程目标

课程目标是通过一定阶段的学校课程学习所要达到的预期结果。课程目标的实现重点要做好以下五方面工作。

第一,在课堂要素方面,将教本视野下的隐形要素"问题"嵌入课堂学习中,成为教师、学生、课程和情境并列的、显性的关键要素。这种课堂中师生共同围绕"问题"开展自主合作探究学习,"问题"成为教与学活动的主线,实现以"问题"为中心的学习。学习过程体现"先学后导"教学思维,学生通过结构化预习发现问题、生成问题,教师通过结构化备课预设问题,再将师生问题整合后进入"导"的阶段,学生通过"生本联导"来自主探究问题,不能解决的问题通过"生生互导"来解决,仍不能解决的问题,通过"师生相导"来解决。

第二,在师生关系方面,建立真正意义上的民主、人文、和谐、发展的"大小同学"式关系,而不是上对下的长幼关系和辈分关系。教师和学生在学习过程中共同发现问题、生成问题、解决问题、拓展问题,通过"大小同学"的团结合作、对话交流、解决问题,达到知识建构、能力培养、情感丰富、潜能挖掘、促进发展的目的。

第三,在教学方法方面,提倡和采用学生自主学习、合作和探究的学习过程为主调的建构式的学习活动法,如学生自主学习探究活动法、合作和探究学习法、展示性对话练习法、问题情境生成活动法、高级问题思维活动训练学习法等。教师们尽可能少地采用课堂一问一答式的教学法,较多地采用更加有利于快速提升学生自主探究能力的课组师生间交流展评和质疑补充的方式。

第四,在创新教学团队组织方面,倡导探索和探索实施学生小组合作学习形式,坚决反对和采用类似"一对多"那样的舞台式的教学团体组织活动形式,建立适应"多对多"教学模式的、能够全面激发全体学生潜能、促进广大学生的合作共成长、和谐共发展能力的教学小组化合作教学团队式学习机制。

第五,在问题学习单的"软工具"课程教学系统方面,采用了一套可以与"问题导学"课堂境界化教学环境相适应的问题学习工具单,根据课堂学习活动目标、课型内容设计和学生课后解决具体问题和达成学习任务等需要,可以自主开发多套问题学习单,如问题清单、问题学习导读—问题学习阅读评价单、问题学习任务生成单—问题学习评价单、问题学习问题解决方法—问题学习评价单、问题学习知识拓展表等。

(四)教学目标

这里讲的教学目标指的是课时目标,即一节课的目标。教学目标的主体是学生,质量标准则是学生的学习任务,发生的行为变化则是学生的能力变化,提升程度则是指学生的素养。教学目标实际上也是一条连接学生教育发展理想目标与社会教育发展现实目标的一个桥梁,是课堂教学的基本出发点和理想归宿。

(五)教学目标与相关概念之间的关系

教育目的是国家层面对青少年、儿童在品德、智力、体质等方面,提出的总要求;培养目标是教育目的的具体化,通过学校的教育,达到国家的培养要求;课程目标,是培养目标从课程的角度进行表述,通过一定阶段的学校课程和特定阶段的学校课程学习,达到预期的结果;教学目标是课程目标的具体化,是每个单元、每节课或每个教学环节的教学所需达到的要求。从教育目的、培养目标、课程目标到教学目标,概括性程度越来越低,具体化程度越来越高。

二、教学目标的功能

(一)导向功能

课堂教学设计的过程也就是指向达成课堂教学目标的方向而规划出来的

具体的行动,教学设计的出发点还是为了达成教学目标,与此同时,教学设计的结果也是指向教学目标的。而教学设计的成功与否也是取决于设计的具体行动是否达成了理想的课堂教学目标。由此我们可以看出,理想的课堂教学目标的设计对整个教学设计的编写和实践起着重要的导向作用。同时,教学目标是一节课的开端,也为一节课指明了学习的方向,起到了导向作用。

(二)调控功能

通常来讲,教师预设的课堂教学目标主要是直接指向学生的,是希望学生经过具体的学习过程达成一定的学习目标。但是,就学生的学习而言,若不经过自己的努力,是不可能达成具体的课堂教学目标的。这也就是教育教学工作所要面对的主要问题:一方面,要求学生达成预设的课堂教学目标是通过教师实际的课堂教学来完成的;另一方面,就学生而言,学生的学习是学生自己的活动,这也就决定了学生的学习要制定适合自己的学习目标。因此,如何使学生的学习目标符合教师的课堂教学目标,也就是将教师预设的课堂教学目标更好地转化为学生的学习目标,是需要教师必须解决的问题。所以说,教师的课堂教学目标的设计实际上就包括了使自己的课堂教学目标转化为学生的具体学习目标的策略与方法的设计。因此,教师课堂教学目标的设计有利于学生学习目标的达成。

(三)评价功能

课堂教学是否有效的主要评判依据是事先制定的教学目标。而课堂教学目标是整个课堂教学的重心,同时也是整个课堂教学的起点和终点,因为它驾驭着整个课堂教学的全过程,是课堂教学顺利、有效开展的保障。即经历了一节课的学习之后,学生是否达到预期的结果需要参照教学目标来判定,所以教学目标还具有评价作用。

三、教学目标的意义价值

一是外在体现,即教师。表述为预期学习结果的教学目标,可以为教师选择方法和教学材料提供一个依据,以最大限度地使学生产生预期的行为。如果想要学生理解概念,那么教师就要选择有助于学生消除错误理解、形成正确概念的方法和材料。如果想要学生发展推理能力,那么教师就要提供给学生能运用推理能力的机会。如果想要学生具备解决现实问题的能力,那么教师就必须能为学生提供一系列真实复杂问题的教学项目。好的教学目标往往能够为教师在设计各种有助于获得预期教学成果的教学活动时提供有效的框架。

教学、学习和评估三者是内在统一的,而教学目标则能为三者更好地协调整合提供基础。比如,如果期待学生获得问题解决这一学习成果,那么教师所设计的教学活动、评估程序就应与这一预期学习成果相对应。这能帮助教师监控学生学习过程,指导学生学习,并判断教学结束后的学习成果是否实现了预期目标。在一个精心编制的教学—学习—评估三位一体的教学方案中,这三个教学阶段很难严格区分开来。因为所有的阶段都直接指向同一个预期学习结果,并共享同一个目标促进学生学习。

教学目标同样也是教师给学生提供反馈的基础。如果教师所描述的预期学习结果足够清晰,那么他就可以明确地指出会出现学习难易点的地方,并为促进学生学习提供及时、清晰且到位的指导。举个例子来说,如果教师在描述问题解决这一学习结果时包含了充分的细节信息,那么他就可以判断学生是否能够区分准确的数据与不准确的数据、事实与观点、相关的信息与不相关的信息。如果做不到这一点,那么教师就有必要对教学目标的表述重新进行调整。

二是内在体现,即学生。如果教师在教学一开始就告知学生教学目标,那么学生就会明确自己努力的方向,并明确自己进行多种学习活动的目的。这样一来,学生也能更容易理解学习过程的复杂性,在学习中更加积极主动。而如果学生意识到学习不仅包含知识结果,还涵盖了推理、问题解决和各种学习技能,那么他们就会理解在学习中光靠记忆材料是远远不够的,还必须运用各种学习策略,参与各种学习过程才能获得预期的成果。

在教学一开始就告知学生教学目标,不仅有助于引导他们学习,而且会为他们自评和发展自评技能提供依据,使其成为自主学习者。举个例子来说,在写作中,学生往往会被要求在正式提交之前检查并修改自己的作品。这就意味着学生要拥有优质作品质量的清晰概念,而这一点可由表述到位的写作目标来帮助达成。从这个角度来说,在教学开始之际就告知学生预期的学习表现或技能等学习结果,不仅能为他们的学习提供指导方向,而且可作为他们评价自我进步的基础,这将有助于学生发展自我评估与自我规范技能。

四、教学目标的确定要领

(一)课程标准解读

第一步:找关键词。找关键词是为了给后面制定粗略的学习目标作基础。

第二步:分解概念。

第三步:剖析行为动词。找出课标中的动词,在总结目标时加以可利用。例如,"掌握""注意""感受"。

第四步:确定行为条件。

第五步:确定行为表现程度。对于识字方面我们的要求是"完全掌握""初步感受"。

最后结合之前的分析,我们总结出一个方向正确的粗略目标。

紧接着我们来分析教材。教材需从教师用书入手,也就是我们说的教参,也可多方位选择,我们可以采用"圈、理、拎"的方法分析内容,截取教学建议进行分析。

首先,我们要通过"圈"的方法读懂意图。先从教材解析中看出作者的意图,再从教学建议中分析,找到关键词圈出,这里要注意的是我圈了两部分的关键词,所以我们可以制定一到两个学习目标。

接着我们通过"理"的方法将圈好的关键词分成几类进行归纳整理,得到比较充实的学习目标。我们和教参上的教学目标进行对比发现,教参上给我们的教学目标如果学生在预习课文时已经完成,就可以去掉,并且其他的目标也能体现在我们的学习目标中了。最后,我们通过"拎"的方法,提取关键词中的重要信息,将这些信息与预期的学习的学习准备相联结,便于转化为一条条清晰的教学目标。

(二)学情分析

学情分析我们可以从学生的年龄特点、智力发展阶段、心理特点、知识储备和学习的态度等方面来分析。例如:从知识技能储备和态度来分析,从人数、内容可以看出学生已有的知识是什么、缺什么也就是重点,困难障碍是什么也就是本节课的难点。

很多老师会认为到此就可以直接写出目标了,但其实不然,还缺少了叙写结构即学习目标的构成要素:行为主体、行为条件、行为表现、表现程度。

最后汇总出来的目标才是完整的目标。采用"通过什么方式学习,理解或会做什么,提高或体会什么"这样的句式将目标呈现,其中涵盖了学习目标的所有构成要素。

第二节　教学目标制定的示范课例

课例一　《四季之美》教学目标的制定

一、课程：小学语文

二、教材版本：义务教育课程标准小学语文教科书人教版五年级上册

三、教材课题：四季之美

四、源于课标：

（1）有较强的独立识字能力。累计认识常用汉字 3000 个左右，其中 2500 个左右会写。

（2）能用普通话正确、流利、有感情地朗读课文。

（3）默读有一定的速度，默读一般读物每分钟不少于 300 字。

（4）能联系上下文和自己的积累，推想课文中有关词句的意思，辨别词语的感情色彩，体会其表达效果。

（5）在阅读中了解文章的表达顺序，体会作者的思想感情，初步领悟文章的基本表达方法。

第一步：找出关键词

独立识字、认识、会写、有感情、搜集信息、积累、推想、辨别、初步领悟、提出看法、受到激励、留心观察、积累素材。

第二步：分解概念

（1）会识、会认、会写汉字。

（2）正确、流利、有感情地朗读。

（3）默读有速度、乐于搜集信息。

（4）推想词语意思、体会表达效果。

（5）了解表达顺序，体会感情，学会表达。

（6）受到感染，向往追求。

（7）留心观察，善于积累。

第三步：剖析行为动词

认识、会写、朗读、默读、搜集、推想、辨别、体会、领悟、交流、体会、提出、做出、观察、积累。

第四步：确定行为条件

（1）识字写字：自主预习，教师范写。

（2）朗读：抓住关键词句，想象画面。

（3）体会：联系上下文。

（4）习作：联系课文选取自己印象深刻的景物。

第五步：确定行为程度

（1）识字写字：会写、会认。

（2）朗读：有感情地朗读句子。

（3）体会：初步领会，深刻感悟。

（4）习作：学会，能够

第六步：提炼初始目标

（1）认识"旷、怡"等5个生字，会写"黎、晕"等9个字，会写"黎明、红晕"等13个词语。

（2）有感情地朗读课文，读出四季的不同情趣。反复朗读的基础上背诵课文。

（3）借助关键语句，体会景物的动态。

（4）能够选取自己印象最深的景致，学会按照一定的顺序描写景物的动态美。

五、据于教材

（一）教师用书

在初读课文环节，可让学生谈谈自己眼中四季的美是什么，再边读边圈，画出作者眼里四季最美的是什么。学生阅读后发现，作者眼里四季最美的时间分别是黎明、夜晚、黄昏和早晨，体会作者感受之细腻，进而激发学生阅读与思考的兴趣。引导学生进一步感受作者的审美情趣和景物的动态变化。

1.感受作者独特的审美情趣和景物的独有韵味

课文选取的景物在生活中司空见惯，但在作者笔下，这些普通景物却有独特的情趣。教学时，可把作者笔下的景物和日常人们眼中这类景物相比较，引导学生感受作者独特的审美情趣。

2.边读边想象，感受景物的动态变化

课文运用细腻的笔触描绘出四季中某个时间的景物，教学时，可以结合课后第二题引导学生体会景物的动态变化。

3.熟读成通，积累表达

课文语言优美，要在反复朗读的基础上指导学生积累背诵。教学时，教师出示图片,学生依据图片想象画面进行背诵。第 2 自然段可以采用关键词提示法,让学生根据句子之间的内在联系进行背诵。第 3 自然段可以借助具体景物的提示背诵,第 4 自然段可以引导学生关注"铺满白霜"与"熊熊的炭火"的动静和色彩对比,辅助背诵;也可以让学生借助"当然……就是……或是……只是……"等词语,根据句子之间的逻辑关系进行背诵。

（二）教学目标

（1）认识"旷""怡"等 5 个生字,会写"黎""晕"等 9 个字,会写"黎明""红晕"等 13 个词语。

（2）有感情地朗读课文,背诵课文。

（3）借助关键语句,体会景物的动态描写。

第一步:理出关键词

画出景致,感受独特韵味,自主学习,交流汇报,熟读成诵,边读边画,比较,结合生活经验,想象画面,边读边想象,节奏舒缓,慢一点,轻柔的语气,加快节奏,对比感受,读出闲情逸致,积累背诵,根据画面、颜色、景物、逻辑关系进行背诵。

第二步:读懂意图

（1）感受作者独特的审美情趣和景物的独有韵味。

（2）边读边想象,感受景物的动态变化。

第三步:理清脉络

根据意图与关键词,再结合教参出示的目标进行分析与对比,形成新目标。

第四步:形成思路

在初始目标的基础上提炼出新目标。

（1）通过小组合作的方式,结合课文内容理解字义。

（2）结合具体语境理解课文,并能正确读出句子的韵味,将字音读正确、读连续。

（3）借助关键语句,初步体会景物的动态描写。

六、基于学情

五年级的学生已经具备了一定的自学能力。特别是字词以及对篇章整体内容的把握。对于五年级的学生来说量不大,而且他们也掌握了很多学习方法,充分利用学生已有的识字经验和熟识的语言要素,鼓励学生用自己喜爱的方式去识字,在预习中完成。对于个别难理解的字词,则可以采用在具体的语境中理解运用,最终达到会写好生词及会理解的目的。而对于动态美的感受,学生有过一定的了解和积累,但是感触不深,同样需要教师的引导。

七、学习目标的构成要素

行为主体:学生。

行为动词:认识、画出、学会、体会、读出、背诵、学会、能够。

行为条件:自主学习,借助关键语句,画面提示,关联词提示,颜色提示。

行为程度:正确,有感情,流利。

最终形成教学目标如下。

（1）通过阅读课文,找到关键词,画出标志性景物,联系上下文,初步体会景物的动态描写。提高语言建构与运用能力。

（2）通过有感情地朗读课文,在反复朗读的基础上通过画面提示、关联词提示、颜色提示等方法流利背诵课文,提高审美鉴赏与创造能力。

（3）选取自己印象最深的景致,对其颜色、动作、声音、形状等方面的变化进行描述,学会按照一定的顺序表现出景物的动态美以及对大自然四季美景的喜爱之情,提高审美的创造能力。

（海阳市核电区小学　隋蓓蕾提供）

课例二　《百分数的认识》教学目标的制定

一、课程:小学数学

二、教材版本:青岛版义务教育教科书(五·四学制)小学数学五年级下册

三、教材课题:百分数的认识

四、源于课标:

（1）结合现实情境,理解百分数的意义。

（2）会运用数描述事物的某些特征,进一步体会数在日常生活中的作用。

第一步:找出关键词

现实情境、理解意义、会用数描述、体会生活中的作用。

第二步:分解概念

（1）认识、会读、会写百分数。

（2）用数描述,体会作用。

第三步:剖析行为动词

理解、会、体会

第四步:确定行为条件

（1）理解：结合具体情境。

（2）会：参与特定的数学活动，主动认识或验证对象的特征。

（3）体会：大量生活实例，获得一些经验。

第五步：确定行为程度

（1）理解：认识、会读、会写，能说明具体含义。

（2）会：发现区别与联系，获得理性认识。

（3）体会：广泛感知，深刻感悟。

第六步：提炼初始目标

（1）会正确读写百分数，准确地说出百分数在具体情境下表示的意义。

（2）用百分数描述和解释生活现象的过程中，体会百分数的大小，进一步应用与理解百分数的概念，发现百分数与分数的联系与区别。

（3）结合实例中的百分数，准确地选择使用分数与百分数表示事物，感受百分数与生活的紧密联系。

五、据于教材

（一）教师用书

教学时，教师可以从学生自身视力情况调查入手，让学生说说自己班级近视的人数，从而激发起学生学习的兴趣和热情。然后出示情境图和统计表，引导学生仔细观察并说说从中发现了哪些数学信息，根据表中提供的信息能提出哪些数学问题，培养学生从情境图中获取信息、提出问题的能力。

"合作探索"中有 1 个红点问题，是学习百分数的意义及读写法。

红点标示的问题是："哪个学校五年级学生视力情况好一些？"教材呈现了比较 3 个分数大小的两种方法，引入对百分数产生必要性的体验和百分数意义及读写的学习。教学时，可以先引导学生从情境中寻找数学信息，提出数学问题，再结合具体的情境，放手让学生借助已有的知识和生活经验，自己想办法解决这个问题。在学生交流思路时，教师要引导学生理顺思路。最后，通过及时练习来巩固百分数的写法和读法，组织学生举出生活中用百分数的例子，并引导学生结合具体事例进一步理解百分数的意义，体会百分数在实际生活中的应用。

（二）教学目标

（1）结合现实情境，理解百分数的意义，会正确地读写百分数。

（2）在理解百分数的意义过程中，进一步体会数学知识间的内在联系，增强思维的深刻性,发展数感。

（3）在用百分数表达的过程中,体会百分数与生活的密切联系,感受百分数在现实生活中的应用价值,提高学习的兴趣。

第一步:理出关键词

引导学生从情境中寻找数学信息,提出数学问题,结合具体情境,自主想办法解决,方法对比,经历体验,概括意义,学习写法和读法,举出生活中的例子,进一步理解意义,体会生活中的应用。

第二步:读懂意图

（1）结合具体情境,感受百分数产生的必要性,理解百分数的意义。

（2）在大量的实例中,进一步理解意义,体会应用。

第三步:理清脉络

根据意图与关键词,再结合教参出示的目标进行分析与对比,形成新目标。

第四步:形成思路

在初始目标的基础上提炼出新目标:

（1）结合现实情境,理解百分数的意义,会正确地读写百分数。

（2）通过生活中的实例,进一步理解百分数的意义,感受百分数在现实生活中的应用价值。

六、基于学情

五年级已是五四制小学的最高级部,相对来说,学生数学素养高,解决问题能力强,已逐步从形象思维向逻辑思维过渡,并且已具备较为丰富的生活经验和一定的抽象概括能力,这些都是探索本课新知的有益基础。五年级的学生,学习本课已有的知识经验有:已经学习了整数、小数、分数的意义,尤其是探索过用分数表示两个量之间的关系。该节课的新点在于认识百分数,它与分数有密切的联系。所以,在达成理解百分数的意义这个教学目标时,在"检查视力"这一贴近学生生活的情境中我们可以大胆放手让学生借助已有的知识和生活经验,自己想办法解决问题。让学生自主比较 3 个数的大小,学生可能把分数化成小数再比较,或者先通分再比较。学生对比两种方法就会体验到把这些分数改写成分母是 100 的分数便于统计和比较,感受知识之间的内在联系,从而体验到百分数产生的必要性,吸引学生积极主动地参与数学学习活动,也促进学生理解百分数的意义。对于"感受百分数在现实生活中的应用价值"这一教学目标,仍然是充分利用五年级学生的生活经验,引导学生举出丰富的生活实例,感受百分数与生活的密切联系,从而形成数学应用意识。

七、学习目标的构成要素

行为主体:学生。

行为动词:理解、学会、体会、感受。

行为条件:结合情境,借助已有的知识和生活经验,丰富的生活实例。

行为程度:准确说出、会读写、解释清楚、表达明白。

最终形成教学目标如下。

（1）理解百分数的意义,会正确读写百分数。结合不同学校"检查视力"的情境,通过算算、比比、说说等活动,在想办法比较"哪所学校视力情况好些？"过程中,感受百分数产生的必要性,理解百分数的意义。能够正确地读写百分数,感受保护眼睛的重要性。能够结合牛奶、饮料等实例中的百分数,准确地说出百分数在具体情境卜表示的意义,建立百分数的概念模型,提高抽象概括能力。

（2）体会百分数的大小,进一步理解百分数的意义。用百分数描述和解释生活现象的过程中,体会百分数的大小,进一步应用与理解百分数的概念模型,感受百分数与生活的紧密联系。

（3）理解百分数与分数的联系与区别。通过比较百分数与分数的异同,准确理解百分数与分数的联系与区别,准确地选择使用分数与百分数表达问题,感受数学知识之间的内在联系,培养严谨的思维习惯,增强思维的深刻性。

（海阳市实验小学　尚晓燕提供）

课例三　*Winter Holidays* 教学目标的制定

一、课程:小学英语

二、教材版本:义务教育课程标准小学语文教科书鲁科版五年级下册

三、教材课题:Unit1 Winter Holidays

四、源于课标:

语言技能二级标准描述如下。

（1）能借助图片、图像、手势听懂简单的话语或录音材料。

（2）能听懂简单的配图小故事。

3.能听懂课堂活动中简单的提问。

4.能听懂常用指令和要求并做出适当的反应。

语言知识二级标准描述:

（1）在具体语境中理解一般过去时的意义和用法,在实际运用中体会一般

过去时的表意功能。

(2)理解和运用有关个人情况、节假日话题的语言表达形式。

学习策略二级标准描述如下。

(1)积极与他人合作,共同完成学习任务。

(2)对所学内容能主动复习和归纳。

(3)在词语与相应事物之间建立联系。

第一步:找出关键词

听懂、表达、朗读、运用、合作。

第二步:分解概念

1.听懂简单的对话或录音材料。

2.发音清楚,语音基本达意。

3.写出简短的语句。

第三步:剖析行为动词

借助、听懂、表达、叙述、认读、朗读、写出、运用、理解和运用、合作、复习和归纳、倾听、思考、尝试阅读、积极运用。

第四步:确定行为条件

1.借助图片、图像、手势,听懂简单的对话或录音材料。

2.能在口语表达中,做到发音清楚,语音基本达意。

3.能根据图片、词语或例句的提示,写出简短的语句。

第五步:确定行为程度

1.能听懂、会说、认读、规范书写单词。

2.能听懂、会说、认读句型。

3.初步了解单词的重音。

第六步:提炼初始目标

1.能听懂、会说、认读、规范书写单词:holiday, difficult, place, many, so, dog, also, lake, visit, evening。能听懂、会说、认读并能结合句型灵活运用单词和短语:Beijing Opera, a little, went, enjoy, ski, ice hockey, dog sledding, ice fishing, got, Lantern Festival, yuanxiao, parade, yangge dance, act, Monkey King, lantern, riddle, prize。

2.能听懂、会说、认读句型:"What did you do in the holidays?""I learned Beijing Opera.""Did you swim in the sea?""Yes, I did.""No, I didn't.""I didn't ski." "What did Dany do?" "He joined the parade." 能运用所学语言谈论彼此的假期生活。

3. 初步了解单词中的重音。

4. 培养学生热爱生活,乐于与他人交流的品质。

五、据于教材

"Winter Holidays." 这一单元的核心内容是描述中外小学生的寒假生活。单元第一课时的内容为李明、王红与彼得交流各自在寒假所做的事情,衔接上学期学过的英语一般过去时并学习句型 "What did you do in the holidays? Did you...?";第二课时是在第一课时结尾时创设的语境下,彼得对加拿大学生的寒假生活进行分享,谈论相关的活动,如:ice hockey, dog sledding, ice fishing。并表达对不同文化背景下同龄人生活的好奇;第三课时的内容为中国学生们在元宵节时的经历与见闻;第四课时的内容复习与拓展该单元知识,这节课的拓展阅读为美国学生吉姆的寒假生活。

该单元话题下的教学内容围绕表达与询问彼此的寒假生活展开,涉及的功能用语为:"What did... do in the holidays? I didn't do.... Did you...? Yes, I did. No, I didn't." 等;词汇主要包括 holiday, place, dog, lake, Beijing Opera, Lantern Festival, ice hockey, dog sledding, ice fishing 等;语音部分是对多音节单词进行感知;语法部分是学习节假日期间相关活动的动词过去式。

通过以上分析可以看出,整个单元话题内容是围绕节假日展开,既呈现了中国学生的寒假生活,包括中国传统节日元宵节盛况,同时也介绍了外国学生寒假的生活。原教材单元标题为 Winter Holidays,涵盖了四个课时的授课内容。但分课时标题 "Unit1 What did you do in the holidays... Unit 2 I didn't ski. Unit 3 Everyone was happy that day. Unit4 Review." 之间缺少连续性。

六、基于学情

通过梳理鲁科版小学《英语》教材发现,五年级学生已经学过一些关于节假日的内容,例如四年级时学生已经学过了与放学后活动、周末活动有关的英语短语,五年级上学期学过了与春节、圣诞节话题有关的词句。同时,学生能够听懂、会说节日祝福语,能够用过去式表达自己做过的事情。

基于以上分析可知,学生熟悉节假日话题且有语言及生活经验。因此结合该单元所呈现的中外学生寒假生活,确定继续以 Winter Holidays 为单元主线对单元教材内容及板块进行统整、改变和补充,将单元内容分解为 Winter

Holidays in different countries. Lantern Festival in China. Winter Holidays in the U.S. My winter holidays. 四个课时，所有单课教学主题与单元主题 winter holidays 意义相关，具有很强的内在关联性。教师可以围绕单元主题 winter holidays 展开教学，让学生在描述自己的寒假、体验外国的寒假、介绍自己的传统节日中培养跨文化交际意识，拓展文化视野。

七、学习目标的构成要素

行为主体：学生

行为动词：听懂、认读、运用、分享、朗读。

行为条件：借助图片、图像、动作，能够在语境和图片的帮助下。

行为程度：恰当、正确、深入了解。

最终形成教学目标：

基于对 Winter Holidays 这一单元的教材内容分析和学情分析，该单元设定的教学目标如下。

（1）学生能够借助图片、图像、动作，听懂、认读描述节假日活动的词汇和短语，且能够在语境和图片的帮助下恰当运用。

（2）学生能够正确使用英语一般过去式，分享并讨论自己的寒假生活。

（3）学生能够深入了解中国传统节日——元宵节及其传统习俗，感受中国优秀传统文化，学习外国节日知识，增强对不同文化的理解。

（4）学生能够根据拼读规律正确朗读多音节单词。

（海阳市实验小学　黄烨提供）

课例四　*I like music that I can dance to* 教学目标的制定

一、课程：初中英语

二、教材版本：义务教育教科书（五·四学制）九年级全一册

三、教材课题：Unit 4 I like music that I can dance to（Section B 读写课）

四、源于课标：

（1）能根据写作要求去搜集、准备素材。

（2）能简单描述人物或者事件。

（3）能使用常见的连接词表示顺序和逻辑关系。

（4）能在教师的帮助下或者以小组讨论的方式起草和修改作文。

第一步：找出关键词

搜集、准备素材，描述人物或者事件，使用连接词，起草和修改作文。

第二步:分解概念

（1）搜集、准备有利于写作输出的素材（名言警句、教师寄语、观看视频的感受、复述课文时对主人公的强烈情感等）。

（2）比较恰切地描述人物和事件。比如用简单正确的句子来描述阿炳、刘伟、Nick 的生活经历。

（3）能在组内发表自己对于本节课语言输入部分阿炳、刘伟、Nick 的生活经历的启示，同时讨论生活中遇到困难该如何解决。

（4）在语言输出作文环节中能流利使用 after reading... I....，so... that...，from ... I... 等关联词。

（5）做到讨论后独立完成写作任务。

第三步:剖析行为动词

搜集、准备、描述、使用、写作。

第四步:确定行为条件

（1）描述阿炳的艰辛经历:在阅读策略 Mind-map 的指引下复述。

（2）搜集刘伟、Nick 的不懈奋斗历程:在媒体资源视频播放中感知学习。

（3）准备发言—阿炳、刘伟和 Nick 的坎坷经历对你有何触动:通过自主学习自行思考。

（4）讨论生活中难免遇到困境，该如何应对:小组合作探究和教师指导。

（5）使用关联词、提示词写作:独立完成。

第五步:确定行为程度

（1）描述阿炳的艰辛经历:准确且有情感。

（2）搜集学习刘伟、Nick 的不懈奋斗历程:自主且认真投入。

（3）准备发言——阿炳、刘伟和 Nick 的坎坷经历对你有何触动:真情表达。

（4）讨论生活中难免遇到困境，该如何应对:各抒己见集思广益。

（5）使用关联词、提示词写作:规定时间内独立完成基本无句法错误的文章。

第六步:提炼初始目标

（1）能带着情感在 Mind-map 的帮助下，全面准确讲述阿炳的遭遇。

（2）借助媒体资源，认真观看学习刘伟、Nick 的不懈奋斗历程。且运用恰当的英语句型表达出观看后的内心感想。

（3）在小组内积极探讨我们该如何应对生活中的困难。

（4）讨论后能够巧妙运用提示词、关联词独立完成写作任务。

五、据于教材

（一）教师用书

语言输入环节能激起学生学习兴趣,有效引发学生情感共鸣。"悦读"才会"乐写",有了一定量的语言知识积累,学生才会在写作提升环节做到有效的语言输出。所以,我将用将近半节课时间引领学生做语言输入和知识积累。引导学生复习上节课所学阿炳的悲惨经历,再由阿炳引出刘伟和 Nick 的励志人生。三位名人的励志经历会深深感染学生,学生在观看他们的励志片时,神情专注、凝重。所以当让学生说出他们的感受时,学生都会若有所思,总结出成功的真谛,对第二环节语言输出做足了语言铺垫,达到预期效果。第二环节语言输出时,先让学生组内合作探究,再自行写作,对于仍有困难的学生可以参照教师出示的提示词、提示句型进行写作,保证全体同学有话可说有话可写,体验到学习的收获和乐趣。具体如下。

课前热身:通过自由对话(介绍周杰伦、《二泉映月》等名人、名曲)

A:What kind of music/singers do you like?

B:I like music /singers that…

让学生熟练运用定语从句来谈论他们喜欢的名人名曲,同时顺利过渡到下一学习环节——阿炳。

Step 1　Go over something about Abing and his music（复习上节课所学阿炳的相关知识）

（1）Say something about Abing and his music.

（2）Can you describe Abing's hard life?

（3）Can you say why Abing could succeed? What spirit can you learn from him?

【设计意图】温故而知新,复习阿炳的悲惨人生历程,激起学生情感共鸣。并以此为线索,通过一句 In Beijing there is a young man who has the same spirit as Abing, do you know him? 顺利过渡到下一环节学习,让学生进一步获得更多励志信息,为语言输出打下基础。

Step2　Learn about Liu Wei（学习刘伟）

（1）Play the video（播放刘伟 2011 年"达人秀"视频）

【设计意图】将学生带入情感世界,让他们去感受那种坚韧精神。

（2）Show the chart of Liu Wei（展示刘伟的经历图表）

（3）Ask students to retell the story according to the chart.

【设计意图】让学生了解刘伟的坎坷经历和其不懈奋斗精神。复述故事，锻炼学生语言使用能力，加深他们对刘伟的崇敬之情。接着通过一句：There is a young man who is even more disabled than Liu Wei. 过渡到下一环节学习。

Step3　Learn about Nick（学习力克）

1. Introduce Nick（介绍力克）

Class，Nick is great! He gives speeches. His speeches are famous all over the world. Do you know him?（No）Show the picture of Nick. Introduce his information. His speeches are encouraging! Do you want to listen to him? Before listening t，let's learn a new word——motto（箴言）。

【设计意图】吊起学生胃口，以便于为下一步听力打好基础。学习 motto（箴言）让学生扩充词汇量同时看懂下一步听的任务。

2. Listen and find out Nick's mottoes（听力克演讲并记录他的箴言）

【设计意图】让学生学会有目的地听。

3. Share Nick's mottoes and recite them.（分享力克的箴言并背诵箴言）

From his mottoes we know he is optimistic（乐观）。

【设计意图】培养学生对待困难 optimistic 乐观的精神，为第二环节语言输出写作部分做准备。

Step 4　Sum up what they learned from Abing Liu Wei and Nick（总结从 3 位名人身上学到的精神）

I think you must be deeply moved by them. What have you learned from them? Please write down.

【设计意图】给学生 1 分钟时间让他们写下自己从 3 位名人身上所学到的东西，一是为检验学生本阶段的学习成效，二是为让学生学会提炼语言、运用语言，三是为第二环节的语言输出做好准备。

Step 5　Recite some mottoes（学习如何克服困难的箴言）

Haw King's mottoes（霍金的箴言）

Physical problems are not a problem，It's only a challenge. Face challenges bravely. Enjoy facing them. 把问题变成挑战，乐观面对它们。

Teacher's mottoes（教师寄语）

Try our best，win the class! 尽全力,赢得课堂!

Try our best，win success! 尽全力,赢得成功!

Try to be the winner of our life! 争做生活的强者!

Don't lose heart. Never give up. 心存梦想希望!

【设计意图】学生背诵箴言,为下一步语言输出写作部分做直接的伏笔,学生写作时有话可说,写作时有理有据。

Step 6 Writing 第二环节:语言输出—写作提升

(1) Show the contest.（展示写作内容和写作提示）

主人公阿炳饱尝人间辛酸和痛苦,食不果腹,居无定所,流落街头巷尾,但他却勇敢地面对苦难,最终创作了世界名曲《二泉映月》。对此,你有何感想?你从中悟出了哪些道理? 刘伟、Nick 的成功对你有何启发? 如果你在生活中遇到困难挫折,该怎么办?

(2) writing（妙笔生花）

友情提示:

① After reading the story about…, I realize that..

② I am so inspired /encouraged/impressed by…

③ From the story/stories about…, I learn that …

④ 同学们请联想语言输入环节背过的 4 部分箴言……

(3) Before writing, you can discuss in groups. When you discuss, you can also ask me for help .（写作之前可以小组讨论,有问题可以问我）

(4) Discuss how to write.（ 师生商讨如何写作）

(5) A student comes to the blackboard to write.（学生到黑板写）

(6) Monitor comes to the blackboard to correct it with the whole class.（班长到黑板前引领全班共同批阅）

(7) Discuss your writing in your group.（小组内批阅作文）

(8) Share your best sentences in your group.（佳句赏析）

【设计意图】小组讨论批阅让所有参加者在自由、愉快的气氛中交换观点,激发学生写作灵感。让学生感受到读写课的快乐与成就。

Step 7 Summary（总结）

What have you learned?

【设计意图】本环节是对该节读写课的检验,也是情感上的提升。引导学生思考并铭记:阿炳、刘伟和力克在经历了无数失败和痛苦之后仍然不放弃,勇敢去追梦并实现梦想。

Step 8　Question time（课堂质疑时间）

Do you have any questions?

【设计意图】任何一堂成功的课，学生都该能提出自己的疑惑，让学生说出心中的困惑，培养他们的质疑能力。

Step 9　Homework

Survey about how your parents and neighbors overcame their difficulties.（调查家长邻居如何克服他们曾经遭遇的困境）

【设计意图】巩固本节读写课所学，有效延伸课堂知识。

（二）教学目标

（1）出示 Mind-map 引领学生比较全面准确地讲述阿炳的遭遇。

（2）播放媒体资源，吸引学生认真观看学习刘伟、Nick 的不懈奋斗历程。

（3）采访学生观看后的内心感想。

（4）让学生在小组内积极探讨我们该如何应对生活中的困难。

（5）要求学生小组讨论后能够自主或运用提示词、关联词独立完成写作任务。

第一步：理出关键词

语言输入 Learning，复述阿炳的艰辛经历（上节课所学）了解刘伟、Nick 的不懈奋斗历程，学习阿炳、刘伟和 Nick 不向苦难命运低头，面对挫折，永不言败的精神。

语言输出 Writing，阿炳、刘伟和 Nick 的坎坷经历和最终的辉煌对你有何触动？生活中难免遇到困境，你该如何应对？请你写下来和大家共分享吧。

第二步：读懂意图

"悦读"才会"乐写"，语言输入 Learning 部分所有的学习内容皆为了语言输出 Writing。

语言输入后有了一定量的语言知识积累，学生才会在第二环节写作提升环节做到有效的语言输出。

第三步：理清脉络

根据意图与关键词，再结合教参出示的目标进行分析与对比，形成新目标。

第四步：形成思路

在初始目标的基础上提炼出新目标：

（1）通过 Mind-map 引领学生复习上节课所学并体会阿炳的悲惨遭遇。

（2）借助媒体资源让学生感受面对困境时该如何应对。

（3）小组讨论探讨生活中应对困境的策略。

（4）自主完成写作任务。

六、基于学情

1. 文化储备方面

学生在 section A 部分已经学习了定语从句,Section B 部分学生再一次温习了定语从句的各种用法。该节课学生用定语从句谈论 I like music that...,I like singers who ... 将会游刃有余。这样,课堂伊始的自由对话他们会满怀信心,有利于课堂的顺利进展。

2. 性格特征方面

初四学生对自己的人生有一定的规划,对一些美好的事情和成功人士有了一定的向往。同时初四年级面临毕业,学生心理上和精神上更需要得到关注和激励,所以本课能给他们许多适时的情感鼓励和精神教育。

3. 学生学习难点方面

学生对于写作还是比较敏感、比较打怵的,为了让学生愿意踊跃表达自己的观点和想法,我在设计本课语言输入时采用了简单具体的语言(一些箴言),设计了学生在较为感兴趣的教学活动(观看两个视频)后说出自己的感受。接着组内讨论如何面对生活中的困境,希望以此激发学生的学习兴趣引导他们参与到课堂中来,大胆写出自己在追梦道路上如何克服困难险阻,做到有效的语言输出,达到学为所用。

七、学习目标的构成要素

行为主体:学生。

行为动词:观看、搜集、准备、描述、讨论、使用、写作。

行为条件:自主学习、借助媒体资源、小组合作探究、关联词提示、阅读策略 Mind-map 提示、教师指导、起草写作。

行为程度:准确、有感情、自主、独立。

最终形成教学目标:

(一)语言输入 Learning 目标

(1)通过自由对话(出示周杰伦、《二泉映月》等名人名曲)

A: What kind of music/singers do you like?

B: I like music /singers that… 让学生熟练运用定语从句来谈论他们喜欢的名人名曲,同时顺利过渡到下一学习环节。

(2)出示 Mind-map 引领学生复习上节课初步阅读内容以体会阿炳一生的悲惨遭遇;借助媒体资源让学生置身情境中感受面对困境时,刘伟、Nick 是如何克服艰难险阻,赢得世人敬仰。引发学生情感共鸣,激励学生学会勇敢面对困境,为第二环节语言输出做好知识储备。

(二)语言输出 Writing 目标

(1)小组合作探究助学生独立写作时有话可说、有话能说、有话可记录。小组讨论:你如何看待阿炳、刘伟和 Nick 在遭遇坎坷后不懈努力,勇敢将困难化为挑战并最终取得成功的经历? 如果你遇见困境,你将如何克服人生路上的艰难险阻?

(2)联系本节课所学和小组讨论结果,独立完成写作;写作有困难的同学请巧妙运用、参照提示关联词和句型完成写作。

友情提示如下。

(1)After reading the story about…, I realize that…

(2)I am so inspired /encouraged/impressed by…

(3)From the story/stories about…, I learn that …

(4)If I ..., I will/should/must....

(海阳市徐家店镇初级中学 马瑞菊提供)

课例五 《亚洲的自然环境》教学目标的制定

一、课程:初中地理

二、教材版本:义务教育课程标准初中地理鲁教版六年级下册

三、教材课题:《亚洲的自然环境》

四、源于课标:

运用地图和其他资料,归纳某大洲地形、气候、水系的特点,简单分析其相互关系。

第一步:找出关键词

归纳特点,分析相互关系。

第二步:分解概念

(1)归纳地形特点。

(2)归纳气候特点。

（3）归纳水系特点。

（4）分析地形、气候、水系之间相互关系。

第三步:剖析行为动词

观察、体会、归纳、总结、分析、说出。

第四步:确定行为条件

（1）观察地图和其他资料。

（2）体会地形、气候、水系特点。

（3）归纳地形、气候、水系特点。

（4）总结描述地形、气候、水系特点的方法。

（5）分析相互关系。

（6）说出相互关系。

第五步:确定行为程度

（1）观察地图和其他资料:会看地图和资料。

（2）体会地形、气候、水系特点:初步领会。

（3）归纳地形、气候、水系特点:能归纳特点。

（4）总结描述地形、气候、水系特点的方法:能总结描述方法。

（5）分析相互关系:会分析地形、气候、水系之间的关系。

（6）说出相互关系:能说明地形、气候、水系之间的关系。

第六步:提炼初始目标

（1）观察地图和其他资料,归纳地形特点。

（2）观察地图和其他资料,归纳气候特点。

（3）观察地图和其他资料,归纳水系特点。

（4）通过地形、气候、水系特点,总结描述区域自然要素特点的方法。

（5）分析地形、气候、水系之间的关系并能说出相互关系。

五、据于教材

（一）教师用书

地势起伏大,长河众多

（1）歌曲《亚洲雄风》形象地描述了亚洲的地形和河流状况,可以课前放给学生听,并请学生描述歌曲的旋律和歌词带给他们的感受。

（2）阅读分层设色地形图,分析亚洲的地形特征。

（3）阅读"亚洲地理集锦",将文中所提及的地形单元,逐个在亚洲地形图中找到,并让学生描述地形图上是如何表示这些地理事物的。

（4）判读"亚洲大陆沿北纬30°纬线的地形剖面示意图",验证已经分析得出的亚洲地势特征。

（5）引导学生在"亚洲地形图"上,按教材提示,找出亚洲的主要河流。

（6）引导学生分析亚洲河流与地形的关系。

复杂的气候

气候与其他地理要素是紧密相连的。在教学中,一是要注重各种地理图像的应用,二是要将气候和位置、地形等地理要素联系起来研究。

（1）阅读"亚洲的气候类型图",请学生说出亚洲的主要气候类型,认识亚洲气候复杂多样的特点。

（2）引导学生阅读叙述式课文第二段,并结合不同气候类型景观图,感受亚洲气候的复杂多样。教学时,应注意以下两个方面。第一,可以提供亚洲大陆东西、南北的气候资料,让学生定量比较亚洲的气候差异。第二,对于每一种气候类型的成因,不要求详细分析,但是,可以从位置、范围、地形等方面说明亚洲气候复杂多样的原因。

（3）进一步让学生在"亚洲的气候类型图"上,找出亚洲分布面积最广的气候类型——温带大陆性气候,从而得出亚洲气候的另一特点——大陆性气候分布广。然后了解温带大陆性气候的基本特点。

（4）指出季风气候是亚洲独有的气候类型且分布较广,从而明确亚洲气候的又一特点——季风气候显著。在说明季风气候降水的季节变化大和年际变化大的特点时,教师可以分析季风气候的降水特点。

（二）教学目标

运用地图和其他资料,总结一个大洲的地形、气候、水系的特点,了解其相互关系。

第一步:理出关键词

归纳特点,总结方法,分析关系。

第二步:读懂意图

通过阅读地图和资料,领会归纳分布特征的一般过程,即先了解具体地理事物分布的事实,然后从这些事实中概括出区别于其他同类事物的突出特点。

第三步:理清脉络

根据意图与关键词,再结合教参出示的目标进行分析与对比,形成新目标。

第四步:形成思路

提炼出新目标:

(1)观察地图和其他资料,归纳地形特点。

(2)观察地图和其他资料,归纳气候特点。

(3)观察地图和其他资料,归纳水系特点。

(4)通过地形、气候、水系特点,总结描述区域自然要素特点的方法。

(5)分析地形、气候、水系之间的关系并能说出相互关系。

六、基于学情

本节课的授课对象为初一学生,经过上学期的学习,学生已经具备一定的基础地理知识,并具有一定的分析问题和逻辑推理的能力,但对于区域地理的学习是一片空白。这是其区域地理的第一课时,更加注重地理思维和区域地理学习方法的渗透。学生的地理学习将不再是单独学习某个地理知识,而是各个地理要素之间的相互联系和影响,这将是以后学习地理的最为重要的思维意识,也是本节课我们努力向学生传达的思维方式。学生之前的知识都将为以后的综合地图的使用打下基础。

七、学习目标的构成要素

行为主体:学生。

行为动词:观察、体会、归纳、总结、分析、说出。

行为条件:自主观察,小组讨论,教师引导。

行为程度:准确读图,正确总结特点,会分析相互关系。

最终形成教学目标如下。

(1)通过观察地图和其他资料,能归纳地形、气候、水系的特点,提高阅读地图的能力。

(2)通过小组合作和教师引导,能总结描述区域地形、气候、水系特点的方法,培养区域认知能力。

(3)通过教师引导,结合地图和其他资料,能分析地形对气候、水系的影响,气候对水系的影响,说出三者的相互关系,提升综合思维能力。

(海阳市实验中学　张扬提供)

第六章

评价任务的设计

　　新版教材明确规定:"进行评估,应注重老师的自我评价、学生的自身评估与学生间交互评估结合。"多元化的评估方法,在推动学校全面发展过程中产生了积极而有效的影响。法国教育家第斯多惠也曾说过:"教育艺术的实质不仅是传递本领,而是启发、唤起和鼓励。"由此可见,学校教学需要老师的启发。激励性的评价犹如扬帆的劲风,是学生前进的动力。当然,在课程实施过程中还需要以多种视角组织学生进行自评与共享,而对于学生的学习并不能仅看他有无掌握,更重要看他在这个教学过程中所做出的努力、学习的心态、所用的方式、坚持不懈的耐心,又或者是永不言败的毅力。评价任务的设计,对于完成教学评价、达成教学目标有着至关重要的作用。

第一节　理论导航

一、评价任务设计的相关概念

(一)评价任务的内涵

泰勒:"因为评估涉及获得学生行动变化的依据,所以,掌握一切关于教学目标所期望的行动的有效依据,都是一种正确的评估方式。"[15]

评价任务是指为了检测教学目标的达成情况,调控教学进程,寻找学生行为变化或目标所期望行为的证据而设计的学习任务或检测项目。它有两种表现形式:一类为表现性评价(任务),如在教学实际情景中的教师问答、演讲、示范、试验、复杂的纸笔任务、问卷调查等;二是常规的纸笔检测(试卷),如填空题、选项题、对错题、配对试卷、阅读理解、应用题、作文题等。

(二)评价任务与教学目标的关系

评价任务的主要作用,是为了检查学生究竟学会了没有、学到什么程度、还有哪些地方做得不够好,以作为老师教学评估和下一个决策的基础。如果评价和目标并不相符,那么所获得的证据也是无效的。评价任务的设计应根据实际教学任务,指向教学目标,在循序渐进中不断考量教学目标。评价任务应当遵循三个准则:与目标相符、看得清楚、切实可行。

(三)评价任务的特点

1. 指向性

所谓指向性,即评价任务一定要导向于教学目标,保证评价任务和教学目标的保持一致。实现二者的一致性主要有二种策略,即逆向设计和对应思维。

确保"一致"的策略之一:逆向设计。

我们传统的课程设计一般过程都是学习—教学—评价目标,但经过我们的逆向设计就会转变为学习—评价目标—教学,所以我们将评价目标前置,即使学习者在知道了目标以后,明白该节课的评价任务,带着任务驱动展开学习,定会达到事半功倍的效果。

确保"一致"的策略之二:对应思维。

我们应当如何了解"与教学目标相对"?首先,要明确评价任务中应该提出教学目标所要求的教学内容。然后,要知道为什么样的教学目标设计了什么样的评价任务。然后,我们要掌握这样的准则:有目标,总要有评价;评价,也总会包括目标的。当然,人生目标和评价任务之间的对应关系并不一定是"一一对应"。

2. 明晰性

所谓可执行性，即评价任务要清晰、要具体化、要明确，使他们"可做""可说""可写""可传达"。一种明晰性的评价任务要使学生们知道：我要做些什么？我要如何做？

如何使评价任务更加明晰呢？

第一，语言明白。增强话语的表述清晰度，究竟要学生做些什么、如何做到，说得明明白白，并使用他们都明白的话语，以确保他们清楚（当然，教师更要明晰）。

第二，教师示范。教师的示范会让学生更直观地感受到评价目标的可执行性。

第三，提供样例。教师可以为学生提供一个完成评价任务的范例，学生有了参考的样品，评价任务的可执行性就会更明确。

第四，适当给予辅助。我们能够使用PPT把重要的教学任务展示，这更便于学生的掌握。

3. 空间性

所谓空间感，也就是评价任务的设计要具有多元化、开放式。保证评价各类任务的总体空间感，包括两个方面：一是各类任务本身设计得好；二是评价各项任务要使用得好。

怎样的评价任务是有空间感的？

第一，要简约：不重复、不零碎而繁杂。第二，要充实：任务中可能产生的"学习信息"是充实的，而不是单调的、封闭的。第三，要有兴趣：任务内容尽可能是趣味性的，可以激起学生对学习的激情。

二、评价任务设计的意义和价值

教了，不等于学了；学了，不等于学会了。这是基本常识，但在实际的课堂教学中有太多的背离。一些老师在备课或上课时总是将学生设想为"天才"，总以为"我教过了，学生一定学过了，学过了一定考得好"，因此总是关注自己"是不是教过了，是不是讲过了，有没有讲完，有没有讲漏"，而很少关注"学生真的听懂了我所说的内容了吗？真的学到了我所教的内容了吗？"这些现象反映出一种专业问题，即是老师缺少"教-学-评一致性"的教育思想。

(一)意义

评价任务设计与开展,将能够发挥教育评价的积极引导功能,促使教师及时地转换教学思维,并在课堂中更好地培养教师的教育创新意识,从而实现提高课堂教学质量的目的。评价任务的设定,将表明老师对课堂中所有与教和学有关的各种因素的选择与侧重并不相同,而这种不相同的地方将导致老师在今后的教学中,更为重视评价任务所侧重的所有有关因素,并将之视为在课堂中表现与发展能力的关键点,从而起到对评价的引导功能。

(二)价值

课堂评价即教师在日常教学实践活动中实施的评价,与大规模外部评价在性质上存在巨大的差异,对学生学习的影响也更为重大。可以说教学的有效性在很大程度上取决于课堂评价的效能。无论是在教师的职业实践还是学生的学习经历中,评价都占据着极大的分量。[16]

评价任务将课堂评价置于与课程、教学、学习的互动之中进行考察,厘清其关系,明确课堂评价与外部评价的关键区别以及"促进学习的课堂评价"的关键特征。合理的评价任务是完成教学目标的主要保证。评价任务,让学生在课程的教学过程中不断地感受进步和成果,进而正确认识自己,树立信心,推动学生综合运用知识能力的发展;让老师得到课程的反馈信息,对自身的教育行为反省与调整,进而促使老师进一步提升教学的管理水平。

三、评价任务设计的技术要领

(一)寻求源头,确定教学目标

评价任务应从新课程标准和教学目标入手,并按照相应的教学准则或规范,对老师的课堂教学工作做出全面检测。而根据这种理解,评价任务就应该来自新课程目标,而不是来自旧课程内容和教师经验,它只是教学目标能否实现的一种检测工具,而测试的成果又反映在了下一次教学。[17]课程标准要求是教与研的源头,是课堂教学方案设计的基础依据,是老师制定教学方案,并实施课堂教学评价与考查的基本准则。在教师充分吃透教材标准的基础上,可通过教材内容与学生学情确立课堂教学目标。教学目标的确立,对整个课堂与教学方案设计流程都起着"纲举目张"的作用,体现"像专家一样思考"与课程标准-教材-教学评价的目标一致性。[18]

1. 课程标准依据

确定课堂教学目标的依据为学科评价标准。要仔细了解最新课程标准,多角度地认识新课历史背景下的教育理念,掌握专题研究对于各学段的课程安排和特点,认识各个不同学段教材之间的关联,提出可实施、可完成的课程任务。

2. 教材依据

教材是学生完成教育目标的主要载体,是制定教育目标的基础。领悟课本意思,通过尊重课本活用教材,并研究课本的编排意图,就可以按照课标的规定,对课本进行学习化加工,从而创设更有利于学生学习的活动。

3. 学情依据

学情包含了中小学生的基础知识、基本学习能力基础,中小学生的年段知识水平,中小学生上课前的预习水平程度,中小学生对新知识的情感状况以及学习主体的基本状况。学生的学习资源并不仅局限于现有的旧知识,而是学生在社会实际活动中的经验累积,对一些学生尚未掌握的新鲜东西的提前摄取和对学生在社会生活中所产生的许多简单朴素的理解,都构成了学生学习的真正起点。

4. 课时教学目标的确定

教学目标,是指师生之间通过共同教学期望而获得的成果或标准,是对学习者在经过教育之后,所能做到什么的一个具体的描述。整个课堂的教学过程都围绕着教学目标进行,一旦课堂目标准确、合理,就会导出高效的课堂,不然就会产生失败的课堂。所以,课堂教学目标也可以被认为是课堂教学的"第一要素",因此制定准确、合理的课堂教学目标也是老师在备课过程中不能缺少的重要环节。

(二)基于目标的课堂评价任务设计

确定了评价目标以后,老师们就需要设计"我用哪样的测试用具能够测试学习者总体目标达到的水平程度",能够通过观察、询问、交谈、训练、测验、任务、项目、作品等知道学习者已经掌握到了多少,以及距离设定的目标有多远,以便于自己基于证据进行教育决策。

学生们还应该关注于目标设置和任务之间的一致性,以判断他们如何把握一个任务目标,并通过各种渠道获取他们正在学习的资料或表现。课堂问题、互动、观察、目标驱动、作品制作等都是在信息教学中的目标实现的常用工具之一。

(三)评价任务反馈促进学生学习

基于此目标的课程评价任务,其目的并非单纯地对课程成果做出评价或定义,而是在找到学校与学生课程标准要求之间的差异过程中,通过持续地调整课程、传递信息以推动学生,其价值目标并非"对教学的评价",而意味着"针对教学的评价"。教学评价任务传递时要多思考"促进学习",而非"告知后果"。应使学生意识清楚我在哪儿,我要去哪儿,离那里多远,我如何去。

四、评价任务的理论支撑

(一)以人为本

以人为本教育,是中国科学发展理念的基石。课堂教学的目标是人,教学的目的也是培育人。所以,在课堂教学上就要切实彰显"以人为本"的教育理念。以人为本在教学中的具体表现在于要以学习者为本,尊崇学生的主体地位,让学习者真实地变成课堂教学的主体,真实地变成读书过程中的主角,课堂教学中的所有环节都要以造就学生全面发展为出发点,以适应学生的需要为出发点,以提升整体综合学习能力为目标,使学习者在读书的实践中,具有初步的自修才能,形成正确的读书习惯,为日后继续读书和继续蓬勃发展打下扎实的基石。在教育上要切实彰显"以人为本"的教育思想,最关键的是将学习者当作发展中的人来看待。既要顾及发展中的师生关系,也要顾及发展中的学生差异,也要重视学生自我发展的阶段性特征,并鼓励和促进学生发展的多样性。

在评价任务中,人们必须明确个人在社会评价中的主要地位与功能。评价任务的价值导向是重视人、解放人,而评价任务的终极目的则是为推动人的全面发展。同时,评价任务既要重视人的普遍性问题,强调评价的整体性问题,也要充分考虑到人的个性差异,强调评价的多样性。

(二)教学评一体化

教学活动是课程实践的中心环节,课堂上要做到"教学评一体化",才能产生较好的教学效果。因此,老师们在课程设计与组织教学上,都必须按照课程的核心素质与培养需要,一体化地思考教什么、如何教、为何而教,以确定通过课程所取得的期望教学成果(学习成就)。在授课流程中,注意"学生学会了多少""完成了期望的目标没有",认真地评估课堂教学成效,从而调节下阶段教学活动,进一步提高课堂效果,努力做到"教学评合一"。课堂上倘若老师只管教学生怎样、如何讲,而不问结果,就会出现为教而教育,教师为活动而活动,图热闹、走形式,教学活动的开展也就会背离了课程设计的目标与宗旨。

做到"教学评一体化",要确定课堂教学目标,要进一步细化,确定预期的教学结果,让教师意图更为明确。在课堂教学过程中,要创设机会和条件,让学习者在完成一种学习活动,完成一个学习任务中,自由地展示学习者的状况和成果。老师也可以通过观察,获取能够表明学习效果的证据,从而知道学生已经学会了多少、所学成果与期望的学习目标之间还存在着什么差异,从而适时反馈、调节教学,以争取学生能最大限度地实现教育目标。

"教学评一体化"注重于目标、学生的学习目标、教学评价标准的统一,通过一体的方式进行教、练、评,从结果(学习目标)出发,开发评价工具(检测问题或检测试题),再设计学习活动,最后评价。评价是用来检查教学目标实现程度,提高教学目标的实现率。评价工作要与整个教育过程融合在一起,并作为教学中不可分割的内容。合理地设定教学目标,围绕目标设计评价任务,围绕评价任务设计开展学习活动,是实施课堂教学评一体化的关键。

(三)注重过程性评价

现代教学评价中注重步骤的思考,主要经过了 3 个阶段:第一步采用"泰勒模式"为典型代表的结果性评价方法,它主要强调了教学成果所要实现的目标情况;第二阶段是教育形成性评价,它主要强调对教学过程评价的检测与反映作用功能;第三个重要阶段则是过程性评价,它强调在教学实践工作过程中学习品质的全面提高。

过程性评价将直接指导评价方法的制定、执行以及对评价结论的理解。过程性评价注重于引导学生通过处理实际问题等发展中的过程性结果,以定学生的成绩,也旨在于识别实际存在的问题;而过程性评价目的并不仅是区分与比较学习者的心态和行为表现,而也是衡量学生个人发展不同的一个手段[19],也就是说,过程性评价主要是根据与学习者自身在发展前后、与学生个人发展有相关性的各个侧面加以评价,从而构成了课堂学习评价体系,是一个全面发展型的评价手段。

他们在读书过程中体现出的学习态度、阅读方式、思想素养、性格素养对孩子的发展也十分关键。所以,评价活动的开展必须要严格按照学校课程目标,并重视学生的学习过程。

第二节　评价任务设计引发"备课新思维"

原来拿到教材,往往是这样思考:我应该怎么教,我需要设计一个怎样的情境,我需要设计一个怎样的课件,我需要设计一系列怎样的提问,我需要补充一些怎样的资源,等等。至于教学目标,则是照着教参上随便一抄了事,以至于教学内容改变了,教学目标还是原封不动。现在教师备课时得把课程标准放在案头,拿到教材后先要确定此教材在课程标准中相应的目标要求,然后对教材和学生已有的学习情况进行根据分析,再拟写"目标确定的依据"。同时,"评价任务设计"要依据"学习目标",只要有学习目标,就要有测评任务:有时是一个任务测试多个目标,有时是几个任务测试一个目标,有时是一个任务测试一个目标,有时是几个任务测试多个目标。只要有预设的目标,就应该有评价任务去检测。"测评任务设计"要先于"教学设计工作","测评各项任务"要与"教学目标"相配套。

"细化目标—创设问题情境—设计任务—叙述任务"是我们设计评价任务的一般思路。测评任务必须紧扣教学目标,测评形式必须采取纸笔测评和表现性测评相结合,才能有效提升测评任务的效率与信度

一、一个评价任务检测一个学习目标

从目标匹配的视角,评价任务设计可能为"一对一",这类的评价任务设计重点针对知识本身的基本内容及其简单运用,以及在传统知识获得流程中所包含的某些主要学科思维方式及其在新问题情景中的简化运用。此功能就是利用它来测试学生对该目标的完成状况,其好处是针对性极高,测试有效率。

[教学案例]《百分数的认识》(青岛版小学数学五年级下册第二单元)

1.课程标准依据

数学最新课程标准一直沿用《义务教育数学课程标准(2011年版)》。

实例"信息窗一　百分数的认识(青岛版版　五四制五年级下册)"课程标准依据。(表6.1)

表6.1　课程标准参考依据

标准参考依据	课程目标	内容条目
《义务教育数学课程标准(2011年版)》	义务教育阶段的数学课程目标包括了总体设计基本目标和不同学段目标,从认识技巧、数理思维、问题处理、情感心态等四大主要基本方面进行了介绍。将数学素质教育课程目标分为了结论总体设计基本目标和教学流程总体设计基本目标。成果总体目标采用"认识""感知""把握""利用"等行为动词表达,过程目标采用"经验""感受""发现"等行动名词表达。	数学的认识:根据具体情境,知道百分数的意义。

照上述四大主要依据,找出与该课相关的"标准条目"和"内容条目"的关键词,确定了课程总目标,五年级下学段目标,单元目标,课时目标。(表6.2)

表 6.2　四个目标

课程总目标	（1）掌握适应社会生存和继续生活所需要的基础数学的知识、基本技能、初步思维、初步活动经验。 （2）感受数学知识之中、数学与其他学科之中以及现代数学与日常生活之中的密切联系，并利用现代数学的思想与方法进行思考，以进一步提高研究和指出问题的能力、分析方法和解答问题的能力。 （3）正确认识数学教育的基本价值，激起了解数学的强烈兴趣爱好，增加对好数学的自信，形成良好的学习习惯，从而具备初步的创造意识与科学态度
学段目标	知识技能 （1）通过感受在具体环境中抽象出数字的整个流程，逐步认识万以上的大数；通过认识分数、小数、百分数的含义，认识负数的含义；认识必要的计算技巧；认识估算的含义；能用微分方程描述单纯的数量关系，能求解简化的方程组问题。 （2）探讨某些形状的基本形状、尺寸和方位关系，认识了一般几何体和平面形状的特征；体会了简化形状的移动历程，能从格子纸中绘出简化图形运动后的图像，学会了判断物体方位的几个基本方式；懂得计量、识图和绘画的方法。 （3）经历了数据的采集、汇总和分类的基本流程，可以学会一些简易的信息处理技术；体验随机事件和事故产生的可能性等。 （4）能够利用计算机处理简化的实际应用问题。 数学思考 （1）初步建立起数感概念和空间观念，进一步体会符号与几何直观之间的意义关系。 （2）逐步了解到代数中蕴涵着信息，进一步发展数据分析观念；利用例子体会单纯的随机现象。 （3）从通过观察、试验、推测、证明的行为中，逐步发展合情地推理技巧，并开展有条理的思维，从而能比较清楚地表现自己的思维过程和成果。 （4）能独立思考，体会一些现代数学教育的基本思维。 问题解决 （1）能在实际生活中发掘和提出基本的数学问题，并利用一些知识加以解决。 （2）能寻找解决和处理简单问题的合理方式，并认识问题方式的复杂性。 （3）经历了和别人合作交流问题的流程，并试图着了解自己的思想流程。 （4）能总结问题的流程，并最终确定结论的合理性。 情感态度 （1）乐于掌握生活中和数学本身相关的信息内容，并积极地参与数学学习活动。 （2）在他人的鼓励与指导下，感受克服困难、解决实际问题的步骤，并坚信自己一定可以学好数学。 （3）在应用数学知识和问题的过程中，逐渐发现了数字的真正价值。 （4）初步培养乐于思辨、敢于怀疑、言必有据的优秀品格

续表

单元目标	（1）根据实际情景，认识百分率的含义，会准确地读、写符号意识，能准确进行符号意识和小数、分数的互化。 （2）在运用符号意识表现与交流日常生活现象、处理现实问题的过程中，感受符号意识与日常生活的联系，体会符号意识在现实生活中的使用价值，培养掌握百分率知识的兴趣。 （3）在数据比较中体会百分数产生的必要性，从而培养数据分析能力。 （4）在解决问题的过程中形成对此类题型的公式化模型，从而培养模型思想。 （5）在解决问题的过程中培养理性精神和思维严谨的品质
课时目标	课程目标根据实际情况，通过分析了解百分数的含义，会正确念、写符号知识

2. 教材依据

信息窗一：百分数的认识（青岛版五四制五年级下册），本情景窗展示的是近视通过有关信息，引导学生对百分数含义的探究与学习。百分数的含义是指第一节概念教育课中，是在学生具备了"分数的初步认知"的基石上讲授的。学习百分数的意义，是这单元课程的重中之重，直接联系到百分数、小数、分数相互改写等知识。百分数其实上是十进分值的另一种表现形式，其根据是十进制原理。但充分考虑到学生的接受能力，主要从"百分数是十进制的另一种表现形式"来阐明百分数的意义，使学生清楚"某个数是另一种数的百分之几只能用百分数来表达。"这种精简了百分数的含义的阐述，更便于学习者的理解。

3. 学情依据

生活信息：指日常生活中存在的比较多的百分数，我们在生活中或有所见、或有所闻。比如服装上、牛奶包装盒上等。这为该节课程提供了一些实践依据，是鼓励学生深入学习与反思的课堂资料。

认识实践：对小数的认识、分数的了解尤其是通分基本知识的掌握，为这第一节课学习者自己构造百分数的根本含义，打下了较好的认识根基。

活动经验：在五年的学习生涯中，通过探索、合作、主动等学习方法对学生的学习过程起了潜意识引导的作用，许多成功或不成功的经历也从正向或反向方向进行着问题索引。为后来该节课程的发展，奠定了较丰实的教学活动物质基础。

4. 课时教学目标的确定

为制定课时教学目标，教师对比了以上四个课标，找出该课"标准条目"和"部分基本内容条目"的关键"理解百分数的意义"，并进行了分解、细化，最后

根据教材内容,总结了本校学生的学习情况,最后制定了课时教学目标。(表 6.3)

表 6.3　课时教学目标

课时教学目标	(1)学生根据实际情景,利用数据分析了解百分数的含义,会正确读、写符号。 (2)通过经历对百分数含义的探究过程,积累数学教育活动经历,进而培养数学感。在探究百分数含义的过程中,利用几何直观,训练学生的空间感,并渗透数形结合的数学教育思维。 (3)在运用符号意识说明与阐释日常生活现象的过程中,感受符号意识使用的普遍性、简洁性、优越性,体会符号意识与日常生活的联系,提高独立探究和协作沟通的意识。 (4)从数据分析中学习掌握符号意识的重要性,并通过几何直觉和空间想象认识物体形状与变化,在数量与数量的关系、形状与图形关联中,抽象出百分数的定义以及与分数之间的联系,从而训练学生的数理抽象与空间直观想象能力。

5.基于目标的课堂评价任务设计(表 6.4)

表 6.4　学习目标对应的评价任务

学习目标	评价任务
(1)结合现实情境,通过数据分析理解百分数的意义,会正确读、写百分数	自主表示出三所小学的近视率,并且说明它们的含义
(2)经历百分数意义的探索过程,积累数学活动经验,进一步培养数感。在探索百分数意义的过程中,借助几何直观,培养学生的空间观念,渗透数形结合的数学思想	手机剩余电量80%,五(三)班女生人数是全班人数的60%,五(八)班女生人数是男生人数的120%等,思考为什么有的百分率小于100%,有的大于100%?你发现百分数有哪些特征?
(3)在用百分数描述和解释生活现象的过程中,体会百分数应用的广泛性、简洁性、优越性,感受百分数与生活的密切联系,增强自主探索与合作交流的意识	搜集生活中的百分数,并说出它们表示的具体含义
(4)在数据分析中体会学习百分数的必要性,借助几何直观和空间想象感知事物形态与变化,从数量与数量关系、图形与图形关系中抽象出百分数的概念及与分数的关系,培养学生的数学抽象和直观想象能力	请同学们观察、总结出分数与百分数的区别和联系

(海阳市育才小学　赵炳岩提供)

二、一个评价任务检测多个学习目标

一个评价任务同时检测两个或者两个以上学习目标所包含的知识点和能力点。这种测评工作的主要功能是为了测试学习者综合使用专业知识的能力，同时着眼于对现实问题的处理。它和"一对一"式评价任务比较，好处是具备相当的综合能力。利用它来检验学习者是否将"新知"与"旧知"加以融合，进而灵活运用，这是"一对一"正式评价任务中所不具备的。但是也会有缺点，一旦学生错误，老师很可能无法一下子就确定是哪一知识点出了问题。

【教学案例】《Section B》（鲁教版初中英语八年级上册第八单元）

1. 课程标准依据

该课例依据《全日制义务教育、普通高级中学英语课程标准》《中小学英语学科德育实施指导纲要》《中国学生发展核心素养》，实例鲁教版 8 年级上册第八单元，Section B 课程标准依据。（表 6.5）

表 6.5　课程标准参考依据

标准参考依据	课程目标	内容条目
《全日制义务教育、普通高级中学英语课程标准》	小学阶段英语的主要目标，是培养中小学生的综合语言运用才能。综合语言运用才能的培养，是构建在学生语言专业技能、话语学识、情感心态、教学谋略，以及社会文化意志等综合素质发展的基石上的。话语学识和话语专业技能是综合语言运用才能的基石，社会文化意志是正确得体地使用汉语的保障，情感心态是影响学生语言掌握才能和发挥的关键因素，教学方式与策略则是培养学生提升话语学习效能、发挥独立学习才能的重要保障。这五个方面，共同推动了中小学生综合语言运用才能的培养。所以，对学生进行综合语言使用能力的训练不但可以使受教育者获得口语才能，同时更注意口语教学在儿童智商发展与情感结构发展过程中所起的关键作用	掌握现在完成时延续性动词的用法，并能熟练表达

续表

标准参考依据	课程目标	内容条目
《全日制义务教育、普通高级中学英语课程标准》	基本阶段英语教学的总体目标,一是要为学习者进一步学习打下基础,二是要使高中毕业后步入岗位的学习者具备相应的英文才能。由于传统英文教学中普遍存在的问题是理论知识传递比例较大,话语实践性较差,所以,《教学规范》充分反映了话语的实用性特点,话语表现形式并不以知识系统的介绍为主线,而是以学习者语言能力的发展与运用为主线。强调英语课堂的教学任务,是指学习者经过课堂练习与实践教学活动,逐步了解英文基本知识与技巧,从而培养话语实际使用能力的教学过程。重视学生的话语体验性与实践性,突出各项任务式练习的教学模式。各项任务式学习的教学模式,包括了话语的实践运用与心理活动途径。目的是使学习者在老师的引导下,通过采用认识、感知、探索、参与、协作等方法顺利完成各项任务,并体会得到胜利的心灵感觉。老师必须按照各项任务教学的目标,根据教学内容,创造性地创设贴近学习者日常生活和学习实践的心理活动,引导并组织学生参与其中。学习者可以通过大量的语言实践活动学习和使用英语,从而提高英语实践能力	根据任务设计,能够达到本堂课的"听说读写"四方面的英语能力
《中小学英语学科德育实施指导纲要》	(1)多元人文素质。学习英语可以引导学习者由文化表象中了解文化现象及其产生的成因,从而认识各种文明的文化内涵与历史,丰富人文体验。 (2)国际理解。阅读英语开阔学生的眼界,训练学生的思想能力,让学生能以多元的思考方法研究、评判事情。 (3)家国情怀。透过练习英文,在掌握西方文化的基础上,学习者们逐渐增强对中华民族文化的了解,从而认识中华民族文化的多样性与历史发展	能够了解中国文化中春节返乡情节,培养家国情怀

续表

标准参考依据	课程目标	内容条目
《中国学生发展核心素养》	六大素养第五点责任担当,十八个基本要点中的人文情怀和人文沉淀	关于未来职业规划,在大城市、家乡或者贫困地区的选择,引发思考和价值判断的冲突与抉择

照上述《全日制义务教育、普通高级中学英语课程标准》《中小学英语学科德育实施指导纲要》《中国学生发展核心素养》的主要依据,找出与本课相关的"标准条目"和"内容条目"的关键词,确定了课程总目标,八年级(下)学段目标,单元目标,课时目标。(表6.6)

表6.6　四个目标

课程总目标	培养学生的综合语言运用能力。
学段目标	为学生继续接受高等教育打下基础,使高中毕业后直接进入工作岗位的学生掌握一定的英语能力。
单元目标	完成现在完成时的学习,并感悟文本中的人文情怀。
课时目标	完成延续性和非延续性动词在现在完成时中的转换学习与练习,激发热爱家乡的情怀,加强服务家乡回报社会的情感教育。

2.教材依据

教材为鲁教版八年级上册的第八单元,从知识点方面来说是承接对前面二单元现在完成时的继续复习,而重点则是对连贯性与非延伸性动词在现在完成时中的转换掌握和训练。对Section B的这篇文章而言,通过用现在时间完成时,借钟伟这一主人公,描述对于家乡变化的所见所感,表露出人事已非的家乡外貌,但是永远不变的对家乡的回忆和依恋。

3.学情依据

已有学习水准:从前面知识基础来看,学生已经在Section A中学习过了现在完成时延续性动词的用法,能够理解Section B的这篇文章中出现的延续性表达。所以,从知识层面来讲,学生对Hometown Feelings不难掌握。所以,在处理这篇文章时,着重挖掘它的人文情感。

生源背景状况：我校属于城乡结合部的市直学校,大部分学生的家庭近几年都搬进了楼房,甚至有一部分从未在农村待过。

学习情绪：单从字面意义上去解读学生对养育自己的家乡的感恩和感情,学生难以感同身受;将被动换为主动,将学生带入到为家乡做贡献的情景中,触及他们的道德判断、取舍与抉择。

4. 课时教学目标的确定

根据课标,找出课程"规范条目"和"基本内容条目"的关键字,再进行划分、细化,并根据教材内容,结合我校学生的现状,最后制定出本课程教学方案。(表 6.7)

表 6.7 课时教学目标

课时教学目标	(1)根据练习题的设计,掌握重点句子中的重点知识(现在完成时延续性动词)的表达。 (2)通过每一段的讲解学习,能够根据提示复述文本内容。 (3)通过问题的引领,感受到像钟伟一样城市务工人员的艰辛与不易;通过观看偏远地区孩子的学习环境,与自己的生活形成对比,让他们有所触动,激发他们想为偏远地区孩子做点事情的想法;最后回归现实,当帮助别人要舍弃自己的利益时,学生要敢于做出牺牲

5. 基于目标的课堂评价任务设计

评价任务：根据第四段的内容提示,进行写作练习。

one thing	an old tree
childhood	What has happened?
memory	hometown feelings

(海阳市亚沙城初级中学 刘梅超提供)

三、"一对一"和"一对多"相结合

评价任务所检测的知识点(目标)不同,有的只能检测某一个知识点,有的能检测两个或两个以上知识点。因此,两种评价任务方式可以相结合,更好地改善课堂教学行为。

【教学案例】《校园探秘》(人教版小学道德与法治一年级上册第一单元)

1. 课程标准依据

低年级《道德与法治》最新课程标准一直沿用《品德与生活》(2011 年版)。

实例"《校园探秘》（人教版 小学道德与法治一年级上）"课程标准依据。（表6.8）

表6.8 课程标准参考依据

标准参考依据	课程目标	内容条目
《义务教育品德与生活课程标准》（2011年版）	义务教育阶段低年级《道德与法治》课程总目标为：培养具有良好品德和行为习惯、乐于探究、热爱生活的儿童。 低年级道德与法治课程目标包括结果目标和过程目标。具体分解为情感与态度、行为与习惯、知识与技能、过程与方法四个分目标。结果目标使用"了解""理解""养成"等行为动词表述，过程目标使用"体验""探索""尝试"等行为动词表述	我是小学生啦：结合具体情境，以积极的心态顺利开启小学生活

照上述课程标准依据，找出与该课相关的"标准条目"和"内容条目"的关键词，确定了课程总目标，一年级（上）学段目标，单元目标，课时目标。（表6.9）

表6.9 四个目标

课程总目标	培养具有良好品德和行为习惯、乐于探究、热爱生活的儿童。
学段目标	情感与态度 ◆爱亲敬长、爱团体、爱家庭、爱家园 ◆敬畏生活，喜爱自然界，喜欢科学技术 ◆自信、诚实、求上进。活动方式与习性 行为与习惯 ◆初步形成了良好的生活、劳动习性 ◆形成了基本的文明行为，遵纪守法 ◆愿意参加有意义的活动 ◆保护环境，珍惜土地资源。基本知识和技术 知识与技能 ◆了解自己生活所需要的知识和劳动技术 ◆初步掌握生活中的自然科学、社会知识 ◆掌握关于祖国发展的初步认识 过程与方法 ◆感受提出问题、探究问题的过程 ◆尝试用不同的方式开展研究活动

课程总目标	培养具有良好品德和行为习惯、乐于探究、热爱生活的儿童。
学段目标	道德与法治思考 （1）初步形成热爱学校的情感,培养学生的责任感及主人翁意识。 （2）乐于认识新朋友,扩大自己的交往面。 （3）学会注意安全,保护自己。 （4）熟悉学校的教学设施,能自己解决在学校里遇到的各种问题。 问题解决 （1）完成"我是小学生"的角色认同。 （2）学会结交新朋友、认识新老师。 （3）感受上学路上的温暖,树立安全意识。 （4）了解校园环境,熟悉校园生活。 情感态度 （1）产生乐于上学的愉悦心情。 （2）能与同伴友好交往,学会尊重师长。 （3）树立安全意识,时刻保护自己。 （4）熟悉学校的教学设施,树立小学生的责任感和使命感
单元目标	（1）理解学生身份后,以积极向上的心理状态应对校园生活,逐步战胜不良情绪。 （2）结识新校友、新教师,也结识新朋友,初步体会友情;知道问候与求助的最基本用法。 （3）了解并感受不同的上学路程,感受上学途中的温暖,并学习感恩。 （4）熟悉学校的环境布置,并指导学生各种课外活动的注意事项,以找到自己在校园里最喜爱的空间,并建立好与校园之间的感情
课时目标	情感与态度——树立爱护学校的责任感及主人翁意识。 行为与习惯——（1）通过活动,更加熟悉学校的教学设施,能自己解决在学校里遇到的各种问题。（2）养成遇到问题动脑想办法的能力和习惯,能规范自己在学校的言行。 知识与技能——熟悉学校环境,认识校园里中与自己密切相关的设施。 过程与方法——（1）通过活动体验,感受学校各项设施的便利。（2）活动中,初步培养学生的观察能力和表达能力

2. 教材依据

该课题旨在通过回顾了解校园的结构、各个功能室的作用,引导学生在校园里遇到问题能及时找到解决的办法,做校园真正的小主人。先出示同学们在学校的学习生活中遇到的问题,再在课本中呈现几幅图片:"操场上运动""厕所在哪里""教学楼在哪里及其功能室""餐厅"等。通过学习，指导学生如何到恰当的场所解决问题。

3. 学情依据

该课的教学对象是刚刚升入小学不到一个月的小学生。他们处于七到八岁之间，刚刚由幼儿园步入小学的大门，对于学校的基本设施及功能不是很了解，对于学校的一些规章制度也不是很清楚，对于如何做一名优秀的学校小主人更是需要老师的引领。因此，教授该课要好好地思考学生的自身特点，结合他们的实际展开有效的教学，使我们的品德课程的德育功效最大限度地展现！

对七八岁的儿童而言，对新鲜事物感兴趣是学生最大的特点。根据较低层次学生比较活泼好动，对新奇事情产生了兴趣，可是记住力并不太好，对新环境适应得比较慢，对学校周围的新环境了解也需要一定时间等特征，在学校教育过程中，教师应该重视对课堂设施资源的运用，通过各种有组织的探究活动让学生容易了解学校的设施、设备等，并会有意识地进行利用，从而提高学生对学校的亲切感。在引导学生熟悉了解环境相关设备时，老师要在课前就和学校医疗科室、传达室、图书馆、学校办公楼等相关部门，沟通好设备使用的时间。让学生更自觉地去注意这些地方，使学生迅速地了解周围环境。

在教授该课前，学生已经对学校有了充分的认识，熟悉了我们的校园，初步了解了学校的各项设施及其公用。因此，如何引导一年级新入学的小学生了解在学校遇到问题的解决办法，让他们在熟悉校园的基础上做一名遇到问题愿意动脑筋思考，愿意学习，愿意帮助他人的优秀小学生，是该课要教给学生的重要内容。但是单纯的教授会降低学生的学习兴趣，因此，在课堂上可以引入一些学生喜闻乐见的动画形象，如做事机智聪明肯动脑思考的喜羊羊。

一年级也是中小学生爱校爱家情感建立的关键期，通过认识美好的学校，特别是通过在教学实践中体验学校的魅力，就可以提高学生的热爱学校，喜欢上学的爱好情操。在情感的升华上，我们也可以引导他们树立正确的以校为家的责任感和使命感。

4. 课时教学目标的确定

课标中规定：该课题的总宗旨，是"培育具备优秀品质和习惯、乐意探索、喜爱生命的孩子"。结合教学的目标，我设计了该课的教学目标。我找出了该课"标准条目"和"内容条目"的关键词"校园探秘"，并进行了分析、细化，根据教材内容，并根据我校学生的学习状况，最后制定了课时与教学目标。（表6.10）

表 6.10　课时教学目标

课时教学目标	（1）通过活动，更加熟悉学校的教学设施，能自己解决下学校里遇到的各种问题；养成遇到问题动脑想办法的能力和习惯，能规范自己在学校的言行。 （2）了解校园，就是了解学校里中所有和自己生活有关的设施，培养学生热爱校园的责任心和主人翁意识。 （3）通过活动体验，可以享受学校内各种设施的便利性；初步训练学生的观察能力和表达能力

　　明确的目标表述语可增加教学目标的操作性，有效避免目标虚设的问题。只有可测可评的教学目标方可助推设计评价任务设计，进一步细化评价目标。（见表 6.11）

表 6.11　课时评价目标

课时评价目标	（1）愿意争当小导游，介绍自己熟悉的学校设施或者功能室。 （2）能自己解决学校里遇到的各种问题。 （3）养成遇到问题动脑想办法的能力和习惯，能规范自己在学校的言行。 （4）了解校园，就是了解学校里中所有和你有关的设施。 （5）通过各种模拟、演示、看录像等教学活动，提高学习者的思考能力和表达；教育了中小学生对于校园环境的情感，教育中小学校的社会责任心和主人翁意识。 （6）通过各项模仿、表演、看视频等活动，提高学生的观察能力和表达能力

5.基于目标的课堂评价任务设计（见表 6.12）

表 6.12　学习目标对应的评价任务

评价目标	评价任务
（1）愿意争当小导游，介绍自己熟悉的学校设施或者功能室	当小导游介绍自己熟悉的学校设施或者功能室
（2）能自己解决学校里遇到的各种问题	学生熟悉领粉笔、借足球、送作业等学校场所，学会遇到体育运动摔伤了等问题的解决办法，并且在处理问题时能礼貌待人，能乐于助人
（3）养成遇到问题动脑想办法的能力和习惯，能规范自己在学校的言行	
（4）熟悉学校环境，认识校园里中与自己密切相关的设施	

续表

评价目标	评价任务
（5）通过各项模仿、表演、看视频等活动,提高学生的观察能力和表达能力;培养学生热爱学校的情感,培养学生的责任感及主人翁意识	观看学校高年级优秀学生的上课、下课等行为表现的视频,谈谈自己要如何做一名学校的小主人,并且把自己的想法马上转化为自己的行动

（海阳市亚沙城小学　闫兆娜提供）

第七章

大单元教学设计

　　大单元教学设计不是传统意义上的从教材内容出发设计教学活动,安排学习时间,而是基于一定的目标与主题所构成的教材与学习经验的模块单位。大单元教学首先是一种教学思想,其次才是一种教学手段。大单元教学设计需要教师有全面育人的大格局,既要在学科内进行课程资源的整合,又要跨学科进行课程资源整合,真正为学生的生命发展提供适切的课程。

第一节　理论导航

一、大单元教学的相关概念

（一）什么是单元教学

单元教学是指将一个单元作为教学的基本单位，从整体出发，统筹安排，通过一两篇课文的讲读，带动单元中其他课文的自读，以点带面，以起到举一反三作用的一种教学方式。[20] 单元教学有着明显的阶段性、连续性和整体性的特点。因此，它要求单元围绕着某一个具体目标进行选文和编排，以便教师引导学生将在单篇课文中所学到的方法和技能应用到其他篇目之中，有针对性地训练和提升能力。

（二）什么是单元教学设计

刘晓慧认为，单元教学设计指的是通过对单元内部的课文、知识点及能力训练点的整合，对一个单元中的一组课文进行的整体规划式教学方式。[21] 杨进玲认为单元教学设计是从单元整体的角度出发，根据单元主题，综合利用各种教学策略，将教学内容优化重组，学生在通过一个阶梯式学习后逐渐获得系统完整的单元知识结构。[22] 单元教学设计以迁移论、系统论等理论为基础，强调把单元看作一个整体，合理安排教学内容和教学策略，对该单元进行系统化和科学化的教学设计。相比于单篇教学设计，单元教学设计更强调整体性和相关性。整体性指的是单元教学指向具体的教学目标，单元教学的所有内容都是为了达到这一目标的组件；相关性则指教学内容是按照一定的逻辑顺序组织的，教学方法根据教学内容的特点而采用。

（三）什么是大单元教学设计

大单元教学设计是站在整体育人的角度，把一个学段作为整体通盘考虑，跨年级进行知识的有效迁移，重构符合教学实际的新知识系统，使课堂内容无重复，教学环节紧凑，课堂效率倍增的一种教学思路和授课方式，它是从单篇（单章）教学发展到单元教学，进而发展到单元主题教学。大单元教学设计要做到教书和育人的和谐统一，侧重于引导学生提出学科问题，形成学科大概念。

二、大单元教学设计的意义和价值

（一）意义

新一轮课程改革号召教师建立新的教材观，从以前的"教教材"转变为

"用教材教",根据单元教学目标对教材内容进行合理优化。崔允漷也提出了"大单元教学"这一概念,他认为单元教学应该"以单元为单位,以教材为导向,在'大任务'驱动之下组织各单元为一个围绕目标、内容、实施与评价的'完整'的学习事件"。[20]因此,本书将单元教学设计定义为,从单元整体的角度出发,根据单元目标和学情,围绕单元主题,重组和开发相关教学内容,并拟定教学课时和目标,让学习者经历系统、连续的学习历程。

(二)价值

大单元教学的宗旨是贯彻新课程埋念,提高学生的综合素质,为学生终身幸福打基础,目的是把学科教学,从"小单元"中解放出来,以更大的视野、更高的层面,建构新的教学系统,把学科教学纳入一个大的教学系统,使之更趋于完美,更趋于合理,更趋于高效。

三、基于课程标准的大单元教学设计程序

(一)转变设计思维

1.主题统领

为了避免学生学习的知识过于碎片化,我们要从关注技能转向关注学科核心素养;从知识传授转向学生的生活学习、实践体验、验证探究;从单一的"教教材"转向"创造性地使用教材,积极开发、合理利用课程资源"。因此主题统领是对课程内容的聚焦与提炼,是连接教材、社会、儿童的"共振点"。这就要求我们在进行单元主题教学设计的时候要"基于教材,在文本重组中教""学科融通,在跨界整合中教"。

(1)如何基于教材,在文本重组中教?

例如,青岛版数学四年级下册的《生活中的多边形》这一单元,便是以多边形的面积为主题,分信息窗讲解了平行四边形、三角形和梯形面积公式的推导过程,但是三角形面积公式和梯形面积公式都是在平行四边形面积公式的基础上推导而来的,如果逐个信息窗教,既浪费时间,还不利于学生整体感悟能力的提升和方法结构的形成。如果我们在推导出平行四边形的面积公式之后,利用上册所学的《密铺》回忆三角形和梯形都属于可单独密铺图形,且都可以拼成平行四边形,从而发现三角形和梯形面积公式与平行四边形面积公式之间的联系,便可以整合学科核心观念,让课堂变得更有厚度。

因此,教师在单元教学时可以进行单元内重组,单元间破壁,上下册打通,

并用整体融通、前后关联的思维方式确定主题，再根据主题进行适度的增补材料。

（2）如何学科融通，在跨界整合中教？

"学科融通，在跨界整合中教"是指分科教学有时会导致课程研究的重复与割裂，而从主题入手可以打破学科界限，培养学生综合体验能力。

例如，一年级数学下册《人民币的认识》，在充分认识元、角、分及它们之间的进率、用法之后，创建一个跳蚤小市场，让学生先为自己准备的小商品设计一段推销的广告词，使情境更生动且贴近生活，然后再进行模拟消费。在这一环节就运用了三门学科知识，一是有关人民币的数学知识，二是具有推销功能广告词的语文知识，三是能否合理消费的综合实践能力。

再如一年级下册，语文、音乐、美术、品德与生活等教材都涉及"春天"，于是我们可以设计"春天来啦"这一主题。美术课上《春天的色彩》与语文课上《春雨的色彩》交相辉映，音乐课的《小雨点》与语文课的《雨点》水乳交融，品德与生活的《种植小树苗》与语文课的《春笋》共同拔节……语文教师可以与其他学科教师携手，让学生在各种场合都有学语文、用语文的意识，让每一个生命都得以舒展。以上便是单元主题统领的优势。

2. 逆向设计

传统的单元备课在进行设计的时候是从内容出发。而基于课程标准的设计就要逆向地从目标出发。因此，设计的基本程序便是：依据课程标准，确定学习目标—依据学习目标，明确评价任务—依据学习目标与评价任务，制订教学计划，确定教学活动。

3. 问题导向

针对我们国家新课程标准的要求，能够符合标准的教学方式，就是以学生为中心的问题导向式教学，这就要求我们在设计问题时要具有情境化，能激发学生的兴趣；要具有一定的难度，使学生跳一跳才能摘到苹果。

例如，在学习《圆柱体表面积》时，教师就可以这样说："为了让同学们更直观地了解圆柱体，课前我让工匠师傅为你们每个小组都制作了一个圆柱形状的筒，因此就要支付做圆柱筒用的纸板钱，工匠师傅的收费标准是：每平方厘米的纸板 0.1 元，你们能帮老师算一下你们组内的圆柱筒分别是用了多少平方厘米的纸板吗？"

正是这样具体的生活情境，才能让学生有兴趣带着问题进行思考，让学生的注意力更加集中,学生对于问题的参与度也能更高。而学生学习的这一过程就是问题解决的过程,这就是探究式、发现式的学习。

以上便是将传统单元教学设计转变为单元主题教学设计的 3 个思考方向。

（二）单元教学设计撰写要点

单元教学设计撰写主要有 6 个方面:一般项目、背景分析、单元目标、单元评价、单元教学活动内容 + 实施、教学资源。这也是单元主题教学设计的一种设计思路。下面我们就结合三年级数学下册第九单元来具体分析以下 6 个要点。

1. 一般项目

它包括以下 7 部分:

单元名称:《解决问题》第九单元

科目名称:数学

开发教师:×××

课程类型:国家课程

课时:× 课时

日期:× 年 × 月 × 日

学生人数:46 人。

在这里要重点强调的是学生人数必须要交代清楚。因为它涉及我们后面的评价如何展开实施。

2. 背景分析

背景分析,也就是目标确定的依据。我们在确定目标的时候需要从三个方面来分析:分别是课标分析,教材分析,学情分析。

（1）课标分析:在进行课标分析的时候我们要通过研读目标,明确这门学科的学科性质是什么,课程的总目标是什么,课程内容以及活动建构是什么。例如,我们在进行三年级数学下册第九单元的教学设计的时候,首先通过研读课程标准,找到与之相关的课程目标和课程内容。

课程目标:在具体情境中,了解常见的数量关系,路程 = 速度 × 时间,并能解决简单的实际问题。

课程内容:理解速度、时间和路程的概念以及数量关系;构建相遇问题的数学模型。

然后我们在对上述课程标准内容分析的基础上提炼出该单元所指向的关

键能力和核心知识是什么。

必备品质是："勇于探索的科学态度,逻辑地分析问题、解决问题的思维习惯"。

关键能力是："能解决相遇问题"。

核心知识是："理解速度、时间和路程的概念以及数量关系"。

因此,在教学的活动中,我们要紧紧围绕以上这三个方面进行。

(2)教材分析:我们也是围绕课程目标从三个方面来提炼,首先要明确教材的价值,然后再提取核心问题,最后分析困难点。也就是要分析学生如果能够解决这些核心问题,所要用到的知识与技能,所要具备的情感态度是什么。如果学生能够解决这些核心问题,那么课程标准也就得到了有效的落实。

以三年级数学下册第九单元教材分析为例。

教材的设计是通过信息窗呈现物流中心摩托车、大货车和小货车运输货物的情境,一共两个红点问题。第一个问题"车站与物流中心相距多少米？"引出对"路程""速度""时间"三者之间数量关系的探究及数学模型的建构。第二个问题"东、西两城相距多少千米？"引领学生构建相遇问题的数学模型。研究两个物体的运动情况,是今后学习较复杂的行程问题及工程问题的基础。

教材设计突出两个核心问题:一是速度、时间和路程之间有什么数量关系;二是怎样解决相遇问题。

针对这两个核心问题,我们又做了困难点的分析,明确了学生解决这些问题要具备的知识与技能,情感与态度是什么。

(3)学情分析:主要围绕三个方面来进行。第一,学生已具备什么？就是为了达到标准的要求,学生的知识经验以及基础是什么,而在这里特别强调的就是学生已经学会了什么,而不是学过什么。咱们说的教了不等于学会了,就体现在这里。第二,为了达到标准的要求,学生还缺少什么？这也是我们要确定的最主要的目标。第三,学生学习的障碍在哪里？我们要突破障碍的措施是什么,都要写得很清楚。

通过以上分析,我们不难看出,不管是教材分析还是学情分析,我们都要紧紧围绕课程标准来进行。以三年级数学下册第九单元学情分析为例。

在学习该单元知识之前,学生已经学习了三位数乘除两位数的计算,对速度、时间、路程有了初步感知,积累了有关车辆行驶速度、行驶时间和所行路程的生活经验。

学生对相遇问题不难理解,但对相遇问题的主要特征——同时、相向而行、相遇的理解还需要进一步的加深。因此,在教学时要运用模拟演示或课件动画的形式,帮助学生理解,从而构建相遇问题的数学模型。

上述分析,第一段是学生已有的知识经验和基础;第二段是学生为达到标准的要求还缺少什么或想要突破的措施在哪里。

3. 单元目标

首先要依课标分析、教材分析和学情分析的基础上,从学生学习的角度以三到五条目标,整合三维续写,指向关键能力或素养,而且还要注意过程能力、情感态度的学科化、单元化。以三年级数学下册第九单元单元目标为例。

(1)借助生活情境,理解速度、时间和路程的定义以及数量关系。

(2)通过小组三者之间的数量关系,构建相遇问题数学模型,解决生活问题。

(3)在解决问题的过程中,积累数学活动经验,养成勇于探究的理性精神。

我们从学生学习的角度设计了 3 条目标,并通过对上述课程标准的分析,提炼出了指向核心知识的第一条目标,指向关键能力的第二个目标,指向必备品格的第三条目标。同时,我们在进行目标表述的时候,要具有学科特点,这就是学科化。那单元化是什么意思呢?就是我们在撰写单元目标的时候一定要从整体上去设计。

4. 单元评价

一个完整的单元评价方案,包括两部分,第一个部分是指向学生学习行为的形成性评价;第二个部分是指向学生学习结果的总结性评价。形成性评价是镶嵌在教学活动中,评估学生学习的进程,防止学生学习偏离目标的活动。而总结性评价主要是以笔试为主。

当然,还会有一些表现性的评价。这样的评价量规了学生学习的过程,是为了学生学习效果的评价。而每一个单元评价至少包括 3 部分:评价任务、评价标准、评价方式。以三年级数学下册第九单元评价任务为例。

评价任务二:构建相遇问题的线段图与算式模型

为了使这道相遇问题更直观地展现出来,学生四人一组,完成下列任务。

(1)先独立将有用的信息和问题简洁明了地标在"相遇问题导学卡"的线段图上,并交流画法。

(2)结合你画的线段图,讨论交流解题方法和思路。

(3)组长将成员表现情况记录在"单元评价记录表"上。

表7.1 评量工具二

评价要素	A	B	C
将信息和问题标在线段图上并交流画法	能将有用的信息和问题简洁明了地标在线段图上,并交流画法	能将信息和问题都标在线段图上,并交流画法	能大部分信息和问题标在线段图上,并交流画法
交流解题方法和思路	发现两种解题方法并有逻辑地交流思路	发现一种解题方法并有逻辑地交流思路	发现一种解题方法并流畅地交流思路

这个评价任务是"构建相遇问题的线段图与算式模型",指向的是这个单元的目标二,且任务明确。然后根据评量工具二中(表7.1)的两个要素来确定评价标准,即学生回答到一个什么样的程度,就得一个什么样的等级。所以我们在撰写评价任务的时候,任务的名称,创设的情境,要完成的事,谁来评价,怎么评价,记录在哪里都要交代清楚。

其中,创设真实的问题生活情境是非常重要的,只有在真实的问题情境中才有利于核心素养的形成。

5.单元教学活动

主要从六个方面来思考:

(1)需要站在单元层面,整体考虑课时之间、课前,课中,课后的教学活动;

(2)基于目标和学情处理教材;

(3)方法与目标匹配;

(4)知识条件化,情境化,结构化;

(5)教学评合一;

(6)课时安排合理。

以三年级数学下册第九单元设计为例。

【学习过程规划】

本单元大约需要4课时。

第一阶段:速度、时间和路程之间有什么数量关系。课前搜集交通工具或动物的速度。课上分小组交流课前搜集的资料和数据,完成评价任务一。(1课时)

第二阶段:怎样解决相遇问题。课中以小组为单位构建相遇问题的线段图与算式模型,本阶段完成评价任务二。(1课时)

第三阶段:单元知识整理与复习。(1课时)

第四阶段:单元检测。(1课时)

6. 教学资源

教材是支持单元教学的基本资源,除此之外还有课内资源,以及课外的社会资源。

基于上述撰写的6个要点,我们撰写的单元主题教学设计到底是什么样的呢?请看一下完整的单元主题教学设计的案例。以第九单元《解决问题》单元主题设计为例。

单元名称:《解决问题》第九单元

科目名称:数学

开发教师:亚沙城小学数学组

课程类型:国家课程

课时:4课时

日期:2019.3.12

学生人数:46人

【目标确立的依据】

(1)相关课程标准的陈述。

课程标准指出:"在具体情境中,了解常见的数量关系:路程＝速度×时间,并能解决简单的实际问题。"同时课程内容指出:"理解速度、时间和路程的概念以及数量关系;构建相遇问题的数学模型。"因此本单元所指向的必备品质是:"勇于探索的科学态度,逻辑地分析问题、解决问题的思维习惯"。关键能力是:"能解决相遇问题"。核心知识是:"理解速度、时间和路程的概念以及数量关系"。

(2)教材分析。

教材的设计是通过信息窗呈现物流中心摩托车、大货车和小货车运输货物的情境,一共两个红点问题。第一个问题"车站与物流中心相距多少米?"引出对"路程""速度""时间"三者之间数量关系的探究及数学模型的建构。第二个问题"东、西两城相距多少千米?"引领学生构建相遇问题的数学模型。研究两个物体的运动情况,是今后学习较复杂的行程问题及工程问题的基础。

教材设计突出两个重点问题:一是速度、时间和路程之间有什么数量关系,二是怎样解决相遇问题。

(3)学情分析。

在学习本单元知识之前,学生已经学习了三位数乘以或除以两位数的计算和对速度、时间、路程有了初步感知。大部分学生已经积累了有关车辆行驶速度、行驶时间和所行路程的生活经验。

学生对相遇问题不难理解,但对相遇问题的主要特征:同时、相向而行、相遇的理解还需要进一步的加深。因此,在教学时要运用模拟演示或课件动画的形式,帮助学生理解,从而构建相遇问题的数学模型。

【单元教学目标】

(1)借助生活情境,理解速度、时间和路程的定义以及数量关系。

(2)通过小组三者之间的数量关系,构建相遇问题数学模型,解决生活问题。

(3)在解决问题的过程中,积累数学活动经验,养成勇于探究的理性精神。

【单元评价方案】

附件1:

表7.2 《解决问题》调查报告评价量表

评价要素	A	B	C
搜集交通工具或动物的速度	列举4种以上交通工具或动物的速度	列举2种以上交通工具或动物的速度	列举2种以下交通工具或动物的速度

表7.3 合作交流评价量表

评价要素	A	B	C
将信息和问题标在线段图上并交流画法	能将有用的信息和问题简洁、明了地标在线段图上,并交流画法	能将信息和问题都标在线段图上,并交流画法	能将大部分信息和问题标在线段图上,并交流画法
交流解题方法和思路	发现两种解题方法并有逻辑地交流思路	发现一种解题方法并有逻辑地交流思路	发现一种解题方法并流畅地交流思路

附件2：

<h2 style="text-align:center">《解决问题》单元测试</h2>

一、完成下表。

表7.4 单元测试第一题

路程		240千米	20千米
时间	4秒	20分钟	
速度	30万千米/秒		4千米/时

二、应用题。

甲、乙两辆货车同时从A、B两地相向而行，甲车每小时行75千米，乙车每小时行32千米，7小时后两车相遇，A、B两地的路程是多少千米？（先画图整理条件和问题，再解答）

附件3：

表7.5 《解决问题》单元评价记录表

小组：_____人数：

评价维度	学生姓名	等级	备注
搜集交通工具或动物的速度			
将信息和问题标在线段图上并交流画法			
交流解题方法和思路			

【单元教学活动】

本单元大约需要4课时。

第一阶段：速度、时间和路程之间有什么数量关系。课前搜集交通工具或动物的速度。课上分小组交流课前搜集的资料和数据，完成评价任务一。（1课时）

第二阶段：怎样解决相遇问题。课中以小组为单位构建相遇问题的线段图与算式模型本阶段完成评价任务二。（1课时）

第三阶段：用思维导图梳理本单元的知识；用思维导图梳理本单元的学习收获。（1课时）

第四阶段：完成第九单元检测题。（1课时）

【教学资源】

（1）青岛版五四制数学（三年级下册）青岛出版社（2013版）。

（2）教参资源、信息窗内容、白板、课件、展台、网络提供的资源。

（3）课外资源、学生课前搜集的资料（文字、数据等）等。

整个大单元教学设计案例，首先是一般项目。接着是目标确定的依据，分为三个依据：一个是相关课程标准陈述，二是教材分析，三是学情分析。基于上述三点我们撰写了3条教学目标。然后是评价方案，这个评价方案又包括两个大部分：一个是伴随学生学习行为的形成性评价，一个是指向学生学习结果的总结性评价。其中，形成性评价是针对每个目标展开的。例如，我们围绕目标一，设计一个评价任务，然后围绕目标二，又设计了一个评价任务。但是需要注意的是，评价任务和评价目标之间并不是一对一的关系，也可能是一对二。附件3是伴随学生的学习评价，对学生的学习情况进行的一个随时的记录。下面是单元教学活动的学习过程。比如这个单元需要4课时，每个课时要干什么，最后是教学资源。这就是基于标准的大单元主题教学设计。

第二节　大单元教学让教师打通"隔断墙"

传统教学存在不同学科、不同学段的教师"铁路警察各管一段"的问题，教师之间有一道道"隔断墙"，难以实施系统教学。如何打通隔断墙呢？实践出真知，让我们看看不同学科、不同学段的教师是如何做的。

一、立足"原点"，重组资源，形成单元教学模块

教学目标是"原点"。从大单元教学的理念来看，一方面要读透教材规定的单元教学目标，明白单元目标是怎样决定单元内容选择和编排意图的；另一

方面,还要关注童话文体对学生发展的作用,思考其育人价值。在确定单元教学目标的基础上,重组资源,进行单元整体教学设计,就能更准确地把握该单元的教学要点。[23] 下为案例展示。

单元名称:部编版二年级下册第二单元——识字整合课

科目名称:小学语文

开发教师:宋倩

课程类型:国家课程

课时:6 课时

日期:2021.10.5

学生人数:32 人

【目标确立的依据】

1. 相关课程标准的陈述

从课程标准来看,课标中阶段目标从“识字与写字”“阅读”“写作”(第一学段为“写话”,第二、第三学段为“习作”)“口语交际”四个方面提出要求。而小学语文识字教学是阅读和写作的基础,是整个小学阶段语文教学的关键。学习独立识字,能借助汉语拼音认读汉字,用音序检字法查字典;识字教学要体现教学的特点,做到音、形、义相结合,要改进识字方法,注重培养学生的识字能力和查字典的习惯。

2. 教材分析

从教材来看,加大低年级的识字量,尽早让学生进行阅读,是当前国内识字教学改革的一种趋势。那如何让学生充满兴趣地认识到更多的字呢?我们可以变单篇课文识字为单元整体识字,也可以不局限于一个单元,从字的结构入手,从本质上理解汉字。鼓励学生用最喜欢、最习惯的方法认记汉字,教师使用多种方法巩固识字。

3. 学情分析

从学生自身的学习情况来看,低年级的孩子共同的心理特征:好玩、爱动、不能长时间专注某一事物,喜欢接触形象具体的有趣的东西,记忆力也比较强,但是记得快,忘得也快。这也正是教师利用儿童智力发展的最佳时期,积极挖掘教材本身所蕴含的创新因素,将识字进行有效的整合,通过游戏、自主体验等方式,让孩子们积极参与,进而深切感受到识字的快乐。

【单元教学目标】

单元教学目标的制定应基于课程标准的要求,依据学年(学期)教学内容与要求进行分解、细化。同时,应在对教材单元中的课文内容和要求以及相关学情具体分析的基础上进行提炼、概括而成。考虑到单元教学目标的整合,我们将其分为如下流程:

教材解读 ➡ 分析学情 ➡ 确定单元教学的内容和重点 ➡ 制定单元目标

（1）教材解读:教材解读就是教师深入全面解读每个单元的教材,梳理蕴含在单元里的整合点。

（2）分析学情:分析学情是分析学生已经掌握的知识和能力以及还有哪些知识和能力需要进一步巩固与提高。

（3）确定单元内容和重点:通过研读教材的单元导语,课后练习等,提取其中明确表达的对本单元教学的要求和建议,围绕整合点,把握本单元需要重点学习的知识点和能力训练点。

（4）制定单元目标:通过研读教材、学情,围绕整合点,确定单元教学内容和重点,从而制定单元教学目标。

例如:在教师指导下,识记识字表中的"苗、望"等生字这一目标,行为主体为学生,行为表现是识记,行为条件则是在教师指导下,表现程度则是正确。

2.学习目标

（1）能正确、流利、有感情地朗读课文。

（2）在教师指导下,识记"曾、蒙"等41个生字。

（3）通过小组合作,学生发现识字规律,学会用归类的方法进行识字,理解由生字组成的词语。

【单元评价方案】

一份识字练习

【单元教学活动】

1.单元学习规划思路

单元整体教学的识字课,以整个单元的所有生字为识字单位,把这些字放在一起,让学生认识。第一个阶段,随文识字。朗读课文、默读课文,把课文读熟练,在具体的语言环境中识字。第二个阶段,分类识字。把本单元所有的字放在一起,让学生根据自己的标准分类,交流分类结果,说明分类依据。第三阶段,按字组词。给每个字组词,这个词是课文上没出现过的。这个阶段是考察学生对词义的认识。

单元整合教学的识字课,是以整个单元的所有生字为识字单位,把这些字放在一起,让学生认识。识字整合课先以教师组织学生玩游戏的方式进行,先同桌互认,再小组内认。接着让学生进行探究学习,自己做排列组合,把这些字分类,教师指导学生进行分类识字,有的学生会按部首分类,有的会按照读音分类,还有的会按照意义进行分类。分类过程中,教师不仅要引导学生识字,还要对生字进行组词,增加学生的词汇量,这样,学生慢慢积累识字经验,形成识字能力。分类结束后,教师进行写字指导,同样是左右结构的字,哪些是左窄右宽,哪些是左宽右窄,让学生观察以后自己书写,在书写过程中教师进行有效的指导,最后展示写好的字。

我们可以看到,在识字的过程中,采用了归类识字的方法。希望学生能够通过对比,发现规律,找到不同汉字之间的区别和联系,进而教给学生识字方法,帮助学生积累识字经验。在掌握识字量的基础上去阅读,会大大提高学生的阅读能力。所以,我们认为将识字课整合是很有必要的。于是,我们对本单元的学习进行了单元结构的重新调整。(表 7.6)

表 7.6 单元内容重构前后对照情况

部编版二年级下册的内容安排(6 课时)	调整后递进式的单元内容结构(4 课时)
《雷锋叔叔,你在哪里》(2 课时)	《雷锋叔叔,你在哪里》《千人糕》《一匹出色的马》,识字课(2 课时)
《千人糕》(2 课时)	《雷锋叔叔,你在哪里》《千人糕》《一匹出色的马》,写字课(1 课时)
《一匹出色的马》(2 课时)	《雷锋叔叔,你在哪里》《千人糕》《一匹出色的马》,阅读课(1 课时)

调整后的单元教学结构更加注重从整体上去把握课标,从识字到写字再到朗读,层层递进。让学生在识字的基础上朗读课文,理解课文主要内容。与此同时,在语言环境中教识字,把生字的音、形、义结合起来。引导学生通过观察图片和实物,联系生活实际,联系字义等方法识字。

2. 单元学习规划

表 7.7 单元学习规划设计

单元学习主题	识字整合课					
课时	学习内容	大概念落实	学习目标	关键问题	关键学习任务	关键评价任务	评价标准
第1课时	识字课	语境中识字	通过朗读课文,让学生找到难以理解的词语交流认读生字	课文中哪些不认识的或者是不理解的词语?	探究不理解的生字词	借助课文中的词语来认读生字	能找到需要认读的生字,在理解词语的基础上识记,巩固生字
第2课时	识字课	分类识字,按字组词	会用归类的方法进行识字,理解由生字组成的词语	(1)生字宝宝同学们都认识了,那我们怎么样才能又快又准地记住它们呢?(2)如果让你们把生字宝宝交个朋友组成词,你们能组多少?	探究识字方法,用生字组词	通过同偏旁识记、熟字换偏旁、加一加、猜谜语等不同方法识字,并能用生字组词。	学会用归类方法识字,并能用生字组成
第3课时	写字课	归类写字	能够按照归类后的结构正确书写	相同结构的字应该注意什么?怎样写能把它写好?	探究相同结构的字的写字规律和方法	能够按照归类后的字的结构规律进行书写练习。	书写结构合理,正规
第4课时	阅读课	积累运用词语、句子	培养学生朗读不同类型的课文的能力	课文主要讲了什么?你喜欢的句子有哪些?	探究让学生找到共同规律,之后到课文中找到相似词语或句子	抓住本单元有特点的句段进行整合,找到相似句子。	有感情朗读课文,能够模仿课文中的词语或者句子,用它来组词或者说几句话

【教学资源】

（1）二年级语文下册。

（2）课本、教参、课程标准、网络等资源。

（海阳市郭城镇第二中心小学　宋倩提供）

二、指向"探究"，有序推进，走向结构化教学

大单元教学理念下的教学模块，关注的就是教学方式的转变，使教学实现内容、时空、方法、展示的全面开放。在单元教学中，我们尝试着运用"结构化"的教学活动，引导学生在学习中探究，在教师指导下走向自主自能的学习，逐渐把握童话阅读的基本方法，积淀童话表达的基本图式，有序推进，走向结构化教学。[23] 举例如下。

单元名称：《面积与面积计算——平面图形面积的测量》第九单元

科目名称：数学

开发教师：梁雪洁

课程类型：国家课程

课时：8课时

日期：2021.9.12

学生人数：45人

【目标确立的依据】

1. 相关课程标准的陈述

从课程标准来看，图形测量属于"图形与几何"领域（包括四个方面：图形的认识、测量、图形的运动、图形与位置）的一个重要学习内容，是小学数学核心内容之一。将"面积与面积计算"作为单元主题，对于学生理解把握图形测量问题有重要意义。

2. 教材分析

从教材来看，"面积"和"体积"一般都有明确定义（物体表面或封闭图形的大小叫作物体的面积，物体所占空间的大小叫作物体的体积）。可是，在教学中，我们发现学生能够很流利地背出概念，却时常在解决问题时将它们混淆。如长度，其核心在于如何给每一条线段"指定"一个适当的数，并使之具有长度的三条性质（长度的有限可加性、运动不变性、正则性）。如面积可定义为：数 m 是一个平面图形 A 的面积，就是指能用 m 个单位正方形不重叠地恰好填满 A。

由此想:所谓度量,就是计算所要度量的图形包含多少个度量单位,其核心要素是单位及单位个数。是否有一个定义给学生并不重要,重要的是让学生体会到长度是几个长度单位累加的结果,面积是几个面积单位拼接的结果,体积是几个体积单位堆积的结果。度量本质才是学生理解概念的核心。从学生的成长经验来看,"长短""大小"等概念的形成是基于比较的认识方式。学生对长短比较的描述是从"一点""一些"到"半个头""两个手掌长"。"头""手掌"这些生活中可见、熟悉的事物其实就是学生找的一个"比较物",也可以称作一个"非标准单位"。教学中是否可以从"比较"入手,让学生在比较中由"非标准"过渡到"标准",由单位的特性理解概念呢?

教材中在呈现概念后都要来认识度量单位。度量单位的学习需要经历以下步骤:① 体会统一度量单位的必要性;② 认识度量单位;③ 建立表象;④ 判断单位是否适宜;⑤ 用单位度量;⑥ 进行单位换算。

在对度量单位的学习和认识过程中,学生必将经历从非标准单位到标准单位的过渡,认识度量的单位,体会单位的重要作用,并在各项活动中初步感受度量单位的特性。

整体来回顾刚才的几个步骤,学生要感受图形度量的本质,体会由非标准单位到标准单位的度量;并会用单位进行度量,解决问题。由此可见图形度量部分将借助单位,从度量的角度帮助学生学习几何概念。

在教材分析的基础上,我们的思考是:教学设计时以"单位"为核心,将单位作为度量的标准,帮助学生辨析困惑,正确理解度量单位,最终完成对图形面积的定量刻画。

综上所述,"面积测量"的本质是用一个数(度量单位的个数)来刻画一个物体的长短、大小、多少。在此过程中,"单位"的重要作用不言而喻,数感及空间观念的发展蕴含其中。

3.学情分析

从学生自身的学习情况来看,一年级学习长度时,学生就已经学会了度量铅笔长度的方法,有的用曲别针的长来度量,有的用盒子的长度来度量,还有的用橡皮的长度来度量……从用非标准单位测量长度,到认识标准单位,用标准单位尺子测量长度,学生经历了从非标准单位到标准单位测量的过程,知道一个物体的长度是可以用一个长度重复测量的,理解长度其实就是多个小线段长度不断累加的结果。学习长度和面积后,我们发现,学生对周长和面积这两个概念极易混淆。结合相关学情调研,我们找出学生产生困难的原因在于:学生认为图形的边框与图形的内部有着正相关的联系,即边框长,内部就大,进而推理出周长越长面积就越大。此外,学生能够比较图形大小但不会刻画图形的大小,因而只有让学生找到度量面积的单位,才能真正理解面积的本质。学生探寻刻画一个图形标准的过程更是促进学生空间观念能力以及数感发展的过程。

【单元教学目标】

1. 目标确定

基于以学习内容及学习者分析对丁单元学习目标的制定,我们可以依据以下几点。

(1)我们清晰地看到学生比较面积和比较长度的不同之处在于,学生不知道如何描述一个图形的面积,学生认为周长越长面积就越大。当两个图形的面积无法直观比较,甚至重叠后用割补法都无法再比较时,学生的思维必然出现混乱,此时,对长度(周长)的认识自然形成负迁移。

(2)学生比较两个图形面积的思维过程是:直观比较—重叠比较—重叠后割补法比较—选择度量单位比较(即刻画图形的大小)。而寻找度量单位刻画图形的大小,才可以让学生真正理解面积的本质。

(3)学习长度的经验会给学生带来负迁移,因此在学习面积时,必须将周长与面积进行区分,刻画长度的学习过程则将帮助学生寻找面积单位,从定性比较大小到定量刻画图形的大小,最终找到面积与周长的本质区别,从而真正理解面积。

2. 学习目标

(1)通过直观比较面积大小,理解面积单位的意义;通过真实任务情境问题的解决,掌握面积计算方法,丰富对面积意义的认识。

(2)通过对一些图形大小的描述理解单位和测量的意义,体会并认识面积单位(平方厘米、平方分米、平方米、平方千米和公顷),会根据解决问题的需要进行简单的面积单位换算,探索发现并能用公式计算长方形和正方形的面积。能够用几倍的单位量进行面积的表示,理解用边长求面积的意义。

(3)通过解决实际问题,感受将面积进行数量化表示的优点和通过计算求出面积的便利性,并尝试灵活运用在生活中。

(4)在比较面积大小、推导面积计算公式等过程中,提升发现问题和解决问题的能力,养成独立思考、勇于探索的习惯。

【单元评价方案】

一份《面积与面积单位》单元测试。

【单元教学活动】

1.单元学习规划思路

学生一年级对长度的认识,是对一维空间的度量;三年级学习面积,是对二维空间的度量;五年级认识体积,则是对三维空间的度量。其实,无论是一维、二维还是三维空间的度量,学生对每一个度量对象的学习和研究都经历了同样的过程。(图7.1)

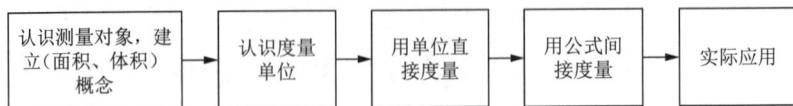

图 7.1　度量单位学习过程

在这个学习过程中,我们可以看到"单位"这一概念贯穿始终,学生对面积度量的理解一方面取决于对面积概念的理解,另一方面取决于对单位1平方厘米、1平方分米、1平方米的理解。即要理解面积度量是用面积单位密铺一个封闭图形的结果。因此,我们对本单元的学习进行了单元结构的重新调整。(表7.8)

表 7.8　单元内容重构前后对照情况

青岛版教材中的内容安排(9课时)	调整后以"单位"为主线的单元内容结构(8课时)
面积的认识及比较	面积的认识及比较
面积单位的认识	认识面积单位——平方厘米
自主练习一	1平方厘米的应用练习课
长方形、正方形面积计算	长方形面积计算
面积单位换算	正方形面积计算
自主练习二	认识面积单位平方分米、平方米
周长和面积比较	练习课
自主练习三	面积单位换算
实践活动	

调整后的单元教学结构更加注重从测量的角度认识面积,在比较面积的过程中,使学生认识到比较面积就是在比较封闭图形面的大小,面积即封闭图形

面的大小;测量面积就是用面积单位刻画一个封闭图形面的大小,从这个角度看面积就是面积单位的累加。另外,无论是面积单位的发现、统一面积单位的需求,还是长方形、正方形面积计算公式的推导,都是学生在测量活动中自然而然产生的。要真正从学生的角度出发,将学习的主动权交与学生。

2. 单元学习规划

表7.9　单元学习规划设计

单元学习主题				面积与面积计算				
课时	学习内容	大概念落实	学习目标		关键问题	关键学习任务	关键评价任务	评价标准
第1课时	面积的认识及比较	在寻找度量面积的标准中,能从定性比较大小到定量刻画	(1)通过直观比较两个图形的大小,初步感受面积的概念。在尝试描述图形大小的过程中,发现、使用、体会面积单位的价值,在辨析周长与面积的过程中进一步理解面积。 (2)在寻找度量面积的标准中,能从定性比较大小到定量刻画,使创新意识和创新能力获得发展。 (3)通过具体问题情境探索寻找新的"单位",思维能实现从一维到二维的跨越,空间观念有进一步的发展		(1)什么是面积? (2)怎么比较面积的大小?	探究厨房和餐厅哪个面积大	借助学具摆一摆,比较出长方形和正方形纸的大小	能借助圆片、小正方形比较出长方形和正方形纸的大小

续表

单元学习主题				面积与面积计算			
课时	学习内容	大概念落实	学习目标	关键问题	关键学习任务	关键评价任务	评价标准
第2课时	认识面积单位平方厘米	1平方厘米的大小感知	(1)在测量面积的活动中体会统一单位的必要性。(2)认识面积单位1平方厘米,借助生活实例认一认、比一比,感知1平方厘米	1立方厘米有多大?	探究身边哪些物体的面大约是1厘米	(1)寻找身边适合用1平方厘米进行测量的面。(2)用找到的1平方厘米的面测量出物体面的大小	能够准确找出身边适合用1平方厘米进行测量的面
第3课时	1平方厘米的应用练习课	面积就是面积单位的累加	(1)在具体生活情境中,进一步感知1平方厘米。(2)通过估一估、量一量的活动进一步认识什么是面积,应用1平方厘米描述具体生活实例	怎样用面积单位测量物体面的大小?	探究实际生活中物体面的测量方法	借助1平方厘米的正方形纸片估一估、量一量实际生活情境中的物体面的大小	能准确借助1平方厘米的正方形纸片估一估、量一量实际生活情境中的物体面的大小

续表

单元学习主题				面积与面积计算			
课时	学习内容	大概念落实	学习目标	关键问题	关键学习任务	关键评价任务	评价标准
第4课时	长方形面积计算	面积就是面积单位的累加	（1）用1平方厘米测量长方形面积的大小，感知面积就是面积单位的累加。 （2）在具体测量活动中，推导长方形面积公式	怎样计算长方形面积？	探究长方形长和宽与1平方厘米小正方形个数之间的关系，从而推导出长方形面积公式	借助面积是1平方厘米的正方形找出长和宽与1平方厘米小正方形个数之间的关系，并推导出长方形面积公式	90％的学生能借助面积是1平方厘米的正方形找出长和宽与1平方厘米小正方形个数之间的关系，并推导出长方形面积公式
第5课时	正方形面积计算	面积就是面积单位的累加	（1）用1平方厘米测量正方形面积的大小，感知面积就是面积单位的累加。 （2）在具体测量活动中，推导正方形面积公式。 （3）通过寻找长方形、正方形之间的关系，推导正方形面积公式	怎么计算正方形的面积？	借助长方形与正方形图形之间的关系，推导正方形面积公式	能借助长方形的面积公式推导出正方形面积公式	90％的学生能借助长方形的面积公式推导出正方形面积公式

续表

单元学习主题			面积与面积计算				
课时	学习内容	大概念落实	学习目标	关键问题	关键学习任务	关键评价任务	评价标准
第6课时	认识面积单位平方分米、平方米	1平方分米和1平方米的感知	(1)在测量面积的活动中产生对更大面积单位的需求，认识平方分米、平方米。(2)借助生活实例认一认、比一比，感知1平方分米的1平方米的大小	1平方分米有多大？1平方米有多大？	探究1平方分米和1平方米有多大	找出身边寻找身边适合用1平方分米、1平方米的面测量出物体面的大小	能够灵活选择面积单位进行测量
第7课时	练习课	1平方分米和1平方米感知	(1)在具体情境中，进一步感知1平方厘米、1平方分米和1平方米的大小。(2)通过估一估、量一量的活动进一步认识什么是面积，应用不同面积单位描述具体生活实例	怎样用不同的面积单位描述物体面的大小？	从具体情境中找出适合的面积单位，探究应用不同面积单位描述具体生活实例	先估一估，再选择合适的面积单位进行测量	能较准确估出物体面的大小，灵活选择合适的面积单位进行测量
第8课时	面积单位换算	建立1平方厘米、1平方分米和1平方米之间的关系	(1)通过测量面积的活动，进一步感知面积是面积单位的累加，建立1平方厘米、1平方分米和1平方米之间的关系。(2)应用所学内容解决实际问题	怎么换算面积单位？	探究用不同的面积单位解决生活问题的方法	选择不同的面积单位解决实际问题	能灵活选择不同的面积单位解决生活问题

【教学资源】

课程标准、数学书、教学视频、教学案例等的资源。

（海阳市亚沙城小学　梁雪洁提供）

三、基于"情境"，课外延伸，加强实践活动

大单元教学以整合的思想组织单元教学，以真实情境下的大任务学习为课程组织方式。课内学习只是单元学习的一部分，在教学中，还要紧扣主题进行课外延伸，加强语文实践活动。

例如：单元名称：*School*

科目名称：英语

开发教师：赵阳

课程类型：国家课程

课时：4课时

日期：2020.8.20

学生人数：48人

【目标确立的依据】

1. 相关课程标准的陈述

通过分析《义务教育英语课程标准》语言知识的目标，可以清晰地感受到掌握语言知识对英语学习的重要意义。对英语学习有较稳定的兴趣和爱好；能用简单的英语互致问候，交换个人、家庭和朋友的有关信息，表达简短的情感和感觉；能唱简单的英文歌曲，学会6首chant；能根据所学内容表演小对话或者歌谣；借助图片、录音或多媒体资源，能听懂并正确朗读绘画。在本单元的教学方面，主要是让学生学习一些关于学校的英文表达方式以及学会如何用英语询问学校的一些相关地点。通过本单元的学习，不光能让学生学会英文表达，也会使学生对学校有更深厚的情感。同时，在英语课程标准语言技能一级目标中也提到，要让学生掌握英语国家中对常见学校教室的表达方式以及在生活中学会运用。在本单元中，由于学习的知识是与我们身边息息相关的，可以看得出孩子们的学习积极性特别高涨，学习气氛也很好。

177

表 7.10　英语课程标准语言技能一级目标

级别	标准
一级	（1）能根据听到的词语识别或指认图片或实物； （2）能听懂课堂简短的指令并做出相应的反应； （3）能根据指令做事情，如：指图片、涂颜色、画图、做动作、做手工等； （4）能在图片和动作的提示下听懂简单的小故事并做出反应

2. 教材分析

本单元教材内容主要以 School 为主题,让学生能熟练运用本单元的词句谈论学校的功能室和学校生活。本单元第一课时:学习简单的学校功能室的表达;第二课时:讨论功能室的地点以及学习序数词的表达;第三课时:在实际生活的运用;第四课时:复习课。

整个单元围绕学校的功能室和学校生活相关信息展开学习,由简入繁,由词到句,最后小对话展开在实际生活中的运用,内容丰富且全面。通过本单元的学习,孩子们不光能学会对学校一些相关地点的英文表达方式,也培养了对学校的情感。

3. 学情分析

（1）在上册书中的第五单元 Classroom 已经学过了与学校的相关一些物品的表达方式,学生已经有一定的基础,学习起来比较轻松。因此,在实施英语教学的过程中,我在教授学生新知的同时更重视对学生学习方法和答题技巧的培养。同时,培养学生养成良好的听、说、读、写等学习习惯,提高课堂教学效率。

（2）学生在三年级上学期已经有了一定的英语单词的基础,尤其是在第五单元学了一些关于学校的基础单词,教师可以通过这里来进行导入学习本课内容,在课前呈现我们自己学校的照片,让学生尽可能多说一些上学期学过的单词,进行头脑风暴,越多越好。这样既可以复习上学期所学,又能为本堂课的知识奠定基础。

【单元教学目标】

（1）知道 5 个元音字母;初步了解 26 个字母的发音归类。

（2）能听懂、会说认读单词:school, playground, floor, art, room, music, sing, here, draw, library,并能结合本单元所学句型灵活运用。

（3）能听懂、会说并认读句型:"Is this your classroom?" "It's on the first floor." "We read in the library."

（4）能用所学句型简单介绍学校场所和学校生活。

（5）进一步激发学生学习英语的兴趣和信心,并培养学生热爱学校以及学校生活的情感。

【单元评价方案】

表 7.11　单元评价方案

评估的标准	真实任务情境
能正确说出学校生活的英文表达方式:school, playground, floor, art, room, music, sing, hcrc, draw, library; 能在一定的语言环境中用英语询问学校功能室地点,以及回答; 知道学校是美丽的,培养对学校的情感,让学生热爱学校	能用 "Where's your classroom?" 句型在具体语言环境中谈论学校功能室地点; 能在真实的语言环境中,如:其他新环境等地方运用所学内容进行对话; 能听懂教师的指令,根据教师指令回答相应的地点

【单元教学活动】

表 7.12　第 1 课时教学活动

目标	任务
熟悉掌握各种颜色单词的英文表达方式:school, office, lab, playground; 学会用英语询问颜色:What colour is it? It's…(颜色)	活动 1:利用我们本学校的照片导入到本单元的学习中,进而引导出第一个重点单词:school. 可采用自然拼读的方法进行教授 oo 的发音规律:school, zoo, cool, etc. 活动 2:利用本学校的照片教授本单元新单词:office, lab, playground. 在学习 lab 一词的时候,可以让学生自己进行拼读,给学生 cat, cap 让学生找发音规律 活动 3:利用视频动画学习 Listen and Say 部分的课文 活动 4:让学生读熟并要求背诵本课文 活动 5:四人一小组分角色练习 Let's talk 部分的课文

表 7.13　第 2 课时教学活动

目标	任务
熟练掌握本课新单词:floor, art, room, second, music, first; 学习序数词,并能用序数词回答相关教室在几楼; 知道不同的功能教室的英文表达方式	活动 1:利用图片来让学生认识美术教师、音乐教师等相关功能教室,同时知道这些教室在几楼并且回答 活动 2:利用视频动画来学习 "Listen and say" 部分的课文 活动 3:分男女生朗读课文,男生饰演 Danny,女生饰演 Jenny 和 Lucy 活动 4:同桌两人分饰两角进行练习表演 活动 5:四人一小组表演练习课本 "Let's talk" 部分的内容 活动 6:利用《同步学习》来检测学生学习的成果

表 7.14　第 3 课时教学活动

目标	任务
掌握本单元新单词:sing,here,draw,library.能正确表达在各个功能教室进行的活动。能在实际的环境中运用所学进行简单的对话交流。	活动 1:利用单词卡片学习本课新单词:sing,here,draw,library. 活动 2:通过看动画视频学习 Listen and say 部分内容 We read in the library. 活动 3:读熟练本课课文有能力的同学背过 活动 4:分角色扮演练习 Let's talk 部分的对话。

表 7.15　第 4 课时教学活动

目标	任务
整体复习本单元单词以及重点句型。熟练运用句型:Where's your classroom? It's on the second floor.	活动 1:观看 Let's talk 部分的动画视频,请学生整体感知课文。注意 Lucy 是如何介绍自己的学校的。 活动 2:请学生阅读课文,听录音或观看视频动画模仿跟读,然后小组练习对话,上台表演。 活动 3:Fun Time 部分,一位同学蒙住眼睛上台进行粘贴图片,其他同学提问,这位同学进行回答并蒙眼粘贴,看看哪位同学得分最高,进行表扬。

【教学资源】

（1）山东科学技术出版社三年级上册英语课本、教参、课程标准。

（2）电脑网络、光盘提供的资源。

（海阳市亚沙城小学　赵阳提供）

第八章

教－学－评一体化

　　自新课程标准颁布以来，为培养学生扎实的基础知识、学科素养、情感态度价值观，切实落实新课程标准中提出的具体标准，实现从"双基"到"三维目标"再到"学科核心素养"的跨越，有一大批专家学者，如崔允漷、崔成林、张菊荣，他们围绕课程标准，扎实开展了基于标准的教学研究，也叫"教－学－评一致性"研究。"教－学－评一体化"新技术是在这样的背景下研发出来的，该技术以教学目标为统领，将评估任务嵌入教学活动中，以评价驱动教学，使教、学、评三大教学要素融为一体，实现课堂"减负增效"的目标。本章主要根据近20年来专家学者们的理论与实践经验，结合区域课堂教学研究实际，围绕"教－学－评一体化"的相关理念和实践操作进行阐述分析。

第一节　理论导航

"教-学-评一体化"又名"教-学-评一致性",包括学习目标、学习活动、评价任务三大要素,指在教学过程中学习目标、学习活动、评价任务三者的一体化。其中,学习目标是灵魂、是方向、是统领,学习活动是过程、是抓手、是纽带,评价任务是驱动、是杠杆、是诊断。三者相互促进,有机整合,始终指向学习目标的有效达成。

一、三大要素的核心价值

(一)学习目标的确立是实施"教-学-评一体化"的前提

学习目标主导且决定着教学活动与课堂评价的落实。在制定目标时应包含行为主体、行为表现、行为条件、表现程度四个方面,以可测评、可操作、显结果为原则,明确设定课堂上学生要达到及可达到的学习程度。授课者要根据课标要求,结合学生的实际学情,制定切实可行的学习目标。教学活动与评价行为要紧密围绕着学习目标进行有机渗透,依托文本材料,通过一定的学习方式,将学习目标达成情况的检测评价嵌入整个教学过程中,并根据学生的学习表现情况及时进行有效测评,同时对教学做出相应的调整,促进学习目标的达成,形成"定标—达标—验标"的交互反馈式课堂教学。该评价是为了学习而进行的评价,不是对学习进行的评价,要求教师在进行教学设计时将教、学、评等环节和内容做一体化的考量:学最重要,教次之,评再次之。在课堂学习目标的引领下,将教师的教学活动、学生的学习活动和课堂教学评价相结合,以评价更好地促进教和学的互动性发展,以活动将学生核心素养的培养化被动为主动,从而促进学生的深度学习。

(二)"教"与"学"的统一是达成学习目标的关键

"教"是指发挥教师的"传道"之职。教师需要根据课程标准及学情,注重学科核心素养的培养,制定出切实可行的教学及学习目标,通过有效可行的多种类型活动,引领学生达到本学科的教学育人的目标。教学过程是将教学设计进行实践的过程,即教师明确课堂所要教授的内容,将其融入生活的大问题、大情境中,并将该内容进行分解、细化,将其问题化(需要解决的问题)、任务化(分解大问题,化成任务)、活动化(解决问题的呈现方式)、达标化(成效的呈现)。"只有当学习者知道学习结果如何时,才能发生学习兴趣。"在教学过程中,教师要创设形式多样、难易有度的学习活动,包括自主学习、合作学习、探究学习及体验性学习等,让学生在参与学习活动的过程中,善于、乐于运用其已有的知识与能力,完成某项任务或解决某个问题,呈现出最本真的学习状态和结果。将评价嵌入教学过程中,教师可以通过学生的过程性表现,观察、收集获取学生的学习成效,为改进教学提供方向指引,进而以任务为驱动,调控学与教的课堂进程,争取最大程度地达成教学目标。在设问、解疑的过程中,促进了学生的深度学习,激发学生解决问题的积极性、主动性和创新性,促进学生学科核心素养的养成。

"学"是指充分发挥学生的主体作用,在教师的引领下,通过自主、合作、探究等多种形式的实践活动,将本学科的知识、技能进行吸收、转化,形成本学科的核心素养。将多元主体的嵌入式评价与学生的"学"相结合,学生既是评价的主体又是评价的对象,通过多元的评价方式,学生可以随时进行自我反思、调控、改进学习方式及方法,得到全面、客观、具体的评价,激发学生的内驱力,让学生想学、乐学、自学、互学,能力获得提升,自我价值感得到满足。

学习过程中的评价也是学生不断学习进步的过程。学生在自学的过程中,可以通过自评了解自我达成学习目标的程度,发现自我疑惑,在小组合作的过程中,对小组人员的学习行为的评价,既可以帮助他人检测学习进度,也可对自我进行解疑释惑,了解自己优在哪里,差在何处。学习过程既是预设性的又是生成性的。学习目标的设定,对学生学习有引领、预设、指引方向的作用,而学习目标的达成效果,则决定了课堂的优劣等级。学生是否达成教学目标及是否创造了学习目标之外的精彩是一堂课好坏的主要评判标准。学习过程中的多元主体嵌入式评价,能够为学习目标的达成起到反馈、调整、启发、优化的作用,尤其头脑风暴式的评价,更有利于引发探究学习与思辨学习的进行,创新思维,提升学生的综合能力。

(三)"评价任务设计"是检测"学习目标"是否达成的保证

"评"是指通过教学评价前置,将过程性评价(嵌入式评价)与结果性评价(终结性评价)相结合,通过多元评价主体、多种评价方式与活动,调控教学过程,监测教学成效,促进教、学的发展,提升教学成效。

教学评价贯穿不再仅仅是最终的结果性评价,而是将教学评价前置,嵌入教学活动的各个任务中,贯穿整个教学过程。评价同步于学习之时,更能有效实现高质量的学习。评价主体不再是以教师为唯一性,而是含有教师点评、学生自评、小组互评等多元化评价方式。教师应把评价作为教学常用工具,并成为学生的常用学习工具和自我成长方式。让学生明晰每个学习任务,"我可以达成到什么层次,我应该达成到什么层次,我可以通过何种方式达成最优的学习目标"。课堂上,学生的每一学习行为均应有评价,这一评价即过程性评价(嵌入式评价),这是教学的有机组成部分。教学的多元过程性评价有利于学生根据学习目标进行自主检测、自主引导、自主调节,这样学生会对自己已达成的学习目标和未完成目标的情况做到心中有数,培养学生独立自主的思维意识及能力,进而对下一步的学习行为进行自主调控,便于学生达成学习目标。学生自评、互评后的表现,给老师一把度量尺,根据学生的行为调整、改进,及时调整教学方法,对学生进行有效的学习方法及学习习惯的指导,找准应对措施,引领正确的学习方向,提高学生的学习能力,为学生的学习助力。学生自测与教师检测在教学过程中交替、叠加使用,既让学生实时进行自我检测、自我调整,又便于教师及时有效地了解教学成效,调整教学,使评价不再是教学之后的单一环节,而是紧密地融合在学生学、教师教的整个教学活动中,达到课堂的全程测评,从而提高教学质量。

"教-学-评一体化"教学理念,在于发展逆向思维,重在逆向设计,即评价前置,嵌入教、学过程中,将过程性评价(嵌入性评价)与结果性评价(终结性评价)相结合,重在通过过程性评价引导学生主动参与,调控课堂进程与成效。

基于学生深度学习的"教-学-评一体化"教学,以学生的学习成果为导向,采用逆向思维,以终为始,聚焦学生的成果输出、关注学生的学习行动。通过"教-学-评一体化"教学理念的引领,在课堂上让思维的火花迸发。教师在授课过程中,通过学生的课堂输出表现,了解、掌握各个学生个体的即时性的发展状况,及时、准确地调整教学策略及进度,选择切实有效的教学方法,妥善地整合教学过程、准确地评价教学结果,清楚地将教学的意图传递给学生,让学生主动地把握自己的学习过程的同时,获得成就感与价值感。通过教师的引领,有针对性地展现不同学习层次的学生现有水平,提出"恰如其分"的设问。以目标为导向,以问题为驱动,着眼于学生的最近发展区,为学生提供带有难度的内容,通过嵌入式评价,发挥其潜能,通过他人引导及自我调控,使其超越自我的最近发展区,进而达到下一发展阶段的水平,有利于在此基础上进行下一个发展区的发展,改变最为迅速,收效最为直接显著,学生能形成内在的学习力与创造力。

二、"教-学-评一体化"策略的实施

"教-学-评一体化"策略是指教学体系中学习目标、教学活动、评价任务三位一体,进而实现有效教学的具体、可操作、系统的方法模式和整体方案。教师在实施"教-学-评一体化"策略时,需要明确"教-学-评"三者的"互为前提,互相促进"的一体化关系,从整体上把握其实施策略。

教学活动是实现学习目标的载体,而教学目标逆向设计策略是面向学习目标、预先考虑评价任务的设计。我们的课堂教学要基于"逆向设计",聚焦"以终为始、评价为先、学为中心",将课程标准、评价任务、学习活动一一对应,通过问题驱动创设情境,最终实现"教-学-评一致性"。只有遵循这个思路,评价任务才能贯穿教学活动的全程,最终促进学习目标的达成。在此基础上,要明确学习目标的统领性地位,学习目标是实施教学的起点;接着,中心问题的精准确立和问题串的有效预设,使"教-学-评一体化"有了教学载体;最后,评价任务适时跟进,真正实现"教-学-评一体化"。

(一)目标统领

明确学习目标的统领性地位是达成"教-学-评一致性"的前提与根本。学习目标是学习活动的开始,亦是评价任务与教学活动的最终目的。如何做到学习目标统领:首先,教师仔细研读相关课程标准,全面分析学情,进而精准定位学习目标,脱离科学分析的学习目标是无意义的,更无从谈其统领作用;接着,立足学习目标的行为主体——学生,设计促进目标落实的评价任务,教学活动的一切出发点是学生,离开学生的评价是无价值的;最后,细化学习目标中的行为动词,形成形式多样的教学活动,教学活动的设计是根植于学习目标的落实,促进学生学科素养的最终提升。学习目标统领的"教-学-评一致性",具体实现形式可表现为:一个学习目标对应多项教学活动,也可以是一项教学活动实现多个学习目标。也就是说,每一项教学活动都要明确地指向某一个或某几个学习目标达成,这样,与之相匹配的评价任务便能够让学生明白自己所进行的学习活动位于所要实现学习目标的具体阶段和程度。为了更明确地呈现学习目标统领策略,这里以三年级语文《大自然的声音》为例进行说明。

【案例1】

1. 学习目标

学生能联系生活经验、展开想象,体会课文中描写声音的词语的生动。能仿照课文,围绕一种听到过的声音写几句话。

2.评价任务与教学活动

（1）热身游戏"下雨啦"，初步感受"小雨、大雨、暴雨"声音的变化。

（2）自主阅读评价:检测读描写声音的词语，初步感知叠词的妙处。

（3）品味生动的语言，感受大自然声音的美妙。

① 结合课后题，明确课文写了大自然哪几种声音。

② 通过联系生活，展开想象，品读描写声音的词语，感受大自然风声的美妙。

③ 通过联系生活，展开想象，品读描写声音的词语，感受大自然水声的流畅美妙。

④ 小组合作，运用方法，感受大自然动物声音的美妙。

（4）尝试运用拟声词、描写声音的词语，联系生活，展开想象，仿照课文2、3、4自然段，围绕"（　　　）也是大自然的（　　　）"句式进行创作。

上述案例展示了学习目标统领的"教-学-评一致性"。其主要表现为:一方面，在教学活动和评价任务的设计上，均指向学习目标"学生能联系生活经验、展开想象，体会课文中描写声音的词语的生动"；另一方面，教学活动和评价任务的设计互融共生，于层层递进中指向学习目标的落实。

（二）问题驱动

问题驱动就是要以学生为主体，以问题为核心规划学习内容，让学生围绕问题借助自主学习和合作学习寻求解决方案。

1.聚焦目标，设置主问题

课前，教师仔细研读课程标准，全面分析学生学情，充分利用教学参考书，精准定位课堂学习目标及重难点。提出中心问题，并设计相关的评价任务。课上，学生围绕中心问题进行学习、讨论和交流。教师在综合评价学生自学情况的基础上，适时调整教学活动，当讨论发生跑题或误解问题本意时，给予及时的提醒和引导，引导学生在分析问题的基础上提出解决问题的方法。并将过程性评价嵌入课堂，包括自评、小组互评和教师评价，在中心问题的解决中，驱动学习目标的最终达成。为了更明确地呈现中心问题驱动策略，这里以三年级语文《麻雀》为例进行说明。

【案例2】

1.学习目标

知道可以把看到的、听到的、想到的写下来，清楚展现事情发展过程中的重要内容。

2. 中心问题

让我们走近《麻雀》,看看在一只小小的麻雀身上,到底发生了什么动人的故事?作者又是如何把这件事情写清楚的?

3. 评价任务与教学活动

(1)课文围绕麻雀,写了一件什么事?根据课文内容,在括号里填上合适的内容。

(2)小结:要把一件事写清楚,必须按照事情发展的顺序,写清事情的起因、经过、结果。

(3)感受老麻雀的无畏,明确通过把自己看到的,听到的、想到的内容进行具体描写,展示勇敢无畏的老麻雀形象。

(4)小组合作:感受猎狗的攻击与退缩,进一步巩固按照事情的起因、经过和结果的顺序展开,通过描写自己看到的,听到的,想到的,把重点内容写清楚。

上述案例展示了中心问题驱动下的"教-学-评一致性"。其主要表现为:一方面,中心问题的设计直接指向学习目标"知道可以把看到的、听到的、想到的写下来,清楚展现事情发展过程中的重要内容"的落实;另一方面,评价任务和教学活动的设计在中心问题的驱动下围绕学习目标层层铺开,步步落实。

2. 板块推动,设计问题串

"教-学-评一体化",富有逻辑性,于层层递进的教学活动和评价任务中,达成学习目标。在学习过程中我们可将目标任务分解成多个板块,每个板块以问题串为载体,探究目标。问题串是最能体现知识间层层递进逻辑关系的载体。为此,设计指向学习目标落实的问题串是完成"教-学-评一体化"的又一有效策略。问题串的科学设计与有效运用,给学生以清晰的层次感,由易到难,激发学生的学习兴趣,促使学生积极思考,将教学评有机融合。课前,教师事先预设指向学习目标达成的问题串,每一个问题的设计都要明确而有意义。问题串的设计,其实就是教学活动和评价任务富有逻辑性地串联,是教师对课堂的宏观初步预测。课上,问题串要根据学生学习具体情况灵活运用,学生学习顺利时,教师要灵活舍弃相关的教学活动;当学生有困难时,教师则有层次地适时抛出问题串,促进教学活动的顺利开展和学习目标的最终达成。

【案例3】

《"精彩极了"和"糟糕透了"》一文教学中,首先围绕主题,划分板块。这几个板块既相互独立,又相互关联,板块之间呈阶梯式前进或螺旋式上升。其次,设计问题串,在这些板块设置的问题引领下,逐步完成每个板块的学习目标任务,从而达到完成学习目标任务的目的。

三个学习板块推进如下。

板块一:母亲为什么每次夸奖"我"都说"精彩极了"?

学生带着这个问题去阅读,首先找出母亲赞美的语言,有感情地品读,从中感受到温柔、宽容和伟大的母爱,在此基础上,学生完成母子对话情景。

板块二:父亲为什么每次批评"我"都说"糟糕透了"?

找出父亲批评"我"的话,父亲的言下之意是什么? 你认为"我"还应该感谢父亲吗? 为什么? 在此基础上,学生可以模仿父亲或"我",完成父子对话。

板块三:作为"我",面对母亲的夸奖和父亲的批评应该怎么做?

如果你也有这样一位母亲或父亲,你会有怎样的心情,你又会怎么说,怎么做呢?

这三个板块的问题之间有着密切的纵向关联关系,可以层层推进。评价任务和教学活动的设计依托问题串围绕学习目标循序渐进,依次展开。

(三)评价跟进

"教-学-评一致性"指向学生的真学习,即学生主动进行信息加工,实现信息的自我转换。这种转换要通过教学活动中的评价任务来实现,而学习目标则指明了转换的方法和程度。学习目标的落实基于评价任务的逐步引导,精心设计的评价任务要关注学生学习能力的获得和素养的提升。教学过程与评价任务是相互影响的,共同指向学习目标的达成。评价任务既能为本次教学活动提供反馈,同时也为后续教学活动的完善提供证据。评价任务的适时跟进,能让教师清楚地掌握学生学习目标的达成程度,进而适时调整教学过程。评价任务适时跟进的策略实现形式主要有:其一,评价任务与教学活动是相互融合的,共同指向学习目标达成,教学活动的设计遵循"明确评价任务—执行评价任务—交流学习情况"的基本流程,那么设计出来的教学活动就会包含评价任务,简单说,即教学活动与评价任务二合一;其二,教学过程中优化评价信息,一次教学活动是一个学习链,也是一个评价链,在对学生展开评价后,要迅速收集评价信息,然后快速利用或处理评价信息推进课堂教学,以达到学习目标;其三,评价任务贯穿教学活动,教学活动的设计遵循从框架到细节的思路。"教-学-评一体化"的课堂就是学习目标的确定以及评价任务的落实。为了更明确地呈现评价任务的适时跟进策略,这里以三年级语文《总也倒不了的老屋》为例进行说明。

【案例4】

1.学习目标

(1)借助故事结构图,能试着一边读一边预测,知道可以根据题目和故事内容里的一些线索进行预测,初步感受预测的好处和乐趣。

(2)能够学以致用,在阅读中能根据故事结构图,进行合理预测。

2.评价任务:运用规律,进行预测

师:光学不练也没有用呀,请看,老师给你带来了一本书——《小猪变形计》,通过读故事题目,你来预测故事的大致内容。

那接下来,小猪还想变成谁,他是怎样变的,结果怎样呢? 请你根据这一线索展开预测吧!

预设:想变成袋鼠,脚上装弹簧;想变成小鸟,找来羽毛……

师:同学们记得吗? 在《总也倒不了的老屋》这一课,故事的结局是不一样的,小猪经过这么多次变形后,还会继续变吗? 那故事的结局会是怎样的呢?

预测:还是做自己最快乐。

小结:同学们,这节课,我们通过对《总也倒不了的老屋》这一课的梳理,发现故事的叙事规律,根据叙事规律可以帮助我们进行情节的预测。学会了这一个方法后,你可以在阅读的时候学以致用,可能你和作家的故事就不谋而合了,可能你也有自己的独特创编。带着你的收获去阅读吧,相信你会收获更多。

上述案例是教学活动逆向设计,实现学习目标、评价任务与教学活动一致性的典型案例。在该案例中,首先明确学习目标,接着设计检测学习目标达成的评价任务,最后,展开教学活动的设计,分"情景导入—问题初探—方法总结"三步走,有效实现了"教-学-评一致性",达成了学习目标。

第二节 "教-学-评一体化"的典型课例

课例1 《大自然的语言》

【执教心语】

语文课堂的教学设计既要立足于语文学科核心素养的发展,又要尊重学生学情。在基于学科核心素养的新课堂建设过程中,我对学情、课标、教材进行了初步调研和分析,并执讲了烟台市"十三五"规划课题阶段成果展示会的公开课——鲁教版五四制语文七年级下册《大自然的语言》。课后,我清晰地认识到:课前,教师只有充分把握学生的学情,才能制定出切合学生实际的教学目标,才能使教学活动契合学生的学习实际,从而切实提高学生的核心素养;课上,教师要随时体察学生的实际接受能力,尊重学生的个体差异,发挥出教师的引领和指导作用,最大限度地激发学生学习的主动性,做到以学定教、以教导学,从而真正保证课堂的有效性。而这所有的一切都需要把功夫下在上课之前。只有上课前真正做到了解把握学情,提高自己的专业水平,才能在课堂上创造精彩。

一、根据学情确定目标

(一)课标要求

能熟练地使用字典、词典独立识字,会用多种检字方法,累计认识常用汉字3500 个,其中 3000 个左右会写;在通读课文的基础上,理清思路,理解、分析主要内容,体味和推敲重要词句在语言环境中的意义和作用;对课文的内容和表达有自己的心得,能提出自己的看法,并能运用合作的方式,共同探讨、分析、解决疑难问题;阅读科技作品,注意领会作品中所体现的科学精神和科学思想方法。

(二)教材分析

教材单元目标要求学生注意说明的顺序和方法;要学会默读,有一定的速度;能按要求筛选信息。而课文以物候学为说明对象,介绍得浅显易懂,饶有趣味。全文思路清晰明了:描述物候现象—做出科学解释—追究因果关系—阐述研究意义。这种从现象到本质的认知方法和行文思路值得我们学习。文章局部采用从主要到次要的说明顺序也使得文章思路清晰,事理层次分明,是学生学习的重点。

(三)学情分析

学生已学习完第三单元的事物性说明文,对于说明文的相关常识已经熟知,通过找出关键词和关键句来筛选信息,划分文章结构,确定说明顺序也经过了训练,有一定的基础。但学生概括段意的能力差一点,即语言的组织和表达能力弱;同时对逻辑说明顺序中的种类和具体内涵知之甚少,对事理性说明文有条理地说明这种科学方法了解得不够透彻。

基于以上分析,我确定本节课的教学目标如下。

（1）课前预习。搜集资料，了解作者；通过查阅字典等工具书，扫除字词障碍，丰富字词的积累，形成熟练使用字典、词典独立识字的能力和习惯。

（2）教学重点。通过自主学习，从课文中找出关键词、中心句，形成快速筛选信息的能力。

（3）教学难点。通过合作探究，明确文章说明顺序和说明方法，理清思路，理解主要内容，形成掌握事理性说明文有条理说明的能力。通过课文的解读、同学间的合作探究，学习本课的物候和物候学的相关知识，形成探索科学奥秘的科学精神和科学思想方法。

二、基于学情实施教学

第一环节：激趣导入

我由学生在小学阶段学过的一首和本文相同题目的诗歌导入。目的是引起孩子们的联想思维，激起他们的学习兴趣。同时为第二课时赏析本文语言特点埋下一个伏笔。第二课时赏析本文语言特点时，会和这首诗歌做一个简单的比较，让同学们体会同样的主题采用不同的表达方式会给读者带来不同的感受。

第二环节：检测学生课前对作者和字词的预习情况

对作者，教师采用口头提问的方式让学生交流自己所了解的作者。对字音的纠正采用多媒体展示答案，学生自己对照的方式。教师要统计一下正确率。对词语的理解，采用口头提问的方式。

表 8.1　学习目标和教学过程

板块	目标	评价指标	关键问题	学习活动	导教活动
自主学习	查阅字典等工具书，扫除字词障碍，丰富字词的积累	熟练正确	了解作者积累字词	课前预习完成学习任务（一）	教师提问学生展示

表 8.2　小组学情检测卡

组号：_____组

环节	活动	1～2号	3～4号	组长评价			
				1号	2号	3号	4号
一、预习检测	知识梳理巩固	熟练正确回答所学知识点	正确回答所学知识点				
		熟练正确	比较熟练				

【学情分析】

通过分层提问,看出学生知识基础掌握情况良好,为课文阅读奠定了基础。

第三环节:默读课文,从课文中找出关键词和中心句,形成快速筛选信息的能力

这一环节其实也是课前预习的一个展示,在预习导纲中设计了四个问题:① 什么叫物候和物候学? ② 物候观测对农业有什么重要意义? ③ 决定物候现象来临的因素有哪些? ④ 研究物候学有什么意义?分别用一句两话回答这些问题,并在文中划出相关的关键词或句子。教师引导学生快速默读课文,整理自己的问题,完成的同学举手示意老师。

表8.3　学习目标和教学过程

板块	目标	评价指标	关键问题	学习活动	导教活动
自主学习	能从课文中找出关键词和中心句,形成快速筛选信息的能力	筛选信息速度快捷,整合信息完整准确	找关键词和中心句,快速筛选信息	默读课文,从课文中找出能回答预习任务(二)中四个问题的关键词和中心句	明确任务组织自学组织交流

表8.4　学情检测卡

组号:_____组

环节	活动	1~2号	3~4号	组长评价			
				1号	2号	3号	4号
二、合作整合	组内诊断	准确找出关键词语和中心句	准确找出关键词语和中心句				
		整合信息完整准确	整合信息较准确				

【学情分析】

通过交流的情况来看,学生出现两个情况:一是举手的同学少,不是不会,而是胆怯,不愿或是不敢表现;二是第4个问题学生提炼概括得不好。

【干预措施1】鼓励学生大胆发言,告诉孩子们我会按照先后次序要求学生展示阅读成果,最后选出历时最短,成果最好的同学,授予他"阅读小标兵"的称号。

【干预措施2】针对学生阅读有困难的第4题,我提示学生注意一些标志性词语。

第四环节:通过合作探究,明确文章说明内容和说明顺序,形成掌握事理性说明文有条理说明的能力

表8.5 学习目标和教学过程

板块	目标	评价指标	关键问题	学习活动	导教活动
合作展示	通过合作探究,明确文章说明内容和说明顺序,形成掌握事理性说明文有条理说明的能力	(1)概括层意,语言简练通顺 (2)初步了解逻辑顺序的种类和含义	(1)能简洁而准确地概括层意 (2)理解从现象到本质和从主要到次要的逻辑顺序	活动1:把课文分成四部分,概括层意。明确全文的说明顺序	PPT出示逻辑顺序的类型,重点讲解说明顺序
				活动2:课文第7～10段说明决定物候现象来临的四个因素能不能颠倒位置,为什么?它具体采用了逻辑顺序中的那种顺序	组织小组合作探讨、交流展示
				活动3:课文第11自然段说明研究物候学的意义时,又是采用了哪种逻辑顺序	引导学生抢答完成

表8.6 学情检测卡

组号: 组

环节	活动	1～2号	3～4号	组长评价			
				1号	2号	3号	4号
三、合作探究	概括层意;明确说明顺序	能简洁而准确地概括层意	能大体概括出层意				
		理解从现象到本质和从主要到次要的逻辑顺序	了解逻辑顺序的种类和含义				

【学情分析】

在学生的小组合作探究和交流过程中,发现学生能概括出层意,明确文章的内容结构,但在表达方面不是很准确。也能说出逻辑的说明顺序,但不能明确是逻辑顺序中的哪一种。

【干预措施1】小组讨论文章层意后,请一名同学上黑板板书,其他同学评价。在同学的评价中加以引导,明确表达方式。

【干预措施2】针对学生不明确本文采用了逻辑顺序中的哪种顺序这一问题,我采用多媒体展示逻辑顺序的种类的方式,让学生从中挑选并说明理由。我根据学生的回答情况做总结,会给予一定的提示,比如:如果把这四个因素分成两组,你会怎样划分?通过归类引导学生明确这一部分采用的另一种说明顺序——从空间到时间的说明顺序。它的好处是层次分明。明确了第6~10自然段的说明顺序后,学生自然而然地就会判断出第11段的说明顺序了。

第五环节:拓展提高

表 8.7　学习目标和教学过程

板块	目标	评价指标	关键问题	学习活动	导教活动
拓展提高	通过应用所学说明顺序,掌握科学思维方法,增强科学探究的精神	模仿学习迁移运用	划出关键词和中心句,概括段意。明确文章整体上的说明顺序和局部的说明顺序	默读导纲上提供的课外短文,完成短文后的问题	组织讨论学习成果,组织学生展示互评

这一环节主要针对第四环节所学知识的检测和巩固。组织学生自学完成达标检测试题,完成举手示意,教师找一个同学上黑板板书展示,其他同学评价。明确答案后,小组长统计本组的正确率,根据学生的完成情况判断出这节课的学习目标是否完成。

表 8.8　学情检测卡

组号:_____组

活动	1～2号	3～4号	组长评价			
			1号	2号	3号	4号
达标检测,总结提升	答题迅速,答案准确,表达精炼	基本回答准确				
	能说出个人收获,总结本节课主要的方法,并有自己的领悟	能说出个人收获,总结本节课主要方法				

【学情分析】

本轮题目完成率:1～2号完成率100%,3～4号前三题完成率90%,符合预期目标。学生在叙述个人收获时，都能畅所欲言、各有所得，效果还是不错的。

三、基于学情反思改进

1. 名家点评

卢臻对本节课做了精准的点评：这节课整体来说是按照"教－学－评一体化"的模式来进行的，课堂教学紧扣教学目标，教学目标也能结合教材内容和课程标准的相关要求来设定，课堂检测和课堂学习内容紧密贴切，还是不错的。同时，教师非常注重学生思维的培养。在让学生找关键语句整合信息的环节，教师非常注重学生的表述，并且在表达方式的运用等细节之处，教师给予了恰当的指导，让学生准确地表达出来，这对学生的思维培养是很重要的。在引领学生明确课文的说明顺序时，不是仅仅停留在逻辑顺序的表层，而是进一步引领学生思考这是逻辑顺序中的哪一种，从而让学生较深刻理解事理性说明文由现象到本质、由主要到次要的写作方法，也理清了文章的结构。这些教与学都是对学生思维的一个开阔与深入的训练，教师的这种意识与做法值得肯定。

但也正是在这些教与学的过程中，看出教师的一些专业能力还有待于提高。比如在找关键语句筛选信息环节，教师没有从串联和并联的方法这一高度来指导学生，而是仅仅局限于一段一句，学生没有形成知识的系统性。在探讨说明顺序时，效果也不是很理想，学生对逻辑顺序的种类理解不透彻，这一环节感觉和学情相脱节。

2. 自我反思

本节课是严格按照"教－学－评一体化"模式进行的，四个学习目标，五个教学环节。第一环节的导入和第二环节的基本常识检测这两个进行得都很流畅，并在预设的时间内完成任务。

在第三个环节中，学生对不明显的关键词语抓不出来，即便是抓出来了，也不能进行精确地组合概括。而我的指导有点力不从心。

最不理想的是第四个环节，在明确了全文的说明顺序是逻辑顺序之后，让孩子们具体说出是逻辑顺序的哪一种，虽然出示了逻辑顺序的种类，但是孩子们显然不能一时通透地掌握，所以说得五花八门，不仅不能掌握这个知识点，而且耽搁了整节课的进度。现在想想，是预设的学习目标定得高了，应该就预设为能说出是逻辑顺序就可以了，不必深入明白是逻辑顺序中的哪一种。主要原因还是脱离了学情。

第五环节是运用检测部分,从课堂表现看,设计的问题紧贴本课学习内容,学生的完成质量还是蛮高的。

这节课总的来说,基本完成学习目标,最大的失败就在于过高地估计了孩子们的能力,脱离了学情。所以一切的教学活动都是基于学情而展开的。

(海阳市亚沙城初级中学　徐先娟提供)

课例2 《圆明园的毁灭》

【执教心语】

学校进行"学本课堂"打磨活动,在教研组集体智慧交集中,我们确定了统编版五年级上册第四单元第三课《圆明园的毁灭》为研讨课例。我们基于学科核心素养、课程标准及单元目标,先确立了文本教学目标,然后以目标为中心进行了教学设计并在课堂上得以实施。课堂上,始终遵循先学后教、以评促学的原则,发挥教师主导作用,极大地调动了学生学习的积极性,他们从不同的思考角度诠释了文本所要表达的情感,很好地达成了教学目标。整个过程中以学情为基础,学生为主体,目标为核心;把教学活动作为途径,用评价来驱动课堂,努力达成"学-评-教一致"。

一、教学目标的确立

(一)课标分析

《语文课程标准》提出:"能联系上下文,理解词句的意思,体会课文中关键词句表达情意的作用;能初步把握文章的主要内容,体会文章表达的思想感情;初步感受作品中生动的形象和优美的语言,与他人交流自己的阅读感受。""联系上下文,理解词句意思"是指学生根据自己对文本的理解,找到相关语句,然后把"词句"放在具体的语言环境中,结合上下文的意境,说出词句的大意;"体会课文中关键词句表达情意的作用"是引导学生在理解写作背景和文章内容的基础上,能够在理解词语大意的基础上进行体味、推敲,感受其中表达的含义。"与他人交流自己的阅读感受"则要求学生能把自己的阅读感受在小组和班集体中进行交流。同一个问题可以有不同的理解,可以采取辩论或补充等形式与文本和他人产生共鸣。

课本中对小学高年级还提出"学习浏览,扩大知识面,根据需要搜集信息"的要求。随着年龄的增长,孩子们的发散思维得到了很好的发展,他们在学习中,需要探求的信息不断增多。文本是学习的载体,以文本为基点,快速浏览资料,并搜集相关信息服务于文本的理解,不仅更有利于对文章的理解,同时,能扩大知识面。

（二）教材分析

《圆明园的毁灭》这篇精读课文描述了圆明园昔日辉煌的景观和惨遭侵略者肆意践踏而毁灭的景象，表达了作者对祖国灿烂文化的无限热爱，对侵略者野蛮行径的无比仇恨，激励人们不忘国耻，增强振兴中华的责任感和使命感。

第一自然段概括阐明了圆明园的毁灭是中国乃至世界文化史上不可估量的损失，与文章的结尾提到的"这一园林艺术的瑰宝、建筑艺术的精华，就这样被化成了灰烬"首尾呼应，作者的痛惜、愤怒之情跃然纸上。第二至四自然段详尽地介绍了圆明园的布局、建筑风格及收藏文物的珍贵，再现了圆明园当年的宏伟壮观。最后一个自然段用精练、准确的语言介绍了圆明园毁灭的经过。题目为"毁灭"，却用了大量的篇幅写它辉煌的过去，把美的东西毁灭了，这真是一个悲剧，更能激起读者的痛心与仇恨。

《圆明园的毁灭》作为本训练组的第三篇课文，承载着本组的训练重点：在阅读的过程中，引导学生抓住语言文字体会文章的思想感情，结合相关资料了解中华民族受尽屈辱的历史，勿忘国耻；从课文中领悟写作方法，提高表达能力；引导学生学习列提纲理清文章条理的方法。

（三）学情分析

学生基本形成了"抓住语言文字体会文章的思想感情"的能力，再加上本册前三个单元的训练中也有"凭借关键词句深入体会"这样的训练，因此在学习《圆明园的毁灭》时，可以以小组合作的学习形式达成目标。而"结合资料，体会课文表达的思想感情"是针对这一训练组的课例特点而确定的。本训练组的提供课例内容都是历史事件，对于五年级的学生来说，仅凭课例中语言文字的理解很难再现当时的画面，这就要求课前布置学生搜集有关圆明园的文字、图片、音像资料，然后以小组为单位进行分类、提炼，以备在课堂上运用。课堂上多方面交流资料，使学生对事件有比较全面的认识。

学习目标"领悟写作方法，提高表达能力"，是学习本课的重点，也是难点。文章五个段落内容紧密联系，一扬一抑，爱恨交织，展示了中华民族这段屈辱的历史。通过引导学生读文、感悟、想象，在脑海中再现圆明园的辉煌和惨遭毁灭的场景，引起学生情感的极大落差，从而领悟作者表达方法，同时也理解了文章的题目是《圆明园的毁灭》，作者却用大量篇幅描绘了昔日的辉煌，这样安排材料独具匠心。

(四)课前准备

(1)学生通过课前预习独立完成预习任务单:正确读写生字、词;读熟课文;概括课文的主要内容。

(2)根据课文内容分组搜集相关资料,并按要求进行简单分类整理。

(五)教学目标

(1)通过小组交流预习单,反馈巩固生字词,初步整体把握课文。

(2)通过小组合作找出重点词语,体会其词意和所包含的情感,通过有情感地朗读、想象、交流资料等方式感受圆明园昔日的辉煌和毁灭的过程,增强振兴中华的责任感和使命感。背诵课文第3～4自然段。

(3)通过小组讨论交流列出课文提纲,领悟作者巧妙安排材料的妙处。

二、基于目标的教学设计

在教学目标的引领下,我把教学设计分成自主学习、合作交流、拓展延伸三大环节。在备课过程中,时刻牢记目标,运用多种对应关系,使教学活动始终指向目标:学生的自主学习很好地完成目标一的学习与反馈巩固;以大问题为统领,运用小组合作交流的方法,使教学活动始终围绕目标二的完成而展开的;拓展延伸这样环节又使目标三得到很好的体现。

统领课堂的大问题:文章题目为"圆明园的毁灭",作者为什么用那么多笔墨写圆明园昔日的辉煌?分成的小问题:昔日的圆明园是如何辉煌的?作者这样安排材料有什么妙处?

(一)教学流程

表8.9

环节	学习目标	评价任务	学生活动	评价标准	导教活动
自主学习	通过小组交流预习单,巩固生字词,初步整体把握课文内容	小组内交流预习任务单内容	1.小组交流 (1)找出易读错写错的字词。(2)读出自己喜欢的段落。(3)交流课文主要内容。(4)交流资料的分类。 2.组长汇报 3.对预习情况进行评价	按照预习任务单标准进行评价	1.巡视指导 2.组织交流 3.评价预习情况

续表

环节	学习目标	评价任务	学生活动	评价标准	导教活动
合作交流	1. 通过小组合作找出重点词语，体会其词意和所包含的情感 2. 通过朗读、想象、交流资料等方式感受圆明园昔日的辉煌和毁灭的过程，激发爱国情感，增强振兴中华的责任感和使命感 3. 背诵课文第三、四段	1. 围绕小问题(1)划出词语 2. 针对重点词体会其包含的情感 3. 小组内有序交流，认真倾听 4. 在班级中以小组为单位交流 5. 运用自己收集的资料，结合朗读、想象等方式表达出圆明园在头脑中的形象 6. 背诵课文第三、四段 7. 独立学习后交流最后一段 8. 列出本文提纲，讨论交流作者安排材料的妙处	1. 小组探究圆明园昔日的辉煌 (1)划出词语。 (2)交流对词语的体会。 2. 班级交流 (1)组长组织有序交流。(2)其他同学补充或谈自己不同的理解。(3)适时运用课前收集资料，加深对课文的理解。(4)有感情地朗读课文3、4段，朗读时合理想象圆明园当时的辉煌。(5)通过感悟谈出对祖国文化的热爱。(6)背诵课文3、4段。 3. 独立阅读学习圆明园毁灭一段 (1)总结抓住重点词语体会课文情感的方法。(2)运用方法自学圆明园毁灭一段。(3)观看电影片段后谈出此时内心的感受。 4. 回顾课文 围绕小问题(1)进行讨论交流，得出大问题答案。(2)根据课文学习列出提纲。(3)思考详写圆明园昔日辉煌的妙处。	(1)能迅速划出重点词语5个以上，3☆；3个以上，2☆；一个，1☆ (2)小组内交流能体会3个词语情感，3☆；体会2个词语，2☆；体会1个词语，1☆ (3)班级交流时小组有序发言，提出不同的看法。3☆ (4)能运用自己收集的资料想象并表达出圆明园在头脑中的形象。3☆ (5)能结合课文内容感受到祖国文化的灿烂，3☆。 (6)熟练、有感情背诵课文三、四段，3☆；熟练背诵，2☆；能背诵出课文，1☆。 (7)能用体会重点词语的方法自学最后一段，3☆ (8)小组能列出提纲，感受到作者运用材料的独到匠心，并分析出如此安排材料的好处。3☆	1. 巡视和参与小组合作学习 2. 组织和引导班级交流 3. 引导学生总结抓住重点词语体会情感的方法 4. 指导学生运用资料的方法 5. 指导学生有感情朗读 6. 播放电影《火烧圆明园》片段 7. 适时追问，引领学生情感升华 8. 引导总结出大问题的理解

续表

环节	学习目标	评价任务	学生活动	评价标准	导教活动
课堂延伸	学习与运用搜集、整理资料的方法，提高搜集与处理信息的能力	运用《圆明园的毁灭》课内外提供的信息，写一段通顺的文字，表达出自己的情感	进行小练笔：运用课文内容和课前收集的资料写一段话圆明园的残垣断壁在向我们诉说……	☆语言流利，写出了此时内心的情感 ☆☆语言生动，对比圆明园前后的变化写出自己的内心情感 ☆☆☆语言生动流利，根据圆明园前后变化及其原因分析写出内心的情感	1. 出示评价标准 2. 巡视指导 3. 组织交流 4. 课堂总结

（二）精彩片段

片段一：合作交流

1. 组内合作探究圆明园昔日的辉煌

在交流预习的基础上，进入本环节。

师：同学们，通过预习，我们知道课文描述了圆明园昔日辉煌的景观和惨遭毁灭的过程，那么课文中昔日的圆明园是如何的辉煌？让我们以小组为单位来研究这个问题。

2. 小组展示汇报

组长1：我们在第2自然段中找到的词语是"举世闻名"和"众星拱月"，请1号谈谈他对"举世闻名"的理解。

生："举世闻名"的意思是全世界都知道他的名字，从这个词我体会到当时的圆明园名扬四海，很了不起。哪个同学还有补充？

生：我同意你的理解，我从这个词中感受到的是，圆明园作为皇家园林，知名度这么高，它昔日一定很美，很辉煌。

组长1：我们组3号同学对"众星拱月"也有自己的理解，请3号交流。

生：我认为"众星拱月"的意思是有许多星星围绕在月亮周围，从这个词我感受到了圆明园面积很大，园中有园。同学们有补充的吗？

生：我也在组内交流了这个词，我从"众星"中想到了大大小小的园子很多，这么多园子围在三个大园的东、西、南三面，组成了一幅更大更美的画面。

师：是啊，圆明园到底有多大？谁能用你搜集的资料说明一下？

生：我搜集的资料是这样的，圆明园为清代一座大型皇家御苑，占地约5200亩，平面布局呈倒置的品字形，圆明园由圆明园、长春园、绮春园三园组成，总面积达350公顷。

师：350公顷到底有多大呢？ 5200亩，相当于640多个我们的校园的总和。

师：圆明园始建于1709年，到1744年基本建成，此后又经三代皇帝修缮扩建，历时150多年。其面积比故宫都大。这个小组的交流很全面，让我们了解了圆明园的规模。哪个小组继续往下交流？

组长2：我们组关注的是第二自然段，请听我们的理解。

生：课文中讲"有金碧辉煌的殿堂"，从"金碧辉煌"这个词我想到殿堂金光闪闪，一定很华丽！

生：我从"玲珑剔透"这个词看出亭台楼阁十分小巧精致，雕刻着各种精美的图案。我想到了那些能工巧匠真了不起！

师：你也很了不起，能从一个词中体会到中国工匠的超高智慧，非常好！

生：我觉得"平湖秋月"很美。秋高气爽的夜晚，月亮升上了天空，白色的大玉盘倒映在微波荡漾的湖水中，这是多么宁静的画面啊！

生：我们组对"买卖街""山乡村野"这两个词感到疑惑，圆明园"热闹的买卖街"中怎么会有小山村，有碧绿的原野？请大家帮我们解答。

生：我来解答，我从"象征"这个词和"买卖街""山乡村野"上的引号看出这不是真正的买卖街，也不是真的"山乡村野"，是皇帝为了图热闹，让宫女和太监们扮成生意人，拿着各种宝贝在买卖街上叫卖；为了了解体验普通老百姓的生活就建造了这"山乡村野"。

师：首先要表扬这个小组同学，交流了自己的理解，还能提出自己的疑问！要知道质疑是很好的学习方法。（出示教师搜集材料）请同学们快速阅读。

乾隆年间，每逢新年来临之际，同乐园里的买卖街就开始运营起来了。在这处买卖街上，各类商业设施、各种大小商品花样繁多，琳琅满目，应有尽有，一派民间市井的样子。买卖街上的那些商户摊主买卖人包括卖瓜子儿的，全都是由宫中的太监们充当的。包括小山村中的百姓也是由太监们充当的……

师：从以上资料中你有什么感受？

生：圆明园里什么都有，太神奇了！

师：还有哪组继续交流？

组长：我们组也讨论了第三自然段。我对"仿照各地名胜"的理解是圆明园里居然有海宁的安澜园，有苏州的狮子林，有杭州西湖的平湖秋月、雷峰夕照，人们不用出北京就能看到这么多美景，太好了。

生：我觉得我们中国人太了不起了，居然能把名胜古迹"搬进"圆明园，圆明园太美了！

生：更了不起的是，根据古代诗人的诗情画意建造的"蓬莱瑶台""武陵春色"。

师：我们能感受到中国人的——？

生：超常的想象力和创造力。

师：同学们说得真好！老师注意到本段中用得最多的词是——（白板出示：有……也有……；有……也有……；还有……；不但有……，还有……）从这些连词中，我们可以体会到什么呢？

生：我体会到圆明园中的景物太多了，有皇宫的，有山村的，有各地名胜，有国外的，多得数不过来。

生：圆明园中的景点种类太多，每一个都是精品，都有自己的特色！

师：是的，圆明园的景点太多，作者用了这些连词，将景点逐步深入地介绍给读者，这是我们应该学习的写法。那么你会用"有……也有……；有……也有……"说一句话吗？（学生自由发言）

师：大家介绍了这么多景点，想去看看吗？好，让我们一同走进圆明园！

（课件出示圆明园景色，课文朗读、音乐伴奏）

师：漫步在这美丽的园中，面对这人间奇迹，你是什么心情呢？

生：太美了，我真想住在这里。

生：我太喜欢这里了，能真的进去看看该多好啊！

师：你们能不能通过朗读把你们这种心情表达出来呢？（指名朗读）

三、反思改进

（一）学科组长点评

本节课，杨老师围绕四个"学习目标"，以大问题"为什么用那么多笔墨写圆明园昔日的辉煌？"统领课堂进行教学设计，使评价、教学活动统一指向学习目标，通过小组合作学习，达到学评教联动一致。

1. 学习目标适切，评价、活动设计合理与之匹配，"学-评-教一致"

教师在准确把握课程标准，认真钻研教材，深刻解读文本，充分了解学情的前提下,确立了"识记""理解""分析""应用"四个层次的学习目标,关注了学生差异;围绕学习目标,确立评价任务与评价标准,组织相应的学习活动,从而使目标、评价、活动一致。

2. "大问题"统领,直击课文重难点

大问题"作者为什么用那么多笔墨写圆明园昔日的辉煌?"删繁就简,直接涵盖本课重难点。通过衍生的"昔日辉煌"和"安排妙处"两个分问题的探究,给学生提供了独立思考、自主表达、多元思维碰撞的机会,学生作为探索者,通过交流,陆续发现"答案",分享优化,创造出"满意答案"。

3. 评价驱动学习

评价标准采用"三星级"形式,直观快捷地反馈出学生学习目标的达成情况,便于教师诊断评估,及时调控教学活动,实现了评对教、评对学的负责,从而评价标准驱动学习目标达成;学习过程中,无论生生评价还是师生评价,除了反馈、纠错外,更侧重激励与学法指导功能,使用积极正向评价驱动学生自主学习,有效促进了学习目标达成。

(二)自我反思

《圆明园的毁灭》是一篇精读课文,在教学这一课时,我以小组合作交流为学习方式,以学生的学习状况为基点,努力做到以学定教,以教导学。

陶行知先生说过,"教的法子要根据学的孩子"。课堂上努力做到先学后教,以学定教。如,在学习第三自然段小组合作交流时,学生对圆明园的建筑进行了一一点评并谈出了自己的体会和质疑,通过交流,发现学生能找出圆明园中景观的特点,也感受到了圆明园昔日的瑰丽及中国劳动人民的智慧和才干,但他们对圆明园的单个景点只有局部感知。于是,我引导学生通过抓住文章中的连词,在学生的脑海中勾勒出一个较为完整的形象,从而更深刻地理解圆明园为什么被称为"园林艺术的瑰宝、建筑艺术的精华",也把一个叙述众多事物的写作方法渗透给了学生。在此基础上,利用课件展示了师生搜集的圆明园图片,圆明园的美丽一下子就印在了学生的脑海中。在这一过程中,在明确的目标导向下,我顺学而教,重视学生在自主学习、交流讨论中的生成点;根据"先学"情况和变化的学情,随时调整教学过程。

"以教导学"是有效教学的规则、规律。这里的"教"指的是在学生阅读、思考、交流的基础上,教师进一步对学生的深入学习进行引领、指导,在于培养学生独立获取更深刻的知识、系统整理知识和科学运用知识的能力。如在课堂上学生通过感悟、想象，描绘出了他们心中圆明园的辉煌，但如此瑰丽的皇家园林瞬间被烧毁了！这一骤变在学生的脑海里只是一个非常抽象印象，于是播放了《火烧圆明园》纪录片的部分片段，映入学生眼帘的是圆明园的设计、建造，呕尽几代皇帝心血的皇家园林就这样被抢掠，被焚烧，最后化为灰烬，这一过程清晰地印入学生的脑海里！关闭电影，让孩子们谈此时的心情，顿时学生们的惋惜、愤怒、憎恨呈现在一张张童稚的脸上。"小书圣"姜文豪站起来振振有词地说："我觉得侵略者固然可恨，但当时的清朝政府更可恨！如果不是他们腐败落后、软弱无能，中国的圆明园怎么会被外国侵略者毁了？"一石激起千层浪！同学们纷纷发表了自己的见解。接下来的小练笔活动中，孩子们洋洋洒洒直抒胸臆，表达了自己的惋惜与愤怒，更可喜的是他们都意识到了自己身上肩负的使命和责任——不忘国耻，振兴中华。这一教学过程中，以教导学很好地达成了目标。

纵观本节课，全体学生能通过小组合作积极参与学习，充分发表自己的见解。集体交流时，师生之间、生生之间都有很好的交流，学生的合作和思维能力都得到了提升，较好地完成了教学目标。

（海阳市核电区小学　杨秀玉提供）

第九章

教学诊断与评价

捷克教育家夸美纽斯曾提道:"找出一种教育方法,使教师可以少教,学生可以多学;使学校可以少些喧嚣、厌恶和无益的劳苦,独具闲暇、快乐和坚实的进步。"[24]课堂教学作为学校教育的主旋律,是教师展现教育智慧,施教学生的教育舞台。正如一位哲人所言:"教育的全部意义在于让人成其人。"在我们看来,教育的终极目的是成全生命,让师生朝着他们心目中理想的样子成长。教师工作的主阵地在课堂,课堂是学生生命成长的原野,是学生知识获取、能力提升、精神建构的重要场域。教师在教学实践中增长教育智慧,丰富教育经验。学生在课堂学习中增长智慧,提高能力,拓宽视野,提升素养。然而,现实的课堂教学未必尽如人意。特别是中国学生核心发展素养颁布以来,基础教育教学更加关注学科育人价值导向,这对教师课堂教学提出了更高的要求。因此,对教学进行全面、科学、有效、系统地诊断与评价显得尤为重要。这一章主要是对课堂教学诊断与评价进行相关的探讨,理清课堂教学诊断与评价的内涵、价值与操作技术要领,通过具体案例的呈现,有效剖析课堂教学,从而找到学科核心素养在课堂中培育的落脚点,实现立德树人根本任务在课堂教学中落实落细的教育目标。

第一节　理论导航

一、教学诊断与评价的相关概念

(一)教学诊断的内涵

"诊断"一词源于医学术语,即医生通过为患者"诊视"病情、"判断"病因,给出治疗方案的过程。"诊断"由"诊"和"断"两个层面组成,"诊"即"诊脉察病","断"即"判断,决定"。"教学诊断"(Classroom Teaching Diagno-sis,CTD),又称为"教学现场分析",由诊断主体依据一定的标准,采用摄像、记录的方式,通过摄取课堂教学流程中的重要环节实况进行"诊视"和"判断"。诊断者借助教研活动进行微定格分析,不仅清晰了解教学者的课堂生态,探讨具体教学过程和方法的可操作性,而且能够发现教师课堂教学或学生学习中的问题、困惑及原因找到有效的方法解决问题,以此促进教师的教和学生的学。

(二)教学评价的内涵

教学评价本质为一种价值判断,是评价者依据一定的方法和标准,通过运用科学有效的测量工具或评价量表对教与学的过程及效果做出客观、有效、准确的衡量和价值判断的过程。

教学评价包括教师的教、学生的学和最终的课堂教学质量及效果三方面内容。教学评价按照评价者和被评价者进行分类,评价者既可以是课堂教学中的主体,教师和学生;也可以是从事教学工作的教育同行或专门领域的专家;被评价者则指课堂教学的整个活动,包括教师、学生、教学流程等。因此,教学评价具有评价主体多元性、评价目的确定性、评价标准多重性和评价方式多样性等特征。

(三)教学诊断与教学评价的关系

教学诊断和评价既有相似性又有差异性。教学诊断是主体依据一定的标准对客体进行观察,含有对课堂教学进行观察、判断课堂教学中的病因并提出解决方案两层含义。教学评价是对课堂教学是否有效的价值判断活动。课堂教学的价值性是评价的前设,而课堂教学的问题性是诊断的前设。在过程上,二者都需要依据一定的标准,把教学活动与标准进行对照分析,这是二者相似所在;在目的上,教学评价是进行教学活动的价值分析,评定教学的价值,教学诊断则是发现、分析和解决教学活动中存在的问题,这是二者的区别所在。

虽然教学诊断与评价的侧重点不同,但两者在实施过程中有很大重合性,全面的评价是精准诊断的信息基础,有效的诊断则可以充分体现评价的增值作用。

二、教学诊断与评价的意义和价值

教与学水乳交融、密不可分,通过调研课堂我们发现:大多数教师关注知识点的掌握,忽略、淡化学生能力和素养提升。教学环节中缺少评价任务的设计,课堂评价单一。由于课堂诊断无依无据,教师观评课常站在自己的角度随意表达想法,评课没有数据和实证作支撑,所以打造高品质学本课堂,显得困难重重。因此,以课堂为载体,实施精准评价、诊断课堂,对于优化教学环节,改进教学策略,提供最佳解决方案,进而关注学科育人和找到学科核心素养在课堂中培育的落脚点具有重要意义和价值。

(一)意义

教学诊断与评价包含两方面意义:一是更新教育理念和改善教学行为,对促进授课者专业学习解决教学障碍,改进和强化教学活动具有极强的指导作用,对学生的学习行为具有控制和强化作用;二是对教师的教授活动具有提供诊断信息、全面排查教学问题、正确把握施教方向的功能,从反面寻找科学的教学与学习理论和方法,减少教与学的盲目性,增强自觉性,使教师和学生尽快按照科学规律进行教学活动,提高教与学的效率,实现有效教学的目的。

(二)价值

教学诊断与评价是课堂推进的"GPS",在教学中发挥着关键作用,其价值体现在以下三个方面。

第一,提高教师教学的针对性。教学诊断与评价能让教师了解学生的学习情况,诊断学生对知识的掌握程度,了解学生的兴趣爱好,从而及时地调整教学策略,帮助学生化解学习中的困难。

第二,帮助教师转变教学方式,提高教学水平。教学诊断与评价能让教师及时转变自己不良的教学行为,在教学中注意自己的言谈举止,及时进行改进和调整,充分挖掘教师的教学才能。

第三,开展教学诊断与评价能使教师不断思考,及时转变教学理念。教学诊断与评价的过程不是一个简单执行的过程,而是教师进行思考之后的一种行动,是在教学中不断实践和完善的过程,它是从理论到实践再到理论的一个过程,在这样的过程中教师会不断反思,提高自己的教学水平。

三、教学诊断与评价的技术要领

教学诊断与评价以学本课堂教学为研究对象,由诊断与评价主体、诊断与评价标准、诊断与评价流程、诊断与评价技术四要素组成。

(一)教学诊断与评价主体

教学诊断与评价主体由"施教者""同伴"和"学科专家"组成。他们直接进入真实的教学现场,展开课堂观察,关注教师教学行为和教学评价证据的收集,关注学生学习行为的诊断和课时教学方案的及时改进。

(1)"自我问诊"。教者自我诊断,分为两种形式:一是进行教后说课,反思课前目标预设与课堂生成、达成情况;二是教者结合自身教学实施情况围绕"三维九点"课堂观察要求,进行自我诊断,做出评价。

(2)"同伴互诊"。组建学科课堂诊断小组,每小组3～5人,根据观察维度、观察点,分别针对各自承担的任务,通过课堂观察进行实证、数据的采集、获取。以小组为单位,对采集到的数据进行汇总分析,形成相应观察维度的诊断报告。诊断报告根据"三维九点"课堂诊断技术标准,做出分值评定。

(3)"专家会诊"。组织区域教研人员和校内业务领导等组成专家团队,实施专家会诊,对教师的课堂进行全面诊断。专家团队的诊断汇报,往往能够从不同角度、多视角来审视课堂,从深层次挖掘出教师课堂教学中存在的问题,深刻剖析原因,高屋建瓴地提出相应对策和改进建议。

在实践探索中,专家会诊我们采用诊断指标体系权重分析法,利用两两比较法对各级指标进行优先排序,进而确定各项指标权重值。如诊断量表一级指标共有5个,两两比较的顺序依次为1:2、1:3、1:4、1:5、2:3、2:4、2:5、3:4、3:5、4:5。由5位专家参与评分,如指标1比指标2稍显重要则指标1得1分,指标2得1分,指标1与指标2同等重要则指标1、2各得2分,指标1比指标2明显重要则指标1得4分,指标2得0分。将两两比较的各指标所得分相加得到某一指标总得分,用某一指标总得分除以所有指标得分之和得到的结果就是该指标的权重。将所有专家的相同指标权重相加再求平均值即为该项指标的最终权重,其余指标的权重计算与一级指标类似。

表 9.1　专家会诊诊断量表的一级和二级指标权重值示意图

一级指标	权重	二级指标	权重
课堂互动	0.32	质量	0.17
		机会	0.15
项目呈现	0.16	内容	0.09
		形式	0.07
教学组织	0.24	效率	0.15
		逻辑	0.09
课堂资源	0.15	预设	0.08
		生成性	0.07
课堂目标	0.18	计划	0.07
		达成	0.11

（二）教学诊断与评价标准

教学诊断与评价主体在"教学整体性"和"教学一致性"原则指导下,运用基于证据的逆向推断式诊断、基于标准的纵横对比式诊断和基于切片的深度剖析式诊断技巧,进行可行性诊断、规范性诊断、科学性诊断。

基于"教学整体性"原则,把"问题导学""学生在前""深度对话"作为三大观察维度,每个维度下面细化三个观察点,制定出具体的观察诊断评价标准和赋值权重。

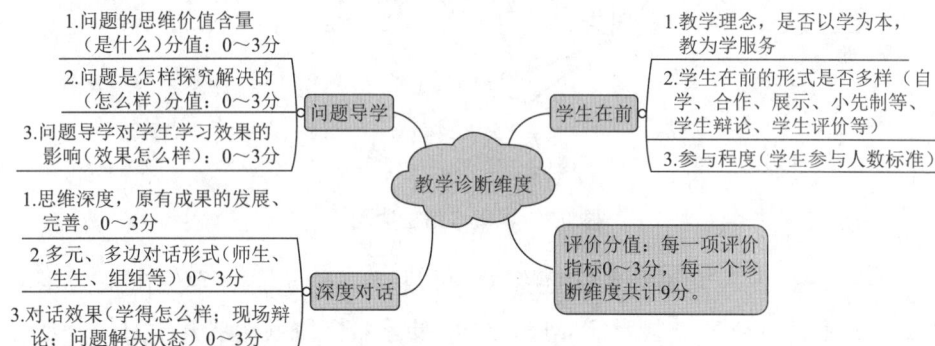

图 9.1　教学诊断维度

基于"教学一致性"原则,围绕"学""评""教"三要素确立三个观察维度,每个维度分别制定三个观察点和评判分值标准,每个观察维度、观察点均指向"目标达成"。

图 9.2　教学一致性诊断维度

（三）教学诊断与评价技术

教师精准、有效的评价需要专业的团队指导和有效的课堂诊断技术来支撑。在"自我问诊""同伴互诊""专家会诊"多方诊断的基础上,由各方结合相应的"诊课维度"量化评价,以具体数据绘制课堂诊断图。主要是利用"雷达图""折线图"两种工具,关注教学纬度在课堂中的落实达成以及整体趋势等情况。

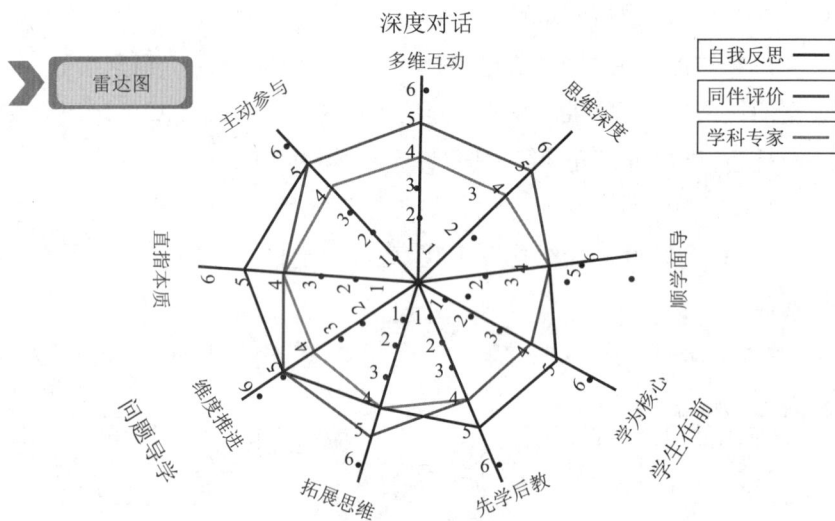

图 9.3　课堂诊断雷达图

"雷达图"是研究课堂现象的整体分析,从"问题导学""学生在前""深度对话"三个视觉研究一堂课。"问题导学"要紧紧围绕问题展开学习。一是问题提出要直指本质(是什么);二是问题设计要拓展思维(怎么样);三是问题解决要有梯度推进和思维含量,与国家形势对接起来,体现较高的育人价值。"学生在前"要体现学生是学习主体。一是学为核心,关注学生的需求,把时间还给学生;二是先学后教,学生学不会时教师才出手;三是顺学导评,要考虑学生的生活实际和认知规律,捕捉在学习过程中暴露出的问题,及时给予评价、指导。"深度对话"重在引发学生的思维,让学习真实发生。一是挖掘学生的思想方法,深度碰撞,促进学生高级思维发展;二是多边对话,让学生进行生生间、组组间、师生间的思维对话;三是主动参与,多数参与,积极互动。

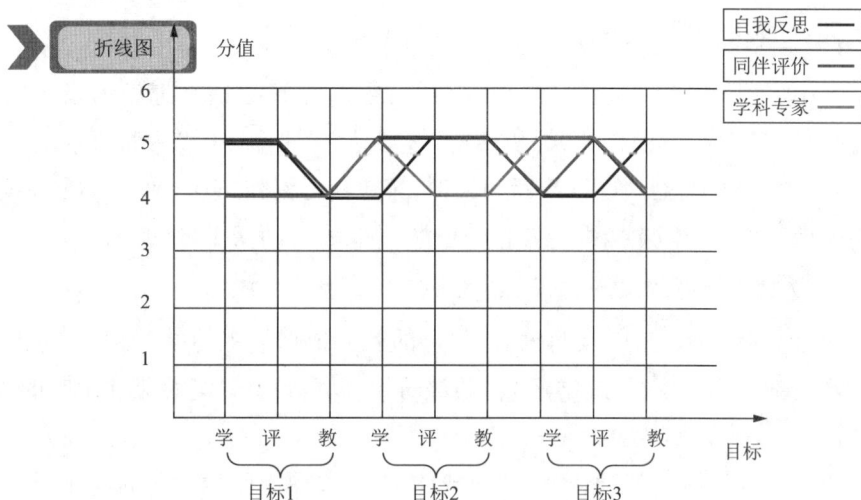

图 9.4　课堂诊断折线图

"折线图"主要用来诊断"学-评-教一致性"目标达成情况。要求教师研究课标,研究课标与目标的关系,通过描(描述现象)、找(找出问题)、揭(揭示原因)、提(提出建议)来诊断教学目标达成度。

(四)教学诊断与评价流程

教学诊断与评价流程是通过优化"教后说课、观课评述、多方诊断、共商对策",实施"望闻问切"诊断方法,引导教师从"就事论事"的表层评议走向"剖课析理"的深度推论。

"望"就是围绕观察维度和观察点,观察师生教学全程中的活动、情感、表现,关注学生在课堂中的参与状态、交往状态、学习心境等。

"闻"就是通过倾听师生,尤其是学生在活动中的言语表达,来确认学生的情感投入和思维状态,聆听来自课堂的真实声音。

"问"是通过课后与师生的交流,了解教师的设计意图与学生的内心感受,来审察课堂教学效果,诊断存在的问题。

"切"是通过在课堂中随时抓拍视频、录音、批注摘记等方式,做好数据和实证的采集,之后对采集到的数据、实证进行切脉分析,透过问题表象,详细分析造成问题的深层次原因，寻求解决问题的根本方法。在这一过程中，诊断主体按照"描、找、揭、提"诊断表达要求，描述问题，给出扣分理由，找出优点和问题，揭示其中的原因，并提出本组具体、有针对性的对策和建议，做到诊断有序、有理、有据。

四、理念提升

"学本"课堂以"儿童立场、学习中心、结构变革、生命增值"为指导原则，倡导教师创建以"主题探究、板块结构、智慧导学、课标评价"为特征的新课堂，就"学-评-教一致性"进行诊断和议课，聚焦核心素养，直指教学本质，有效地提高了课堂品质，让课堂成为学生学习的乐园、成长的沃土、迷恋的地方。

（一）剖课析理的教研主张

第一，学生的学是课堂的核心，教师的教应依据学生的学、为了学生的学、服务学生的学，为此把"因学定教、顺学而导、以学论教"作为课堂诊断的指导思想。

第二，大问题是课堂教学活动的载体，决定着课堂教学活动的内在框架，研究大问题的设计与实施有利于提高教师的核心教学能力，也有利于促使学生学习增值、生命增值。

第三，一致性是课堂教学诊断的核心内容，也是将课程标准落实到课堂教学所必须进行研究的一项关键技术，为此把学生学习、课堂评价、教师导教作为课堂教学诊断的重要内容。

第四，促进思维转型是课堂诊断的重要功能，课堂诊断倡导原点思维，关注目标导向；倡导亮点思维，关注精致处理，做好教学一致性分析。

（二）诊断评价的四大原则

一是目的性。必须以促进学生健康发展为终极追求目标。

二是科学性。必须运用科学的理论，保证诊断结果的准确性。

三是简易性。必须使诊断者易于掌握并使用所研制的诊断工具。

四是教育性。必须诊断过程中引起诊断者和被诊断者的自我反思与自我改进，以促进教学活动中的师生思维发展为重点，进而提高师生的反思与改进。

第二节　教学诊断与评价的实施方式

课堂教学是教学诊断与评价的基点，教学诊断与评价要实现教师教学行为的改善。一是要改变教学方式单一的局面,实现教学方式的多样化[25];二是要帮助学生实现学习行为的改善,学生学习行为的改善受教师的教育教学能力、师生主体适合度、同伴主体协同状况等因素的影响。课堂教学应该注重培养学生的质疑能力,追求一种互动、多元、自由的教学。课堂为质疑而教,要注重以学生成长为本的课堂教学理念,培养学生的质疑能力。[26]基于此,以下三个案例分别从自我问诊、同伴互诊、专家问诊就教学诊断与评价的技术要领进行细节呈现,期待能为一线教师的实践操作提供示范和引领。

一、自我问诊

教学案例 1　《长方形和正方形的认识》

一提到大问题教学,我们就会想到"问题导学""深度对话"和"学生在前"这三个关键词,只有在课堂中真正落实"问题导学""深度对话"和"学生在前"才能让大问题教学真正落地,让学习真正发生。下面,我从课堂教学中如何实现"问题导学""深度对话"和"学生在前"对青岛版小学数学二年级下册第四单元《长方形和正方形的认识》一课进行教学反思。

(一)问题导学三部曲

对于长方形和正方形学生在一年级就已经有了初步认识,但认识的程度停留在能够借助具体的图形和直觉来辨认,不能用数学语言对图形进行描述。《长方形和正方形的认识》这一课是对长方形和正方形的进一步认识,是学生从具体思维过渡到抽象思维的一个过程,重难点是学生能自主发现、总结长方形和正方形的特征。所以本节课学生的学习目标应该落在"找特征"和"学会说"上。基于学困点和疑难点,我设计了本节课的两个大问题:① 长方形和正方形的特征是什么? ② 怎样来表达? "大问题"设计好后,我有了这样的困惑:一是"大问题"在课程教学上该怎么操作呢? 二是数学一定要抓住最本质的东西,直接告诉学生"特征是独特的,唯一的",学生听不懂,怎样用学生听得懂的话来表示本质? 基于以上两点思考,在本节课的问题导学中,我先通过猜谜语的游戏来放松学生紧张的情绪,与学生建立关系,通过大象"长鼻子"这一独有的样子让学生理解"特征"的含义,帮助学生建立与知识之间的联系。在让学生分图形的活动中引导学生学会找特征的方法,并通过问学生"是怎么从这一堆图形中把长方形和正方形找出来的"这一问题找出学生的学困点,引出本节课的两个大问题。整个导入环节其实完成了三件事,一是交代学习任务,二是引导学习方法，三是激发学习兴趣。这三件事就像是问题导学的三部曲，只有在贴近儿童的语言交流中才能交响出一首美妙的乐曲。

（二）"深度对话"的两点思考

深度对话包括生生对话和师生对话，下面我结合本节课的具体教学环节谈谈我对深度对话的两点思考。深度对话一是要找到评价学生的支点。在学生展示中，学生是这样表达的："请大家听我说，我们组是把长方形的边先上下对折一次，发现这两条边重合了，然后又左右对折一次，发现这左右两条边也重合了。"我是这样评价的："我从来没听过这样的发言，这个逻辑太好了，这位同学说他通过两次对折发现长方形上下两条边相等，左右两条边相等。他们组采用对折的方法大家认同吗？"我在评价时先用"我从来没听过这样的发言，这个逻辑太好了"肯定学生的做法，然后找出了"上下左右一样长"这个矛盾点，最后我把长方形倾斜之后进行对折，学生发现：将图形正着放，可以看到上下左右四个方位；将图形倾斜，上下左右四个方位就变了。这样做的目的是把"长方形上下两条边相等，左右两条边相等"重点放在为什么叫对边上，即通过对折放在一起的边叫作对边，帮助学生理清概念，教给学生数学思维，以此引发深度对话。二是要不断地追问。当学生学完折的方法以后，我举着长方形纸片又问学生："这是可以拿起来的，在黑板上画一个图也能对折吗？"生回答："不能。"我又问："怎么办？"学回答："量。"我又追问："怎么量？"学生回答："用尺子量。"我又问："没有尺子怎么办？"在不断地追问中将学生的思维引向深处，引发学生的深度对话。

（三）"学生在前"的基础是贴近儿童

在执讲整节课后，有幸受到海阳市教研室两位专家的指导和点评。骆本强指出："学生在前"一是要在学生明白解决的问题之后自主解决，二是要贴近儿童的生活实际经验。例如，在引导学生提出大问题之前，可以用"找爸爸"这样贴近学生生活实际的案例让学生想办法，帮助学生理解"特征"的唯一性和独特性。"学生在前"一定要来源于对生活的观察，考虑学生的生活经验。车言勇指出："学生在前"的基础是找生活，要用儿童理解的东西来教学，但在实际教学中教师在找生活方面觉得困难。车主任给出了三点建议：一是理念到位，二是学的内容要是学生熟悉的，三是教学方式方法关注多样。

根据专家的指导，在导入环节我重新进行了设计：我先让学生通过猜谜语感知特征，然后让学生四人一组把一堆图形按照边进行分类——三角形、四边形、五边形；再把四边形进行分类，找出长方形和正方形。然后问学生："你怎么从这一堆图形中找出来的？"学生一般都是凭直觉找出来但说不出理由，我顺势说："看来长方形和正方形都有自己独有的样子，刚才这位同学靠直觉把它们找出来了，但说出理由好像有些困难。那这节课我们就一起来解决这两个问题。"这样，在贴近儿童生活经验和话语中，从学生疑惑和困惑之处引出本节课的大问题。

要想真正落实"问题导学""深度对话"和"学生在前"三大理念，让大问题教学真正落地，让学习真正发生，我们就要不断地问自己：我对数学的理解是什么？我对儿童的理解是什么？我对教育的理解是什么？作为一名青年教师，我们要做的是无论备课还是上课都要以学生为本，思考教师怎样说学生能够听得懂，学生怎样学才能学得好，在研读教材的基础上创造性地使用教材，努力提升自身专业的素养。

（海阳市亚沙城小学　梁雪洁提供）

二、同伴互诊

教学案例2　《认识长方体和正方体》

大家好，我们是"教－学－评一致性"观课组，我们的观察点是评价任务设计、关键性问题，拟解决的问题是如何以问题推进学习任务落实，发展学生直观想象，我们组的两位发言人，一位是借助借助于折线图，对高老师的本堂课进行"学习－评价－导教"的一致性分析，第二位发言人是以"如何以问题引领促进学生直观想象"进行分析。下面由我进行一致性分析，我们小组基于课堂观察的事实，经过讨论分析，对学习目标一的学、评、教的赋分见PPT，我们认为学习目标一的总体达成度较高；对学习目标二的学、评、教的赋分见PPT，针对目标二的高老师的导教活动，目标达成度略低，给了4分；对学习目标三的学、评、教的赋分情况见PPT，学习目标三的总体达成度也比较高，我们小组仍然给出了一致性的评价。

下面针对本节课的3个学习目标展开学、评、教的具体分析，本节课的学习目标一是通过摸一摸的游戏，准确地说出并指认长方体的面、棱、顶点，第一条目标的落实程度是第二个目标达成的基础，只有第一个目标牢固建立起面、棱、定点这三个概念，在这个基础上学生才能探究出面、棱、顶点的特点。为了检测学生是否达成这一目标，及时调整课堂进程，高老师设计指认长方体面、棱、顶

·215·

点这一评价任务。为了达成目标高老师设计摸一摸游戏,激发学生的学习兴趣,学生在游戏的过程中结合一年级对图形的基本认识,通过触摸,初步感知长方体的特征,建构起模型,然后让所有同学闭上眼睛,感受平平的面,突起的棱和尖尖的顶点,并通过微视频给出概念,初步理解了面、棱、顶点的含义。之后老师通过带领学生重复一遍,并板书,建立起面、棱、顶点的概念。通过指认面、棱、顶点的活动来检测目标达成情况,过课堂观察,举手情况,高老师随意找一名学生上台指认老师手中长方体的面、棱、顶点,学生快速准确指认出来,高老师让其他同学们判断该同学对错,说明其他学生也能够准确指认,达成目标,总体看学习目标一的目标评价任务与教学活动一致。不过我们组认为,面、棱、顶点三个概念是探究长方体特征的基础,只有掌握这三个概念,特征探究才能顺利进行。为了准确的评价,可否设计这样的评价任务:同桌指认,或者是同时让学生利用自己手中的长方体,老师说,同学指,这样也可以充分利用学具,结果也较为准确。

学习目标二是小组合作观察、操作、想象,准确描述出长方体和正方体的面、棱、顶点的特征,在学习目标二的达成过程中,学生小组合作探究长方体面、棱、顶点的特征并进行验证,在小组合作的过程中,每个组员都能对探究的角度、验证的方法提出建议,进行商讨,做出调整,最后整理总结出长方体的特征,学生的参与度高。在小组交流的环节,上台交流的同学通过在黑板上画出一个面,然后用相对的面比一比、量一量每一条棱的长度,来验证了自己的观点,在这一过程中,总结出相对的面完全相同、相对的 4 条棱长度相等,面、棱、顶点的数量等特征,目标达成度较高。高老师在这一环节中,提出了想一想探究角度、说一说如何验证特征这两条小组探究要求,借助长方体实物,让学生感受进而总结长方体的特征。接着高老师借助课件动态展示透视棱,引导学生感受长、宽、高决定长方体的大小,在这一过程中借助于透视棱学生直观感受长方体的特征,理解棱的长短对长方体大小的决定作用,发展了学生的空间想象能力。但是,学生对于一组棱才能确定一个长方体这一问题不太理解,高老师没有根据课堂的学习信息,及时调整导教活动,因此学习目标二的教的达成度一般,我们给了 4 分。在这一目标的达成中,为了检测学生对长方体棱、面特征的掌握情况,高老师设计了根据给定的棱想象长方体、根据给定的数据确定面两个评价任务,课堂上学生上台准确补出长方体缺失的棱,不管数据怎么变也能够确定相应的面,学生能够根据掌握面、棱的特征进行推理,学习目标达成度较高。

因此学习目标二的学生学习—评价任务—导教活动基本指向学习目标。

学习目标三是自主迁移探究正方体的特征,归纳出长方体和正方体之间的关系。在学习目标三的达成过程中,学生通过观察手中的正方体实物,借助探究长方体特征的知识迁移自主探究总结出正方体的特征,并在高老师的"现在能不能对照板书想一想长方体和正方体有哪些相同点,哪些不同点"的问题引导下,对比长方体和正方体的特征,归纳出了长方体和正方体的异同,目标达成度高。高老师引导学生发现正方体是一种特殊的长方体,揭示长方体和正方体的关系,学生更加深刻地掌握了长方体和正方体的特征,目标达成度高。在这一过程中,高老师设计的说一说长方体和正方体的异同这一评价任务,课堂上学生,清楚准确地说出了相同点和不同点,说明学生掌握了正方体的特征以及与长方体的关系,完成学习目标,因此,学习目标三的学生学习—评价任务—导教活动一致指向学习目标,达成度高。

总体来说,高老师的整堂课,学生的学,对学习的评价,教师的教,都是围绕目标展开的,都具有目标的一致性。如果高老师在上课过程中及时准确地获取与目标达成的相关的学习信息,并能即时解读这些信息并做出相应的反馈和调整教学活动,就可以使学习目标得以高效地达成。以上我们小组针对高老师这一节课进行的教学诊断与分析。

(海阳市亚沙城小学 韩楠提供)

三、专家问诊

教学案例3 《平行与相交》

在学校观摩课上,于老师执教三年级《平行与相交》一课,导入新课环节采用传统的谈话法:先导让学生观察信息窗,然后提出一个问题:从图中你发现了哪些数学信息?但学生的回答远离了问题的指向。这不得不让我们究其原因:三年级学生对"数学信息"尤其是图形与几何领域中的数学信息这个概念还不太了解,什么是信息,什么是数学信息?图形与几何领域中的数学信息又要从哪儿入手观察?从课堂现场来看,学生对此没有准确的理解。学生的回答自然是五花八门,无法让老师快捷地提出本节课研究的问题。其次,刚接触图形中"线"的知识,学生也无法能准确地说出"平行线"和"相交线"的概念,更无法判断同一平面内两条线的位置关系。

回顾于老师的导入,忽视了学生已有知识基础与新知之间的联系,忽视了学生与学习之间的意义串联。在引导学生观察信息窗方面,老师显然没有设计好提出的问题,也没有了解学生的生活经验,所以,整个师生对话困难重重,学生的学习兴趣也因为遇到学习障碍没有有效激发,更不用谈对平行与相交的相关知识的整体建构了。

反观黄爱华老师在导入环节的处理,我们可以学习和借鉴。以学习"倒数"为例,黄老师首先说:"我们学过整数乘以分数,有的同学问,我们什么时间学整数除以分数啊?"这个问题的提出,老师首先建立起跟学生的关系,学生问老师,显然师生关系密切融洽,然后是建立起学生与知识的关系,即乘法这一旧知和除法这一新知之间是有联系的。老师接着说,在学习整数除以分数之前,我们要学习一个新的知识,这就是"倒数"。板书倒数后,老师让学生读课题,读准并理解倒数的"倒",然后问学生,"你想了解倒数的哪些知识",根据学生回答,老师梳理出本节课的大问题:什么是倒数?倒数的性质是什么?怎样求倒数?

受黄爱华老师导入新课的启示,我认为于老师在执教《平行与相交》一课时,可以这样导入新课:同学们,上一节课我们学习了数学上的线,谁来说说都有哪些线啊?学生可能说直线,射线,线段。然后老师再接着说,这节课我们继续研究数学上的线,只是研究的与两条直线有关的内容。这个内容就是《平行与相交》(板书课题)(建立师生关系、建立新知与旧知的关系)。同学们一起读课题。从课题中,你认为我们会学习哪些内容?从学生的回答中梳理出该节课的大问题:什么是平行与相交?平行与相交有什么区别?怎么判断是平行还是相交?然后结合信息窗提供的信息,开始认识生活中的平行与相交。

老师在导入新课环节,很少关注师生之间关系的建立和让学生明确本节课要解决的关键问题(大问题)。黄爱华老师的大问题教学框架,则非常重视这一环节的预设。黄老师主要从三个方面来完成本环节的教与学的活动。一是建立关系,即建立教师与学生的关系(人与人)、建立新知与旧知之间的关系(人与事);二是梳理问题,即在通性提问后(看到课题,你认为要研究什么问题)学生设疑、教师根据学生回答的情况,梳理出 1~3 个大问题;三是整理板书,即将课堂教学的核心问题或是数学学科的基本问题板书在黑板醒目的位置,例如,"什么是和","怎么样"的大问题,"为什么"的大问题,"是不是"的大问题,"说明观点"的大问题等等。正如美国著名教育家 H. 西蒙说的,只有当学习者知道了学习的结果如何时,才能发生学习兴趣。而且从建构主义理论的角度说,学生对该节课的主要知识，从课堂开始就处于整体认识和整体建构之中，有利于形成知识体系，也有利于促进学生知识的自我学习和建构。

所以，教师在教学过程中一定要真正明白教学行为背后的理念，只有如此，才能创生出富有个性和活力的课堂。

（海阳市亚沙城小学　初向伦提供）

第三节　教学诊断与评价的典型案例

【执教心语】

爱因斯坦曾说："学习知识要善于思考、思考、再思考，我就是靠这个学习方法成为科学家的。"可以说，一切有成就的人都善于思索，都有好思的习惯。因此在我的英语教学中，一直不断革新教学方法，以"系统架构型"课堂为抓手，倡导学生"学以思为贵"。在课堂教学中，精心创设真实的语境，使学生在综合运用语言表达能力的同时，以逻辑思维、创新思维以及批判性思维建构起对中外文化的理解和认同。在 2017 年烟台市英语优质课评选活动中，我选择了"Chinese kites" & "Christmas traditions in the USA" 这两篇文章，学生在对比中西方文化差异之后，产生思维的碰撞，加深对中外文化的理解与认同。之后，我又在学校的公开课展示中，再次执讲了本节课，并有幸邀请到海阳市英语教研员王琳主任对我进行听评课指导。王主任的精心点评和高位引领，使我一次次明确自己进步的方向：只有培养起学生"会思"的思维品质，才能使英语学习更鲜活。

"Chinese kites" & "Christmas traditions i n the USA"
——义务教育五四制八年级下册《快乐阅读》课例

一、目标确立

（一）课标分析

《课程标准》提出"语言技能、语言知识、情感态度、学习策略和文化意识等五个方面共同构成英语课程总目标"的要求。基础教育阶段英语课程的总体目标是培养学生的综合语言运用能力。综合语言运用能力的形成建立在学生语言技能、语言知识、情感态度、学习策略和文化意识等素养整体发展的基础上。同时，初中英语学科的核心素养包括语言能力、思维品质、文化意识和学习能力。因此,利用"系统架构"式教学法,以学生的语言运用为起点,落脚于学生的思维提升,才能真正实现学生英语核心素养的发展。

对于八年级学生,《课程标准》要求达到四点:一是能就口头或书面材料的内容发表评价性见解;二是能写出连贯且结构完整的短文;三是能自觉评价学习效果,形成有效的英语学习策略;四是了解交际中的文化内涵和背景,对异国文化采取尊重和包容的态度。

基于课标的要求,针对本节课的具体内容,我是这样解读的:

(1)能运用跳读、略读、精读等阅读技巧,理解文章大意,并形成有效的英语阅读学习策略(这是指学习能力的);

(2)能对中国文化和西方文化的现象发表见解,并且能用英语写出介绍中西方文化的作文(这是指语言能力和思维品质的);

(3)能理解中西方文化间的异同,正确看待文化差异,尊重本民族文化(这是指文化意识)。

(二)教材分析

该模块的话题是"文化教育",在学习不同国家文化的同时,发现不同国家间思维方式、价值观以及情感取向等的差异,从而培养学生正确的价值取向。该模块的话题是承接八年级上册的第四课内容,学生在学习了中国的《愚公移山》和《西游记》之后,再进一步拓展到中国风筝和美国圣诞节传统的学习,拓展学生的知识面,丰富学生的语言文化。

这两篇文章的学习,旨在培养学生通过系统架构的方式对文本形成整体的感知,培养学生"会思、乐思、巧思"的思维品质;通过对文本的输出表达,训练学生的语言表达能力;在学习中不断引导学生自主性学习,培养学生的学习能力。同时,通过"*Chinese kites*"的学习,学生更好地了解中国文化和传统,培养学生民族自豪感。并且通过"*Christmas traditions in the USA*"的学习,学生了解美国圣诞节传统的由来,再引出中国的春节,引导学生发现中西方文化的差异,提倡多陪伴父母和家人,倡导中国文化的传统。中西方文化差异之间的思维碰撞,提升学生的文化意识。

本节课为一节阅读课,所以培养学生的自主阅读学习能力和进一步提升学生的语言能力为核心素养的落脚点。基于核心素养中语言能力和学习能力的重点培养,将本节课的重点定为培养学生学会运用略读、跳读、精读、猜词等阅读技巧全面理解文本信息,解答相关的阅读问题。基于重点任务的设计,旨在培养学生的自主学习能力。本节课的难点是对中国文化和西方文化的现象发表评价性见解，并且能用英语写出介绍中西方文化的作文，以此来进一步提升学生的语言能力和文化意识。

总之，以教材中两篇文章为蓝本，以"系统架构型"方式训练学生的思维能力，通过"在学中用英语"，提升学生的语言能力、学习能力和文化意识。

（三）学情分析

本课的教学对象是八年级的中学生。八年级的学生从初一年级开始接触阅读文本，经过三年的阅读技巧训练，已掌握了阅读的基本技巧。通过半时的英语阅读学习，也了解了一部分中西方文化。本节课的话题是"中国风筝"和"美国圣诞传统"，学生对这两个话题都比较感兴趣，而且初三的学生已经有了一定的知识储备，57%的同学语言能力突出，能够用英语流利地表达自己的一些想法，因此对本节课任务教学的开展以及提升学生的语言能力是有很大帮助的。

初三的学生不像初一、初二的学生那么活跃，学生们喜欢自己独自思考，解决问题，而且大部分学生不太喜欢展示自我。29%的同学思维能力突出，思维很活跃，但不太喜欢举手回答问题。因此，在教学中，我充分利用学生这一心理，积极引导学生合作探究，互助解决问题，训练学生学习能力的同时也为同学们提供展现最好自我的平台。

基于以上教材、学情、教情分析，结合学生学习习性和已有素养储备，确立了以下课堂学习目标。

（1）通过略读提炼文章的核心内容，通过跳读和精读捕捉文章的细节信息，通过思维导图对文章形成系统的认识，能够完全理解文章意思。

（2）通过小组活动，能够在情境中用英语流利地介绍中外的一些节日。

（3）通过自由写作与小组交流的方式，能够以书信的方式向外国友人介绍中国的春节习俗。

二、评价任务

基于学习目标，确立了以下评价任务。

（1）准确完成"读前质疑、读中释疑、读后梳理"中的阅读任务，能够理解文章的具体意思。（针对目标1）

（2）流利地复述"中国风筝"以及"美国圣诞节传统"的一些相关的节日

活动。(针对目标 2)

(3)先自己写一封信给"Linda"介绍中国的春节,然后再小组内相互交流,共同完善。(针对目标 3)

三、流程简介

(一)流程框架

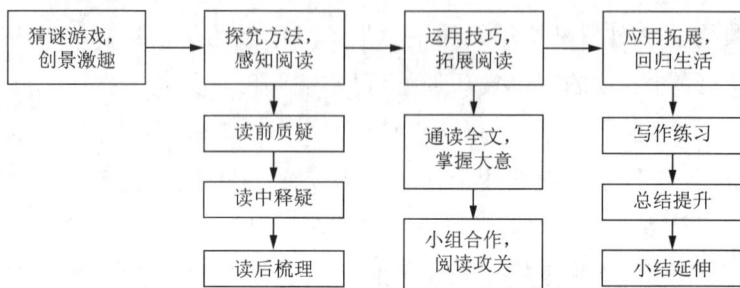

图 9.5　流程框架图

(二)设计意图

本节课旨在通过一系列的学习任务引导学生自主学习,最终高效地完成学习任务。总的学习任务设计为三大部分,分别为"探究方法,感知阅读""运用技巧,拓展阅读""应用拓展,回归生活"。总的设计意图为通过各种阅读任务的设计,引导学生学会并运用"略读、跳读、精读、思维导图"等阅读技巧,养成自主阅读学习的习惯,在各项任务中培养学生的思维品质和学习能力。通过设计一些情境交际的任务,让学生复述和介绍一些中西方的文化,给学生提供语言交流的平台,旨在进一步提高学生的语言能力。通过对中西方文化的对比,引导学生正确认识中西方文化之间的差异,旨在培养学生的文化意识。总之,整节课的任务设计围绕学习目标展开,意在通过完成相关的学习任务,实现核心素养中语言能力、思维品质、学习能力和文化意识的提高。

第一环节:猜谜游戏,创景激趣。

教师课前播放自制的"Kites"视频,一是课前活跃气氛,消除学生的紧张心理;二是为本节课的学习做铺垫。上课后,猜谜游戏的提出能吊起学生的胃口,从而使学生带着浓厚的兴趣进入本节课的学习中。

第二环节:探究方法,感知阅读。

(1)读前质疑(达成目标 1):教师抛出两个问题,承接导入部分,学生熟悉了"scan"阅读技巧后,快速浏览文章,解答这两个问题的同时,对风筝的基本历史有了很好的把握,从而在做任务的过程中感知"跳读"策略。

(2)读中释疑(达成目标1):教师和学生互动,利用学生强大的求知欲来激发对文本的精读,同时学生在完成任务的同时,细心品味了"精读"这一阅读技巧的运用。同时,遇到难点时让学生采取"小组合作"的方式真正起到互帮互学的作用,也是为了培养学生的思维能力。

(3)读后梳理(达成目标2):文章分段学习之后,教师提供"风筝形思维导图",学生根据"思维导图"复述文章大意,既能激发学生开口说英语的热情,又能使学生直观地掌握全文大意。这一环节的设计,真正使学生做到"在用中学英语,在学中用英语",为学生提供了口语交际的平台,培养了学生核心素养中的语言能力和学习能力。

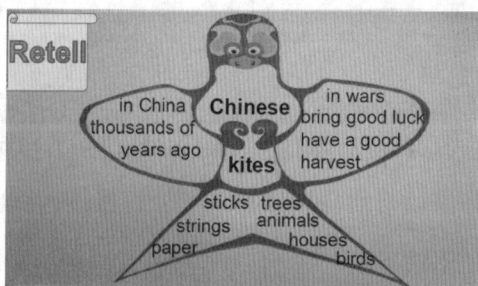

图 9.6　风筝形思维导图

第三环节:运用技巧,拓展阅读(达成目标1)

学习"扫读"阅读策略之后,设计主题式阅读任务,既检测学生对阅读技巧的运用情况,也使学生对文本的整体框架有初步的认识。

主要通过小组合作、阅读攻关的形式完成本环节的任务:学生根据导学案的颜色不一样阅读第四段后做不一样的题目,例如有红色导学案的同学回答红色字体的问题,组内每个同学回答的问题均不一样。然后在小组内交流答案。

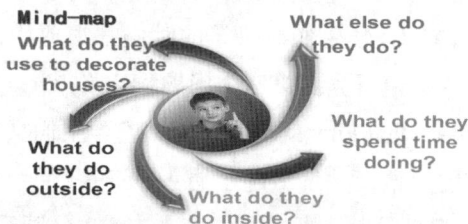

图 9.7　第四段问题

将第四段的问题设计成不同的颜色,同学们对号入座回答问题,然后再组内交流答案,既避免了学生阅读的疲劳性,又给学生提供了当"小老师"的平台。同时也注重培养学生的小组合作意识,也进一步培养学生的合作思维。

第四环节:应用拓展,回归生活(达成目标3)

(1)写作练习:新知学习后要求学生写一封信给"Linda",介绍一下春节的传统。这一任务贴近学生生活,学生有话说,而且也乐于说,同时也可以将课文所学优美句子进行合理化表达,给学生提供了一个分析问题,用英语思维解答问题的平台,训练学生的语言综合运用能力。

(2)总结提升:学生以"系统架构图"的方式总结本节课学到的阅读技巧,多元文化之间的异同以及价值文化的认同等收获,提升学生英语核心素养中的文化意识。

(3)小结延伸:分类布置作业,使不同层次的学生各有所得。

四、精彩片段

片段一:层层递进,巧设悬念

Chinese kites 一文中,我巧设四个问题,需要同学们帮我答疑解惑。学生们一听老师都有疑惑,需要帮助,顿时眼前一亮,积极投入到阅读中,个个都想争做帮助老师的第一人。

第一个问题是"Where were kites first made?"学生猜测是"Weifang"的时候,我借机提醒,可以根据题目"Chinese kites"猜测是哪个国家,瞬间全班同学齐声回答"China".我又借势抛出第二个问题"When were kites first made?"这时候同学们都直摇头,我给出指令"快读第1段找答案"。学生们一听在第一段里有,马上都聚焦到文本 Para 1,立刻开始了速读,不到1分钟的时间,28个同学找到了答案。如果再继续提出第三个问题,学生的注意力可能就没有前一段时间那么集中,我便马上进行调节,和学生展开对话"What's your feeling when you fly kites?"同学1:Happy! 同学2:Relaxed! 同学3:Interesting! 从学生们兴奋的表情上可以看出,学生们放风筝的时候都很放松,开心。这时候学生们的疲劳感已全无,我又借机抛出第三个问题"We fly kites just for fun now, but do you know in the past what kites were used for?"学生们又陷入了困惑中,甚至姜同学、徐同学这样的英语高手都皱起了眉头,这时我便给出提示"请精读2&3段落找答案"。学生带着任务认真地阅读着文本,2分钟后,王同学举手回答,不过只答出了第二段的一个作用。徐同学又补充了第三段的信息,但并不是正确答案。这时,其他同学都陷入了沉思,答案到底是什么呢? 其实,同学们做题时我巡视时发现,大部分同学将答案都已在文本中标注出,但他们感觉英语课上不能说汉语,所以都没敢说出第二段的第一句汉语,这时我及时给出提示"the first sentence",顿时同学们踊跃举手,最终"待优生"臧心雨给出了正确答案。

在这一个片段,正是由于教师的巧妙设疑,才能一直抓着学生的兴奋点,学生的好奇心帮助他们攻破了一个个问题。当教师发现大部分学生陷入困境时,及时给出指示性语言,学生们变一下子豁然开朗,对于提升学生的思维能力有很大的帮助,启发学生遇到问题时可以换个角度思考问题。

片段二:学生当"专家",合作共进

"Christmas traditions in the USA"一课中,在设置阅读任务的时候,发挥小组合作的力量,将5个问题设置为不同的颜色,学生手中的导学案和问题的颜色一致,每人只回答和手中导学案同色的问题。要求每位同学精读文章后解决1~2个问题,然后相同颜色的同学组成一组,交流问题的答案,得出共同的答案。这时候每位同学已经变成了"专家",再各自重新回到自己的小组,将自己的这个问题告诉给组内的其他同学,这样所有的同学都明白了所有的问题,也都掌握了圣诞节的活动。

在姜同学一组,姜同学的导学案是红色,他需要回答的问题是"What do they use to decorate houses? & What else do they do?"王同学的导学案是蓝色,她需要回答的问题是"What do they do outside?"徐同学的导学案是橙色,她需要回答的问题是"What do they do inside?"薛同学的导学案是绿色,他需要回答的问题是"What do they spend time doing?"小组内四人先精读文章后,找到自己问题的答案,然后姜同学找到和他一样拿红色导学案的同学组成的小组,组内开始交流各自的答案,通过交流确定问题的正确答案。组内其他三人也分别找到自己的小组,交流答案后确定正确的答案,每个同学都变成了"小专家"。接着,每个同学回到自己原来的小组,将自己回答的问题和答案分享给组内其他同学,这样组内每个同学都知道了这5个题的答案。最后,当我检查学习情况,我故意找到拿着红色导学案的孙玉欣同学,让她回答绿色的问题"What do they spend time doing?"她马上回答"They spend time finding or making the perfect gift for their loved ones."她的回答非常准确,我们都为她竖起了大拇指。为了进一步检测"专家"的指导是否有效,我又找到了"待优生"徐鑫同学,发现他拿的是绿色的导学案,我提问他橙色的问题"What do they do inside?"他拿起课本,认真地读着"They sing special Christmas songs."听完他的答案之后,全班同学都响起了鼓励的掌声。我又以相同的方式提问了几个同学,同学们的精彩回答使我感到全体同学真正成了该篇文章的"小专家"。

这个环节的设计是为了避免问题过多造成学生的疲劳感,而分散问题后的"专家制"学习,既有助于文本内容的全面掌握,又可以使学生在相互合作中产生思维火花的碰撞。"专家制"能激发学生的自信心,为学生"用英语做事情"创设了必要的条件,同时也提升了学生的语言运用能力,培养了学生的合作学习能力。

五、自我诊断

回顾整节课,我感受颇深,本节课之所以能成功,关键在于我把整节课进行了系统架构,从学生的学习需求出发,精心设计学习目标,创设真实的语言情境,将每一个环节都设疑,随时引导着学生去"思"。在设计本节课时,我以"系统架构"为总框架,对"语言能力""文化品格""思维品质"以及"学习能力"四大英语核心素养进行了精细的设计,"语言能力"的培养贯穿整个教学过程,也是英语课堂的基石。"文化品格""思维品质"以及"学习能力"的培养则通过不同环节中教师对学生的启发式教学和小组合作等实现。本节课中总体设计三个不同板块的学习任务,通过分析学生对三个学习评价任务的完成情况,可以看出学生对本节课的学习目标达成度较高,核心素养的四个方面均在课堂中得以落地。

(一)系统架构,彰显"思维品质"

本节课以中西方文化的异同为着力点,通过对"中国风筝"和"美国圣诞节"的学习,学生以批判性思维辨析中西方文化的各种现象,从而理性地表达自己的观点。在整节课的任务设计中,多次运用"思维导图"引导学生对整篇文章有系统的把握,从而培养学生形成系统感知的能力,进一步提升学生的思维品质。

"思维导图"复述文章主旨大意可以使学生对文本有系统的了解,长期的系统培养可以训练学生的系统思维,从而培养学生思考问题的系统性。评价任务2主要是检测学习目标2的达成度,主要是利用风筝型思维导图复述文本大意和利用"mind-map"复述美国圣诞节中的传统活动,直观形象,易复述。执讲优质课时,在"风筝型思维导图"环节,担心学生自己不会根据导图复述,一开始还集体领着同学们进行了复述演示,发现同学们的复述都非常简单,该环节任务较容易完成。因此,在二次讲课时,便将该环节改成了给学生 2 分钟准备时间,学生利用导图进行复述。通过对学生的课堂观察可以看出,部分学生掌握得较好,全班 45 名同学,有 32 名同学举手,并且复述的 3 名同学都很流利,足以证明该环节的学习目标完成很好。

(二)学生"专家制",拓展"学习能力"

"授人以鱼不如授人以渔",这句话启示我们在注重学生核心素养发展的今天,应教会学生学习的能力而不仅仅是教会学生知识。因此,本节课中我多次利用启发式教学和小组合作的形式,使学生在"思"的环境中实现思维的提升,使学生在互助的环境中实现自主学习能力的提升。例如,学生在"Christmas traditions in the USA"一文学习中,在做阅读任务时采取"专家制"形式,组内每一个成员都会变成"专家",使每一个学生都动起来,积极参与英语学习,真正做到"在用中学,在学中用"。同时,小组合作能够使学生在交流、合作中形成团队意识,不断提高沟通能力,逐渐形成跨文化交际能力。通过"小专家"回组内给其他学员讲解的形式,"小专家"们将自己的所掌握的知识告诉同伴时,自豪感油然而生,不仅能提高学生的自我表达能力,也提高了学生的自信心,使学生在课堂中找到了自我归属感和成就感。

"小专家制"的处理上两次讲课稍有改动,执讲烟台市优质课时当全体学生讨论完毕后,我一开始提问的方式为"专家自答式",简单说就是拿红色导学案的同学回答的是红色字体的问题,通过评测可以看出,学生对任务中自己的问题掌握得很好。但当我在"专家交流"提问时,即提问拿红色导学案的同学回答蓝色字体的问题时,学生的回答相对不太理想。这使我意识到学生的合作没有真正落地,"小专家"只是将自己知道的知识告诉了"学员",而"学员"关心的还是自己的问题是否正确,对"专家"的问题还是不求甚解。所以,在二次教学设计时,我就把该环节的任务设定为:组内每个同学必须对这 5 个问题都精细研究,遇到困惑可以找"小专家"解答。提问方式为交叉式提问,如提问红色导学案的同学回答橙色的问题,这样才能真正检测出学生之间的互助是否有效。通过课堂观察可以看出,在提问的 8 个同学中,100％的都能将自己的问题和组内其他的问题进行流利地应答,反映出该环节的学习目标达成度极高,同学们的学习能力也得到了很好的提升。

(三)阅读写作,提升"文化品格"

本节课的"文化品格"的认知体现在由西方的圣诞节拓展到中国的春节,从而引导学生找寻中西方文化间的差异。通过阅读学习,学生知晓美国圣诞节传统的由来,拓展学习,学生知会中国春节的由来。在认知两节的传统和习俗不同的基础上,吸收各种文化的精华,形成正确的价值观念和道德情感,从而具备一定的跨文化沟通和传播中华优秀文化的能力。

学生在交流展示中国春节的习俗时,提到"挂灯笼、剪窗花、放鞭炮、贴春联、拜年、看春晚"等各种春节活动时,脸上都洋溢出幸福自豪的表情,足以表现出孩子们的民族自豪感。紧接着,让学生将"春节习俗"写封信介绍给外国友人,一是为学生提供语言综合运用的舞台;二是通过学生展示交流可以看出,学生的中国情自然流露,表达了对祖国的热爱,同时也表达了作为中国人的自豪感;三是以学生提到的现在"春晚"时大家忙着抢红包这一现象,号召大家放下手机,多陪陪我们的家人,体现"家人情"。

纵观本节课,英语学科核心素养中的"语言能力、文化品格、思维品质、学习能力"四大素养很好地得以彰显,并且通过观察本节课学生的自然反应,可以看出学生本节课的目标达成度很高,85%以上的学生完成本节课的目标学习任务。本节课的闪光点在于运用启发式、探究式教学方式、"专家制"学习方式和"学本课堂"的教学理念贯穿整个课堂,能够真正使同学们成为课堂的主人,老师提出问题,学生通过相互合作解答问题,再将所学知识应用于实际。

六、同伴互诊

该节课我们共分为三个观察组进行课堂观察,分别为"语言表达组""学习能力组"以及"文化品格组"。我们三个组的观察分别针对核心素养中的"语言能力、学习能力和文化品格"是否落实进行了观察,而思维品质的落实则是通过以上三点的综合表现来展示。我们分别以三个组的观察数据及数据后的现象分析来评析一下吕老师的这节课。

语言表达组的观察:吕老师这节课主要依托于两个大的学习任务来提高学生的语言运用能力,一是依据导图复述中国风筝。这个任务设计得比较简单,回答的正确率达到87%,班级内一些平时不太回答问题的学生都踊跃举手,举手率达到94%。通过各项数据的分析可以看出,该环节中学生的语言表达较为准确,完成了学习目标。第二个任务是利用思维导图讲述圣诞节时美国的一些活动。这个任务较第一个有难度,很多句子需要学生自己归纳总结,并流利地表述出来。举手回答问题的学生明显减少,只有46%,而回答正确率达到72%。这时,教师进行了机智处理,给学生2~3分钟的时间小组分工记忆,小组合作完成复述内容。顿时,90%以上的学生都参与到讨论中,然后教师又找同学复述,这时复述的正确率明显提高,达到91%。各项数据分析表明,本节课中核心素养中"语言能力"的培养得到了很好的落实,学生能流利地表达出各个语言点,语言表达能力有明显的提高。

学习能力组:吕老师这节课主要利用略读、跳读、精读、思维导图等阅读方法引导学生进行"自主式学习",利用"系统架构"的方式引导学生进行"系统学习",从而培养学生的学习能力。该节课中教师主要是以抛出问题的形式引导学生尝试"探究式"回答问题,根据问题的难度梯度可以看出,随着问题难度的增加,举手回答问题学生的数量明显减少。但通过教师点拨各种阅读技巧后,第二篇文章中同等难度的题目,举手学生数量比先前多14人,回答正确率为89%。在写作环节中,学生能够通过自主学习的内容,自主架构起作文的整体框架。通过观察可以看出,82%的同学能够将作文中能用到的一些表达正确列出。由于学生的英语综合运用水平参差不齐,能写出语法正确、语言优美流利的作文的同学只有67%,这也是吕老师以后上课时应该注意的一点,多让学生练习句子的整体表达。但整体分析任务的设计及学习目标的达成度,核心素养中"学习能力"的培养主要是培养学生"自主学习"和"系统架构"的学习能力,该节课中学生的学习能力的培养也得到了较好的落实。

文化品格组:吕老师这节课主要通过中西方不同的文化载体的学习来折射出不同的文化。在学习中引导学生认识到文化之间的差异,也学习了文化差异背后社会形态等的差异,从而引导学生对不同的文化形成正确的认识,以包容、开放的心态认识和接纳不同的文化。该节课中文化品格的培养的成功点在于学生都能找到中国和西方传统文化的标志节日分别为"春节"和"圣诞节",并能很好地掌握两个节日的习俗以及文化特征,最后学生能很好地辩证看待目前出现的一些不好的现象,例如春节团聚的时候大部分人都玩手机,号召不做"低头族",感受节日的团聚。学生能从文化学习中有所感、有所悟,这就是文化品格形成的体现。

总之,通过观察组的数据记录和分析可以得出,吕老师该节课将核心素养中"语言能力、学习能力和文化品格"等能力的培养落到了实处,通过各个任务的学生目标达成度也可以分析出,通过本节课的学习,学生都有了进步,在语言表达、自主学习和文化品格等方面都有较大进步,所以该节课是一节很成功的课。

七、专家问诊

该节课吕老师通过设计恰当的教学活动,以语言为载体,使学生实现思想上的交流,真正达成教育、教学目标。

在教学任务的设计上,吕老师能充分挖掘文本中蕴藏的巨大能量,让静态无声的文本变得鲜活和具有活力。吕老师在整节课中,都以学生的自主探究为主线展开,以两篇文本为载体,通过创设各种贴近学生的语境活动,为学生提供交际的平台,使学生在理解与表达的语言实践活动中,融合知识学习和技能发展,通过感知、预测、获取、分析、概括、比较、评价、创新等思维活动,建构结构化知识,在分析问题和解决问题的过程中,发展思维品质,形成文化理解,学会学习,塑造正确的人生观和价值观,从而促进英语学科素养的形成与发展。同时,通过各个评价任务的学生完成正确率可以看出,吕老师该节课的目标设计精准,学生在完成学习任务的同时,也建构起支撑英语核心素养发展的系统框架。

(一)以问题引领学生,提升思维新高度

《英语课程标准》强调:英语课程应从培养学生的学习兴趣入手,最大限度地发挥学生的潜在能力,使学生积极主动地参与学习的全过程,将学习变成学生自觉、自愿、高兴的事,让学生做学习的主人。其实,这就要求我们在课堂上,要通过创设情境、鼓励表达、引导学生反思等手段,突出培养学生的沟通与合作能力。

该节课中吕老师通过环环相扣的问题引领的方式,引导学生自觉、自愿地去"帮助"老师解决问题。正是教师角色的转变,由"教授者"变成了"求知者",使学生感受到了自己的主体地位,从而很积极主动地参与整个学习过程。该节课中学生的积极性非常高,每个问题都有一半以上的同学举手回答,学生的课堂参与度很高。细细解读可以看出,这主要得益于教师对问题的设计以及对学情的精准把握。例如,当老师抛出问题"Where were kites first made?"学生感觉非常简单,教师趁势提升问题难度,抛出下一个问题"When were kites first made?"这时,通过观察学生的表情可以看出,部分学生不知道答案,教师在这时给出指令性语言,学生则迅速地从文本中寻找答案。紧接着教师又抛出第三

个问题"We fly kites just for fun now, but do you know in the past what kites were used for?"这一个问题一下把全体同学都难住了。这时,同学们马上继续阅读文本,想从文本中找寻答案。这三个问题的设计呈现出梯度性,符合学生对问题的认知规律,更能抓住学生的求知欲,通过学生"闯关式"的问题应答,培养了学生的系统思维能力。

(二)以话题推进课堂,提升语言能力

初中《英语课程标准》明确地将培养学生的综合语言英语能力作为教学的核心目标,核心素养中也将"语言能力"作为四大核心素养之一来培养。口语作为语用的核心成员内容,自然应当是课堂教学的主角。步入初三的学生比基础年级的学生多了顾忌心理,在表达上畏首畏尾,基础较为扎实的学生也存在陷入"失声"瓶颈的现象。我们知道语言能力是英语学科核心素养中的核心,教师应该如何把学生从束缚中解放出来,激发他们的个性潜能呢?

该节课中吕老师通过创设各种贴近学生生活和学生喜欢的话题来激发学生的"表现欲",真正营造了让学生有存在感的学习氛围与情境。例如,吕老师在导入部分用猜谜语的方式与学生互动"I had a trip to Weifang last weekend and bought a gift for you, can you guess what it is?"这一个简单的谜语,使学生开启了轻松地学习"Chinese Kites"之旅。在学习"Christmas traditions in the USA"时,为了避免学生的阅读疲劳,特意设计"专家制"题目,实现了学生帮学生的自助式学习,学生们不用担心不会回答问题而丢了面子,他们通过同学间的互助顺利地完成阅读任务,从而自信地展示自己。通过评价任务的回答情况可以看出,学生间互助后85%以上的同学都乐于在班级内展示自己的答案,同学们都喜欢做一名"小专家"来帮助其他同学,从而做到用所学的语言知识来做事情,真正提高学生的语言运用能力。最后,在写作环节,为了避免直接写作时学生思维的局限性,也为了给学生提供更多的语言输出的平台,吕老师在该环节设计的任务是同学们先想一下我们的春节都有哪些活动。对这一话题学生们都非常感兴趣,而且也都喜欢起来表达自己的观点,这时全班就呈现出七嘴八舌话春节的场景,68%以上的学生都能正确地表达出春节中自己参加的或者喜欢的一些活动,也为最后的写作训练提供了素材。

整节课教师注重"文化品格"的提升。讲到圣诞节传统时,用视频方式拓展中国春节的传统,紧跟着将春节的意义——"阖家团圆"的情感渗透。再通过学生写作,表达了现在一种普遍的情况——看春晚的时候很多年轻人捧着手机抢红包,而渐渐忽视了家人的感受。以"春节"为契机,启发学生要多陪伴家人,回归亲情的温暖,拒绝做"低头族"。在写作中使学生感受中西方文化的差异和春节文化的特点,潜移默化中培养学生的家国情怀。

(海阳市亚沙城初级中学 吕琳提供)

第十章

课堂打磨与改进

　　课堂教学是实施学校课程、发展学生素养、提高教学质量的主领域、主渠道、主模式,它的质量直接影响学校、教师和学生的发展。如何改进优化课堂教学是每一所学校都在研究的课题,而课堂打磨是改进课堂教学一种有效的方式。《礼记·学论》有云,"独学而无友,则孤陋而寡闻",故而"相观而善之谓摩",可见我国很早就有"相互观察并改善教学、学习"的观念[27]。在学本课堂建设中,我们以学生的学为核心,以发展学生的核心素养为目标,坚持教-学-评一致性,这对我们的课堂教学提出了更高的要求。如何基于"学"改进"教",实现以核心素养为导向的课堂教学改进,从而促进师生的共同成长,我们在实际教学中遵循"问题——策略"的科研思路,对课堂进行打磨与改进,采取的方式是学科组通过"三备三磨",基于教学问题进行持续跟进研究。

第一节　理论导航

一、课堂打磨与改进的相关概念

（一）什么是课堂打磨

课堂打磨即我们日常说的"磨课"，是指学校在一个学年或学期内统筹计划，学科教研组或备课组教师基于已有经验，针对某一主题采取教师一起开发课例、实施课例、验证教学效果、反思和改进教学行为的教师教育行动过程[28]。东汉思想家王冲在《论衡·量知》中说："切磋琢磨，乃成宝器。"万物成器如此，课堂教学也是同理，高质量的课堂教学必须经过反复打磨。

"磨课"一词首次正式出现在 2015 年教育部办公厅《关于印发乡村教师培训指南的通知》中，明确提出了"研课磨课"作为培训实施流程的中心环节。上海师范大学教育学院的庞雅丽和姜辉，根据"磨课"实践操作的形式不同，将"磨课"研究分为"跟进式磨课""交流式磨课"和"生成式磨课"。

"跟进式磨课"采用一人同课多轮的方式，同一位教师就同一课内容进行多次教学，借助团队的力量对同一节课精心打磨。"交流式磨课"采用同课异构的方式，由不止一位教师就同一课内容进行教学，在展现个体教学智慧的同时，团队共同总结提炼，从而实现教师的共同成长。"生成式磨课"采用多人同课的循环方式，由教学团队的多位教师同上一堂课，在集体共备共研的过程中，针对某个共同关心的焦点问题，探索解决问题的有效途径，促进教师在实践中，在研究中发展[29]。

综上可知，"跟进式磨课"适合打磨公开课、优质课活动，最终的结果是一节精品课，而另外两种方式着眼于教师团队及个体的成长，是一种校本教研方式。本章中的磨课倾向于后一种意义，即磨课是通过多轮持续的课堂观察，研讨反思、行为改进，从而优化课堂教学，促进师生共同成长的教研活动。具体方式是"三备三磨"。

（二）什么是"三备三磨"

"三备三磨"是"生成式磨课"的一种发展形式，是指一个学科教学团队围绕同一个教学问题，经过三次集体备课，三次集体磨课，基于充分的研究进行"接力赛"式的教学改进，获得问题解决的最佳方案，形成精品课例，实现课堂的有效教学与教师的专业成长。"三备三磨"的内容可以是一节课、一篇课文，也可以是一个单元的教材。

顾泠沅用"三个关注""两个反思"阐述了磨课研究的行动教育模式的基本内涵。包含三个阶段:第一阶段为原行为阶段,由教师独立承担备课任务,进行第一次授课,此阶段关注教师已有经验的教学行为;第二阶段为新设计阶段,由教师团队根据第一轮要确立的新理念和经验开展集体备课并再次授课、议课,此阶段关注新理念、新经验的课例设计;第三阶段为新行为阶段,根据授课中教师和学生的行为表现,再次对教学设计进行重构,为今后类似的课打下基础,此阶段关注学生获得的行为调整。连接三个阶段活动的是两轮有引领的合作反思:从原行为阶段到新设计阶段,反思已有行为与新理念、新经验的差距,完成更新理念的飞跃;从新设计阶段到新行为阶段,反思理性的教学设计与学生实际获得的差距,完成理念思想行为的转移[30]。

(三)"三备三磨"的框架

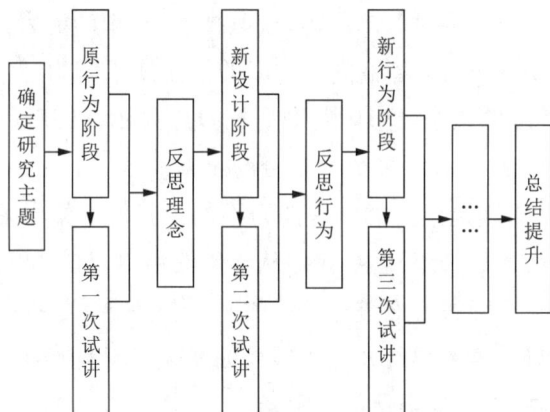

图 10.1　"三备三磨"框架图

二、课堂打磨与改进的意义与价值

(一)意义

1.课堂打磨与改进是校本教研的主要依托

教育部基础教育副司长朱慕菊指出:以校为本的教研,是将教学研究的重心下移到学校,以教师为研究的主体,理论和专业人员共同参与的过程。校本教研,就是为了改进学校的教育教学,提高学校的教育教学质量,从学校的实际出发,依托学校自身的资源优势和特色进行的教育教学研究。也有人用三句话概括校本教研,即"为了教学","在教学中","通过教学"。可见,校本教研直指"改进教学",所以课堂打磨无疑是一种重要的校本教研方式。教师的主阵地在课堂,教师作为校本教研的主体,自然关注最多的是课堂,亟须解决的问题也是课堂教学的问题。

2. 课堂打磨与改进是教师专业成长的利器

课堂打磨是一个学习、探究、实践的过程,也是一个合作交流、反思创新的过程,更是一个专业素养提升的过程。在每一轮次的备课磨课过程中,每一位教师既是执教者,又是观察者,从不同的角度经历与同伴的"磨",与教材的"磨",与学生的"磨",也与自我认知"磨","磨砺"又"磨合"。磨教材,磨教法学法,磨课堂预设与生成……同时,教师又是一个研究者,从科研的角度发现问题,研讨问题,解决问题。通过磨课,教师对新理念的把握更准确,对教材的理解更深刻,课堂的组织能力,应变能力,教学创新能力都得到提升。

3. 课堂打磨与改进提高了学生的学习能力

学习能力就是一个人学习的能力,获取技能、知识的能力。科学研究表明,正常孩子智商是 $100 \sim 115$,智商超过 130 的孩子属于智力超常的孩子,智商低于 90 的孩子是智障的孩子。中国智商研究报告显示:智商低于 90 和高于 130 的学生占所有学生的 2%,大多数都是智商正常的孩子。之所以成绩有高低之别,很重要的一个原因是学生的学习能力不同。我们深知学习能力的重要性,所以在课堂打磨与改进的过程中,我们从学生的学习习惯,如倾听、表达、合作,学习方法,如预习、复习等方面进行专门的研究和指导,关注学生学习能力的提高。经过几年的磨砺,学生已经发生了很大的变化,变得更爱学习,更会学习了,学习效率大大提高,人也变得自信又阳光。

（二）价值

1. 课堂打磨与改进实现了科研与教研的有机结合

教育科研是对问题的原因和效果关系的研究,目的是为了探索教育规律;教研是对解决问题的方法和效果关系的研究,目的是搞好教学工作,提高教学质量。教研是科研的基础,科研指导和帮助教研提高研究水平。教研为科研提供了丰富的素材,但又需要科研的帮助和指导,才能使研究成果具有科学性和普遍性,具有应用价值。"三备三磨"以教育科研为引领,以学科组集体教研为载体,诠释了教育科研与教研的互相促进作用。我们以科研的方式,采用调查法、查阅文献法等方法发现教育教学中存在的现实问题或有价值的问题,在广泛讨论中确定教研的主题。在具体的磨课过程中,我们以先进的科研理念为指导,采用集体备课、观课议课等活动,对教学内容、过程、方法、手段等方面不断地进行改进,以提高教学质量。最后,通过对磨课过程的整理、研究,发现总结教育教学规律。在这个过程中,真正实现教研和科研的有机融合、互相促进。

2.课堂打磨与改进改善了师生成长的生命场

课堂是师生共同成长的家园,课堂打磨与改进一方面关注教师的教,一方面关注学生的学。在课堂打磨中,通过先进的教学理念改善教师的教,同时研究学生的学。以学生为本,不断走进学生的内心,在动态的教学过程中关注学生,研究学生,依据课堂上的反馈,灵活机动地调整教学内容与策略。教学环节的设计、教学方法的运用、教学评价的点拨都指向学生。在这个过程中,教师形成了正确的教学观,促进了个体专业的发展,同时也助推了学生的成长。

三、课堂打磨与改进的技术要领

(一)确定主题,明确教研方向

课堂是一个师生共同活动的地方,既有学科主线,又有活动主题,其结构非常复杂,一次或几次磨课不可能解决所有的问题。因此,每一次的课堂打磨都必须有主题。校本教研中的磨课主题是根据课堂教学中各种各样的问题提炼出来的、为教师专业成长共同关注的焦点和教学质量提升需要突破的专题。它既是研磨的主张和前提,也是整个磨课活动的主线和灵魂[31]。因此,磨课主题的确定至关重要,只有主题明确,磨课才能时时围绕主题和目标展开,确保磨课活动的有效性。

主题确定的第一种方式是采取自上而下的演绎式进行主题设计[32]。学校根据国家教育方针的要求,结合本校的实际情况,同时也可以学习其他先进地区的教研成果,确定一个学期或几个学期的校本教研主题。如海阳市凤城街道中心小学为了解决"如何走入课堂改进的核心,使课堂上教师的教和学生的学朝向共同的目标,教师教得高效、学生学得愉悦"的问题,自2014年开始,学校教科研骨干到省内外学习了崔允漷、卢臻等专家"教-学-评一致性"的理论后,认识到:提升教学质量的关键在于,教师要知道该教什么、怎么教、学生学会了没有,学生要知道该学什么、怎么学、学会了什么,也就是要求教、学、评一体化设计,和谐高效运行。学校采取科研引领、专家会诊等确立"建构教学评一致性的学本课堂"的主题。

主题确定的第二种方式是采用自下而上的总结式进行设计[33]。学校从教师队伍的现状和专业成长的需求出发,广泛征集教师在教学中遇到的现实问题,结合学校校本教研的实际,选择、梳理教研主题。自 2017 年开始,海阳市凤城街道中心小学随着校本教研的深入,确立了"构建学评教联动课堂"的主题。如何让主题下落,学期初学校汇总了各年级各学科教师研究的问题,分类梳理成学、评、教单一指向和学评教联动指向的 22 个问题,供各教研组自主选择。

各个学科年级教研组长根据本组教师的特点和本年级学生的心理认知特点,与组员共同选择、讨论,确定本组的教研主题,上报学校,学校进行调控,最终确立每个教研组的教研主题。

主题确定的第三种方式是上下联动,自上而下和自下而上相结合,它既发挥了前两种方式的优势,也弥补了其不足[34]。

以上三种方式无论采用哪种,教研主题都一定要提前确定好,坚持研究的一致性。当然,在磨课的过程中,教研主题可以根据需要稍作调整。不管采取哪种方式,主题的设定原则,必须坚持顶层设计注重系列性、围绕教师体现发展性、基于现实追求实效性[35]。

(二)全面准备,为磨课奠基

1.理论学习

教研组在确定了教研主题后,如何正确解读主题,主题的内涵和外延是什么,可以采用哪些研究方法,前人的研究成果又有哪些……这都需要提前学习。所以教研组在学期初确立了磨课主题后,接下来就要进行相关的理论学习。

学习的方式可以是邀请专家讲座,阅读专著,上网查阅相关材料等。通过相关的理论学习,加深了教研组内老师对主题的理解,对相关的实施操作要求也有了初步的认识。比如 2017 年海阳市凤城街道中心小学五年级数学教研组确定的主题是"小学数学课堂教学中学学联动策略的研究",通过理论学习,教研组形成如下认识。

理论资料指出,所谓联动,核心在于对对方的干预。甲对乙的活动做出反应,这种反应可以是赞同,可以是批评,可以是补充,可以是调整,可以是转换,可以是重构。总之,是在乙的活动的基础上的承接和延伸,没有乙的活动就没有甲的活动。同样,乙在甲对自己的活动做出反应后,对这种反应又需要做出反应,乙的这种反应同样是在甲的活动基础上的承接和延伸。这样的课呈现出一种双向性特征,一个方向是乙对甲的影响,另一个方向是甲对乙的影响。

在教学的时间轴上,是甲乙活动的前后相接相延,两个方向是相同的,在教学的逻辑轴上,是甲乙活动互相干预与推动,两个方向又是相对的。联动教学的功能即在于此,相互促进引发学习活动,并推动学习朝向知识的深处发展,一方动必将引起另一方的动。

通过讨论学习,组内老师们初步知道了什么是联动,学学联动的意义,以及学学联动应遵循的基本原则,即确立目标、明确联动的方向;评价介入、掌控目标的达成;设计活动、引发生生的联动。

磨课前有针对性的理论学习解决了"是什么"和"为什么"的问题,通过学习,教师明确了研究的方向,提高了对研究必要性的认识,初步了解了研究的方法,为后面的具体实施奠定坚实的基础。

2. 选定课题

课题选择是依据主题,选取适切的,需要深入研究的课题和内容,可以是统一的一节课,也可以是教材中的一个教学单元。

选课时要统览整个单元和学科段教材前后联系,也要考虑学科课程的教学进度,重要的是注意选课的目的性,符合磨课的主题和研究重点。同时,考虑内容的研究价值,比如核心的概念、定理、原理,一些经典的课文等,既可以是组内教师曾经有过的课堂实践,也可以是一些比较难和教师从没有尝试过的课题。

3. 开发观课表

为了提高磨课活动的成效,可以采取实证性研究。实证性研究的重点之一是做实观课环节,即在磨课准备阶段围绕所选主题,设计观察量表,在观课中运用量表记录、描述教师的课堂教学行为和学生的学习状态。

开发观察量表是课堂观察的核心技术,是突破口。可以依据"理解课堂—定观察点—开发工具"三部曲进行量表的设计,结合实际从定性和定量两个方面合理设计,紧紧围绕主题,确定观察视角和观察点。教研组运用数据分析和实证解释,围绕观察点交流观课记录、统计数据、展开讨论,找出问题背后的原因,提出问题解决的策略与方法。这样用案例、数据等证据"说话",更加科学和具有说服力。比如海阳市凤城街道中心小学五年级数学教研组在 2018 年确立了"小学数学课堂教学中学学联动策略应用的研究"这一主题后,开发了如下的课堂观察表。(表 10.1,10.2,10.3)

表 10.1　凤城小学学评教一致性学本课堂观察表

——课堂研讨目标达成维度观察表

观察维度:学生学习效果	具体项目纪实				
	环节目标及评价方案	课堂教学现实		成效分析	原因分析
		表情、声音或是举手数目表现记录	学生或教师思维碰撞生成的具体表现		
	环节一目标:				
	环节二目标:				
总体达成情况					

表 10.2　凤城街道小学学评教一致性学本课堂观察表

观察点:课堂上教师如何组织学与学的联动、师与生的联动——观察侧重点:教师

拟解决问题:学学联动策略的应用效果如何

课题			授课人	观课人	时间

教学版块	观察纪实		成效分析
	教学主问题	师生思维碰撞情况	1、按预设引发学学联动(A 引领确立学习目标;B 出示学习任务与评价标准 C 关键处引发学学联动) 2、根据生成适时介入生生联动(A 拓展学学联动广度 B 引导学学联动方向 C 助推学学联动深度(重点关注))。
		A 指向问题提出的联动;B 指向问题探究的联动(1.组内生生联动 2.小组与全班联动);C 指向练习巩固的联动情况描述:	联动效果:A 很好 B 较好 C 一般 D 不好原因分析(结合上述提示分析):

表 10.3 凤城街道小学学评教一致性学本课堂观察表

观察点：课堂上学与学的联动，师与生的联动——观察侧重点：组内讨论，与组内讨论后全班交流时的学与学的联动			
拟解决问题：学学联动策略的应用效果如何			
课题	授课人	观课人	时间

教学版块	观察纪实（组内合作：组内联动的深度与广度／全班交流：全班联动的深度与广度）		成效分析
	教学主问题	师生思维碰撞情况（根据相应选项打对号，并进行简单记录）	
		A 指向问题提出的联动 B 指向问题探究的联动（1. 组内生生联动 2. 小组与全班联动） C 指向于练习巩固的联动 情况描述：	联动效果： A 很好 B 较好 C 一般 D 不好 原因分析：

（三）跟进问题，反思矫正行为

做好了各种准备，进入"三备三磨"的流程。

"一备一磨"：由教研组内教龄最短的年轻教师承担。首先，执讲老师基于个人的理解进行备课，在个人备课的基础上，教研组内进行第一次集体备课，采取执教者说课的方式，组内成员根据说课情况，提出修改的建议。重点关注教学目标确定的准确性，评价任务设计、教学活动的设计是否与教学目标一致。在集体研讨的基础上，执教老师对自己的教学设计进行修改，最终形成第一轮的教学设计[36]。

第一执讲人根据自己的教学设计进行第一次试讲，教研组其余成员按照自己的观察点进行课堂观察，对课堂进行诊断，遵循的原则是：面向事实、关注细节、基于证据。从课堂事实（师生在课堂里教与学的活动）出发，对课做出分析和判断，为课后议课做好准备。

第一执讲人执讲完毕，组内进行第一轮的课后议课。观课老师根据自己的观察点进行议课，以课堂视频回放的方式，对课堂生成进行切片式的分析。参

照李海林《知道如何评课,才能知道如何上好课》一文中评课的基本流程按以下方式议课:

　　根据我们的观课点:我们看到学生发生怎样的改变(有什么教学效果);

　　这堂课在这一方面我们是让学生发生这样的改变吗(教学目标审议);

　　如果是的,那我们是怎么实现的(教学过程回顾与审视);

　　如果不是,那我们在什么地方走岔了路(教学过程回顾与审视);

　　我们该怎样避免发生这样的问题,如何改进(策略探寻)。

　　通过议课,梳理成功的策略,探寻没有达成目标的原因,以便确立下一轮次整改的问题及整改措施。比如 2019 年 3 月,海阳市凤城街道中心小学五年级数学教研组根据学校前几年已有的研究成果,确立的教研主题是"学评教联动策略的应用研究",从教学设计策略和教学实施策略两个方面进行研究。他们选定的课题是小学数学青岛版第十册第四单元《比例的意义和性质》这一课。在第一次磨课,团队基于教研主题,对课堂进行议课后,形成该轮次的教研成果。(表 10.4)

表 10.4　教研成果

	教学设计策略			教学实施策略	
	目标设计	活动设计	评价设计	学学联动	以评促学
应用成功的策略	(1)应用"从课程标准到学习目标"的设计策略。(2)采用"定、选、调、融、写"的方式叙写学习目标	(1)应用"依据学习目标设计教学活动"的策略。(2)采用"自学-群学-展学-评学"的教学评活动框架	应用"根据教学目标设计针对性评价任务"的策略	应用"设计能引发联动的环节"的策略。如设计采用小组合作的形式探索比例的基本性质的环节	应用"引导学生自我定位学习目标"的策略

续表

	教学设计策略			教学实施策略	
	目标设计	活动设计	评价设计	学学联动	以评促学
存在的问题	从课程标准到课时学习目标的学习策略三"调"的策略应用不当。教学目标——理解比例的意义，虽然教师将目标中动词理解替换为可测量的行为动词"说出"，但是对"说出"的内容设计不当，导致在教学实施过程中，学生对比例意义的理解这一目标达成度不高	自学环节中，导学作业设计题意不清。导学作业用数学的符号表示两个式子的关系，学生没有理解题意，较少的同学能想到用"＝"号将两个式子连接起来	针对性评价题组的设计没有梯度，学生对比例的意义和样子理解不深入	教师问答的联动策略运用不当，教师介入不及时。主要体现在小组展示时，对比例的基本性质的交流流于形式，教师没有及时介入总结提升进行强化，让学生明确比例的外项积等于内项积	在展学环节评价任务不明确。教师没有引领学生明确小组合作的任务"小组分工计算并探索比例内项的和差积商与外项的和差积商"，导致部分小组合作迟迟没有启动起来，小组活动实效性降低
解决策略	在目标设计中将环节目标"说出"比例的意义再度细化	教师进行课前点拨，明确数学符号都包括什么，两个式子一般可能具有什么关系，为学生的顺利思考搭桥	针对环节一增加评价题组"将横式比例改写成竖式比例"，丰富学生对比例样子的建构	在小组合作交流展示环节加强对重点内容的预设，教师及时介入，引导学生总结比例的基本性质，总结提升推理的基本方法，将学生思考引向深入	规范出示小组合作任务要求；教师带领学生进行解读，明确任务要求和用时后展开合作探究

"二备二磨"：由教研组内有一定教学经验的青年教师承担第二执讲教师。根据第一轮教研组研讨的成果，教师在自主建构的基础上，广泛涉猎各类文献

资料和吸取团队成员的意见后形成改进策略,对第一轮的教学设计进行修改,形成新的教学设计,进行第二轮的试讲[37]。同时教研组内其余成员根据磨课需要重新分工,进行第二轮次的观课议课。

第二轮的课后议课,主要关注第一轮次形成的策略在课堂上的运用情况以及问题整改情况,通过寻找新设计与现实的差距,引发教师对教学行为的反思。

议课时我们既关注教研主题的突破,教学目标确立的科学性,教学活动设计的有效性,同时关注教师课堂教学基本功。如海阳市凤城街道中心小学五年级数学教研组选定的课题是《圆柱的特征》,在课后议课时,"教师语言成效分析(提问、理答语言)"观课组老师发布观课报告,发现老师一节课提出的问题有40多个,我们都吓了一跳,一节课40分钟,老师这么高密度的问题,学生思考的时间在哪里?然后对课堂上问题的有效性进行了分析,发现课堂上老师的问题多是一问一答,细碎的问题较多,深度思考的问题比较少。针对这一问题,教研组内的老师经过研讨,对课堂的主问题和辅助性问题进行重新的设计。研课后老师写下了如下的反思:在打磨过程中我深刻意识到教师理答语言和评价语言对学生思维的引导、教学目标达成以及课堂气氛调动的重要作用。

【教学语言片段】

师:圆柱大变形,判断圆柱变形后还是圆柱吗?

生:不是圆柱。

师:为什么?

生:因为这个图形中间凹下去了?

师:凹下去怎么就不是圆柱了?

生:圆柱两边是直的。

师:请坐,请看下一个图形。

反思:不难看出师生谈话存在的问题,一是由于没有明确该评价任务的设计意图考查学生是否掌握了圆柱特征,并利用特征做出判断,因此学生根据直觉做出感性的判断时,我也没有有意识引导学生要紧扣特征,致使后面同学的回答都停留在生活经验和直觉上,脱离了教学目标。二是没有利用个体学生的思考成果引发全体学生的思考,把一个人的判断当作全班的思考成果,急忙推进到下一个问题。三是没有使用鼓励性的评价语言来激发学生的学习热情和兴趣,导致学生的积极性越来越低。针对这些问题我们做了如下改进。

【改进后教学语言片段】

师：判断圆柱变形后还是圆柱吗？说说你的理由。

生：不是圆柱，因为圆柱两边是直直的，这个是凹下去的。

师：也就是不符合圆柱的哪条特征？（手势在板书附近引导）

生：不符合圆柱上下一样粗的特征。

师：大家同意吗？

生：同意。

师：表达得真清楚。看来紧扣圆柱的特征能帮助我们做出准确的判断。

反思："说说你的理由"紧接问题之后，相当于给学生提供了一个做出判断并说明理由的话语模式，避免了一问一答话语零碎；"也就是不符合哪条特征"为学生的思考搭桥，让学生指向教学目标围绕特征做出判断，而手势语的恰当应用可以帮助学生顺利跨过思维障碍解决问题。"大家同意吗"，让所有学生都参与进来，一方面是参与评价同学的回答是否正确，并做出自我判断，另一方面是唤起学生注意要紧扣特征做判断的重点。最后，评价性语言和小结语言的设计，既激发了学生的学习兴趣，又为下一问题顺利解答引导了方向。

三备三磨：一般由教研组内的学科骨干老师执讲。在"二备二磨"的基础上，进行第三次备课和试课，关注前两轮磨课梳理的策略运用和第二轮遗留问题的整改。教师在新理念的指导下，通过对基于学习目标的教与学的行为进行评价，关注学生的变化，引发教师对自身专业成长的反思，逐渐形成自己的教学风格[38]。

"三备三磨"不仅形成了一节精品课例，重要的是教师的教学理念、教学行为在这个过程中，都发生了质的蜕变，从而提升了课堂教学质量，优化了学生学习的场，实现了师生的共同成长。

（四）反思总结，梳理研究成果

每一轮"三备三磨"课例研究结束后，学校组织学科团队进行展示汇报。各团队可以从解决的问题、研究的过程、形成的策略、引发的思考、改进的行为或理念以及教师和学生的变化等方面进行集体反思，结合课例研究报告和每人的精品课例片段进行展示汇报。

展示汇报的重点是这一轮磨课的研究成果，学科团队基于本组磨课遇到的问题，解决的策略和取得的成效，有理有据地展示本组梳理的策略。这些从教学实践中梳理总结的策略，在实际的教学中具有一定的推广应用价值。比如，海阳市凤城街道中心小学五年级数学组经过几个学期对"小学数学课堂教学中学学联动策略"的持续、跟进和深化研究,从"联动的基础""联动的条件"等几个维度,总结出来"学学联动"的基本策略,目前已经在本学校各个学科推广了几个学期,对促进学生自主学习,引发学生深度学习起到促进作用。(表10.5)

表10.5 "学学联动"基本策略

研究维度	具体策略
联动的基础	教师:(1)深厚的学科知识底蕴,能应对学生课堂上提出的各种学科知识问题,(2)灵活地驾驭课堂的能力,机智地处理课堂上生成的各种问题 学生:(1)认真倾听的习惯,(2)正确有序的思考方式,(3)正确地表达方式(一定的话语模式支撑)
联动的条件	(1)教学问题的开放性,(2)活动任务的具体可操作性,(3)评价标准的可判性,(4)教学环境的平等安全性
联动的情境	(1)健全的心理环境,(2)充裕的时空环境,(3)热情的互助环境,(4)真诚的激励环境
联动的目的	(1)提高学生的观察、分析能力,发展思维能力 (2)培养学生的合作精神与交际能力 (3)促进学生之间的思维对话,推动深度学习
联动的时机	(1)课前预设的时机:针对一节课重难点课前预设组内联动和全班联动; (2)课堂生成的时机:A 一题多解时 B 学生出错时 C 学生回答不完整时 D 学生回答精彩时
联动的形式	(1)师生问答,(2)生生问答,(3)评价牵动,(4)组内合作,(5)角色分工
联动的时间	(1)个体与小组的联动一般2分钟左右(组内交流) (2)小组与全班的联动一般3分钟左右(全班交流) (3)个体与个体的联动一般1分钟左右 (4)集体引发个体的联动一般4分钟左右

四、三大策略

(一)主题贯通

(1)在磨课前的准备工作中,一体化地考虑教研主题。选研课课例时,要根据教研主题,选择适切的课例为载体。比如针对"单元整体教学的设计与实施研究——数感培养"这一主题,教研组在整体分析三年级上册的数学教材后,最终选定的课题是《分数的初步认识》这一单元,因为这个单元适合研究学生数感的培养，并且该单元三个信息窗的知识联系紧密，适合做单元整体教学。在开发课堂观察量表时，除了观察课堂教学评的一致性，另外一个重要的维度就是通过观察学生的学，分析单元大概念在课时教学中的一致性与延续性。

（2）在"三备三磨"的具体实施中，每一备每一磨中，都矢志不移地坚持教研主题的一致性。比如实施单元整体教学，在"种子课"的备课中，就要考虑该课时为后面的课时在知识和方法上要做哪些准备和铺垫；在"生长课"和"拓展课"的备课中，就要考虑该课时可以把哪一课时的知识和方法迁移过来。在课后议课时，"种子课"的议课重点关注"种子是否埋好"，即核心概念和思想方法在该节课中是否得到落实；"生长课"和"拓展课"的议课重点是关注"种子是否生根发芽，茁壮成长"，即核心概念和思想方法迁移、拓展得如何。

（3）在最终的教研活动总结时，围绕教研主题进行策略的梳理和群体与个体的反思。策略作为教研活动的重要成果，在梳理总结时要从主题不同的维度提出解决问题的方法。如"单元整体教学的设计与实施研究"的策略部分，在单元整体教学设计方面可以从单元主题的确定，单元目标的确立、课时教学目标的确立以及核心概念与思想方法在不同课时与课型的迁移方法等方面梳理出相应的策略；在单元整体教学实施方面，可以从核心的概念和思想方法两方面的一致性与进阶以及课堂具体活动的单元整体性等方面提炼总结策略。

（二）智慧众筹

1. 众筹理论

一是磨课前组织一次专业研讨，教研组成员围绕主题，到教育专著里、网上、杂志中去寻找相关的信息，可以是专家对问题的观点，可以是教学方法指导，也可以是名师大家的讲座或优秀课例等。有了这样的准备，就有了共同的话题，就有可能在同一个话语情境下展开对话。二是第一执讲人在第一次备课后，在教研组内进行一次说课，针对自己课堂的每一个环节、活动进行阐释后模拟上课，把设计意图、理论依据和教学过程清晰地说给组内老师听，每位老师结合有关理论学习，针对执讲教师的展示内容，发现并提出教学设计中存在的问题，共同探讨解决办法，分享智慧，达成共识。

2. 众筹实践

实践主要指观课和议课，针对学生学习活动的状态和效果进行观课议课。在开发观课量表时，要充分发挥团队的智慧，从不同的维度开发科学有效、易操作的量表。观课时分工合作，每个人从不同的观察点对课堂进行观察、分析，做出判断。议课时,不评价教师和整堂课的优劣,而是从学习效果到学习行为再到教师行为最后到教学设计进行评价。执讲人进行课后反思,对其课中达成目标的环节和教学行为进行思考,寻找自己课中的亮点和不足。观课老师按照自己的观课点,以课堂事实为依据,阐述自己的观点,针对现有的教学环境和条件,提出可行性建议。

3. 众筹成果

在"三备三磨"中,每个人都以不同的角色亲历了教研的整个过程,对教研主题的内涵有共同的理解,在进行教研总结时,大家针对共同的话题,畅所欲言,各抒己见。在集思广益的基础上,共同对教研的成果进行总结与梳理,最终形成本组的成果。教研成果是教研组集体智慧的结晶,体现了团队水平的高低。

（三）个性创造

创造,是指将两个或两个以上概念或事物按一定方式联系起来,主观地制造客观上能被人普遍接受的事物,以达到某种目的的行为。课堂教学是一门创造性的艺术,个性化的创造为课堂打磨与改进锦上添花。

在"三备"的每一"备"之后,教师都要有一个反思和认识的过程。集教研组集体智慧形成的教案,可能在各个环节设计上无可挑剔,但它不能满足教师个性化的需求。教师要对集体备课形成的教学内容、教学目标、教学方法和习题设计进行自我的消化和吸收,然后根据自己班级的学情,吸纳集体的智慧,修正教学思路,设计并撰写符合自己的教案,达到个人备课与集体"和而不同"。课堂上教师可以根据自己对教学目标的认知,对教学方法和评价方法进行个性化的选择与创造,并灵活地处理课堂上各种突发的事件,逐渐形成自己的教学风格。

第二节 "一备一磨":启思

2018 年 11 月,海阳市凤城街道中心小学承办了山东省"互联网 + 教师专业发展"工程教育科研方法专题省级工作坊线下现场会。在会上,五年级数学教研组以"如何培养学生的理性精神"为教研主题展示教研组"三备三磨"的数学教研活动。

此次教研活动拟解决的问题有两个:一是在数学课堂上如何培养小学生的理性精神,二是"学学联动策略"成果的应用与推广。根据此次活动拟解决的两个问题,选取《长方体与正方体整理复习》一课作为打磨课例,历经"课前准备—现场分析—反思梳理",完成了"一备一磨"活动的教研任务。

一、课前准备——有的放矢写"脚本"

课前准备阶段,团队成员围绕复习课对学生理性精神培养的意义与价值、单元教材解读和学情分析三个方面进行剖析,最终确定了本节课的学习目标。然后根据确立的学习目标编写了本课的教学"脚本"。

(一)学习目标分析

1. 复习课对学生理性精神培养的意义与价值

复习课就是把单元零碎的知识点,通过整理、加工形成系统的知识体系。学生在整理的过程中习得整理复习知识的经验与方法,并提高其应用能力。

2. 单元教材解读

知识方面:本单元的教学内容是体会长方体、正方体的特征;理解长方体、正方体的表面积、体积(容积)的意义;掌握长方体、正方体的表面积、体积的计算方法,并能灵活运用所学知识解决实际问题。

素养方面:发展学生的思维能力和空间观念,让学生习得一些整理知识的方法,体验知识的作用与价值,体会数学知识之间的内在联系,养成独立思考、有条理地表达等学习习惯,体验与同学合作学习的乐趣,增强学好数学的自信心。

3. 学情分析

在前期调查中我们发现:学生学习了长方体和正方体特征、表面积、体积(容积)等知识后,在综合应用时经常出错。例如在计算表面积时,有的学生对于实际应用中到底是几个面,哪几个面,怎样计算,容易出错;表面积和体积公式经常混淆。表面上看是知识掌握不牢,深层原因却是学生本单元知识素养没有形成。

(二)学习目标确立

经过上述分析,团队成员讨论研究后确定了本节课的学习目标如下。

(1)经历课前独立整理单元知识内容以及课上交流、汇报的过程,建立起本单元系统的知识体系。

测评标准:

① 能准确说出长方体和正方体的特征,准确解答相关问题。(8 ★)

② 能准确说出长方体和正方体的表面积及计算方法,准确解答相关问题。

（10★）

③ 能准确说出长方体和正方体体积（容积）及计算方法，准确解答相关问题。（5★）

（2）经历灵活运用所学的知识解决长方体、正方体有关的实际问题的过程，形成综合运用知识解决本单元问题的能力。（10★）（机动）

（3）积累整理复习、分析问题、解决问题的好习惯与好方法。

（三）教学"脚本"撰写

结合本节课的学习目标和拟解决的两个问题，我们团队确定采用框架式教学"脚本"。教学"脚本"分为板块、目标、评价设计、活动设计、理性精神培养和学学联动策略应用预设六个部分。（表10.6）

表 10.6　教学"脚本"

板块	目标	评价设计	活动设计	理性精神培养	学学联动策略应用预设
课前回顾，对比整理	采用对比的方法，独立整理本单元知识，形成完整的知识体系	（1）借助表格、运用对比的方式，独立回顾整理知识体系。（2）知识整理条理、完整	课前下发表格，学生独立整理	1.独立思考意识。2.做事条理分明、严谨细致、一丝不苟的个性品质	无
小组交流，查漏补缺	（1）通过交流查漏补缺。（2）小组达成共识，以备班内汇报	（1）小组内分工合作，有序发言。（2）小组形成研究成果	1.小组内按合作要求进行学习。2.根据交流，完善整理知识体系	在交流中发展语言表达能力，积累整理复习知识的经验与方法	学生固定的话语模式引发联动
班级汇报，知识检测	采用对比的方法，形成完整的知识体系	1.分工合作，汇报成果。2.与同学们联动学习，达到知识再现。3.完成知识检测	1.按知识点班级汇报。2.完成相应知识点检测	积累整理复习知识的经验与方法	1.学生话语模式引发联动。2.学生主动介入补充、评价。3.教师介入推进学学联动

板块	目标	评价设计	活动设计	理性精神培养	学学联动策略应用预设
学以致用,拓展延伸	（1）用所学知识灵活解决生活中的问题。（2）理解等积变形的意义	1.解决与长方体和正方体知识有关的生活问题。2.列举生活中等积变形的数学问题	1.解决生活问题。2.说出生活中的等积变形现象	认真审题、做事严谨、一丝不苟、善于思考、敢于质疑、严谨求实的良好习惯	1.学生话语引发联动。2.学生主动介入补充、评价。3.教师适时介入引发质疑、补充、评价
课堂总结,归纳方法	1.掌握对比整理知识的方法。2.明确本单元运用的数学方法：推理、转化	1.说出运用对比的方法进行整理与复习的好处。2.说出推理、转化的数学方法在本单元的应用	谈本节课整理知识所运用的方法以及这种方法的好处	养成反思,总结意识	师生对话

确定了"脚本"框架后,我进行了个人理解的一磨备课,预计通过课前板块（课前下发表格,学生独立整理）和课中板块（小组交流、汇报的形式）来达成本节课的学习目标。而理性精神的培养主要从独立思考意识的培养和积累复习知识的经验和方法来体现。学学联动策略的应用主要采用学生固定的话语模式引发联动,以及教师主动介入推动学学联动。

二、现场分析——理性思考看问题

针对前期预设的学习目标与拟解决的教学问题,在实施教学过程中,团队成员选取不同的观课点,对教学现场进行观察、分析,从而引发教师深入思考和对教学问题的深刻认识。以下是教师在观课过程中,有针对性地现场分析。

（一）课堂学习目标达成情况

目标达成情况观察组指出,本节课有 40 余人次参与课堂交流,学生参与面广,教师做到了关注全体学生的学,学生知识检测正确率 90% 以上,达成度高。

（二）策略探寻：如何培养学生的理性精神

现场 1：

为了在课堂上能呈现对理性精神培养的思考,在课前,我设计了一个表格式的导学作业单,课前学生独立整理完成。（表 10.7）

表 10.7　长方体和正方体的比较

	相同点	不同点
特征		
表面积		
体积		

环节分析:

理性精神培养策略观察组指出,本环节的优点是课前下发表格,给学生提供了充分的独立思考时间和空间。不足是任务本身设计的科学性不够,表格式整理可以帮助学生理清知识点,但不利于学生形成系统的知识体系,养成逻辑思考的习惯与方法。给出的建议是采用思维导图的方式进行回顾整理,思维导图能更好地帮助学生建立知识体系,养成逻辑思考的习惯与方法,从而培养学生的理性精神。

本环节形成的策略是:任务前置助力思考策略。改进方向是:变表格式整理为思维导图式整理,培养学生逻辑思考的习惯与方法。

现场 2:

师:同学们还记得长方体和正方体的体积公式是怎样推导出来的吗?我们一起回顾一下推导过程,看看它又会给我们带来哪些启示?

播放视频(长方体和正方体体积推导过程)

师:在长方体和正方体体积推导的过程中,我们经历了怎样的过程?

生:假设。

生:验证。

生:推理。

师:同学们说得非常准确,我们经历"假设—验证—推理"的过程,得出了长方体的体积公式,后又由长方体的体积公式推理得出正方体体积公式,在数学的学习中推理能帮我们得出更多的未知规律,推理也是一种重要的数学思想。(板书:假设—验证—推理)

…………

片段分析:

理性精神培养策略观察组指出,此片段的优点是教师能充分挖掘教材本身所蕴含的思想和方法,引导学生感悟经历。

形成的策略:充分挖掘教学内容,培养学生深入思考、探索的能力。

现场 3：

师：同学们，这节课我们一起回顾整理了《长方体和正方体》这一单元，我们从长方体和正方体的特征、表面积和体积三个方面进行了整理，形成了完整的表格。

师：从同学们的练习反馈情况来看，同学们掌握得还是不错的。在下课前，老师与大家一起分享一个故事。（《皇冠的秘密》）

…………

片段分析：

理性精神培养策略观察组指出，在此片段中，教师没有抓住小结这一重要环节引领学生总结，凸显表格式整理的特点，即对比性，反映出教师的理性精神培养意识不够。

改进方向：抓住课堂重要环节进行引领，培养学生理性思考的方法。

（三）"学学联动"策略应用情况

现场 1（小组展示）：

1 号：我们小组交流的是长方体和正方体表面积的相同点和不同点。下面请尹同学做相同点的交流。

尹：长方体和正方体表面积的相同点是，表面积都是 6 个面的总面积。大家还有要补充的吗？请邓同学来补充。

邓：我来给你补充，我认为，它们的面积单位也是相同的。你同意吗？

尹：我同意。

1 号：下面请李同学交流不同点。

李：大家好，长方体和正方体表面积的不同点是，长方体的表面积 ＝（长 × 宽 ＋ 长 × 高 ＋ 宽 × 高）× 2，正方体的表面积 ＝ 棱长 × 棱长 × 6。我的交流完毕，大家还有要补充吗？请张同学来补充。

张：我来补充，长方体和正方体的表面积用字母表示是：$S_{长方体} = (ab + ah + bh) \times 2$；$S_{正方体} = 6a^2$，大家同意吗？

生：同意。

…………

片段分析：

"学学联动"策略观察组指出，在"学学联动"策略运用方面的优点是学生能够运用一些简单的话语模式引发联动，能主动引发同伴间的补充、评价。存在的问题:一是学学联动只停留在简单的话语模式上,学生间质疑较少,学学联动的深度远远不够;二是缺少教师的适时介入,学学联动的深度、广度不够。建议:第一,增加学生固定的话语模式,加深学学联动的深度;第二,教师适时介入,助推学学联动的深度和广度。例如,在长方体和正方体的表面积交流时,老师可以适时介入:在求表面积这一部分,同学们有什么要提醒大家注意的吗?学生从实际应用过程中总结实际计算时,是几个面的面积、单位是否相同等这些知识进行联动补充,从而加深联动的深度和广度。

改进方向:

(1)增加话语模式,如,大家还有什么疑问吗?我有个问题,请帮我解答。我要提醒大家的是⋯⋯

(2)教师适时介入,助推学学联动的深度和广度。

三、反思梳理——总结得失明方向

现场分析后,根据三个课堂观察组的观课报告,我认真反思疏理,总结如下。

(一)理性精神培养策略

1. 任务前置,培养学生独立思考意识

任务前置教学法的基本原则是先学后教、以学定教、教学相长,理念核心是坚持学生主体地位。它可以给学生提供充足的独立思考的时间和空间,调动学生自身的经验和知识储备,引导学生自主探索。

2. 充分挖掘教材本身所蕴涵的思想和方法,培养学生思考探索能力

新课程实施以来,我们的数学教材呈现的教学内容灵活多样、图文并茂,带着很强的趣味性、知识性、探索性。在教学的过程中,需要教师在研读教材时挖掘教材本身所蕴含的思想和方法,培养学生思考探索能力。(表 10.8)

表 10.8　理性精神策略探究

	形成策略	存在问题	改进方向
理性精神策略探究	(1)任务前置策略。以充分的思考空间与时间,培养学生独立思考的意识与方法。 (2)深挖教材策略。培养学生独立思考、探索创新的意识。可以从素材、过程方法两方面入手	(1)借助表格工具整理,可以帮助学生理清知识,但不利于学生形成系统的知识体系。 (2)教师培养学生理性精神的意识不够,没有抓住重要环节进行评价、引领	(1)表格整理变为思维导图,能使学生更好地建立知识体系,培养理性精神。 (2)抓住时机,以显性语言促进学生思考的意识与方法

（二）学学联动策略应用

根据学学联动课堂观察组的观课报告,我们进行了反思整理。(表 10.9)

表 10.9　学学联动策略成果推广

	较成功的做法	存在问题	改进方向
学学联动策略成果推广	学生能够运用一些简单的话语模式引发联动。例如:大家同意吗?请大家给我补充。** 我来为你补充,你同意吗?我来给你们组评价……等话语,引发同伴间的补充、评价。	学学联动只停留在简单的话语模式上,学生间质疑较少,学学联动的深度远远不够	在学生原有话语模式的基础上,增加新话语模式。如:我来给你纠正,我要特别强调的是……我要提醒大家的是……谁来重复一下这个知识……大家还有什么问题吗?……

通过对"一磨"活动的全面反思与梳理,我既看到了成功的现场,得到了有益的启示,增强了教学的自信,也发现了自身理论储备的不足,课堂细节把控欠缺,深挖教材策略单一……这都为我后续的教学研究指明了方向。

在这次活动中,我也真切感受到了团队的力量。正如一棵小树,要想直指蓝天,就必须扎根于一片树林。今天,我有幸置身于凤城小学这片林子,心中满是成长的幸福!

（海阳市凤城街道中心小学　孙静静提供）

第三节　"二备二磨":跟进

在孙老师的《长方体和正方体的整理和复习》"一备一磨"之后,我们开启了"二备二磨"之旅。本轮次拟解决的问题有两个:一是解决孙老师在理性精神培养策略探寻上遗留的问题;二是进一步提升"学学联动"策略成果应用与推广的成效。根据目标,我们经过"课前准备—现场分析—反思梳理"的组织流程,顺利完成了"二磨"活动的教研任务。

一、课前准备——针对问题改"脚本"

（一）教学目标的再设计

针对第一轮次教研及学生学习表现情况,我对教学目标进行了修改,新的学习目标如下。

（1）经历与同伴交流的过程,建立起长方体和正方体的知识体系,能准确地说出长方体和正方体的特征、表面积和体积的计算方法。

测评标准：正确解答与长方体和正方体特征（2★）、表面积（2★）和体积（容积）（2★）相关的简单问题。

（2）回顾长方体和正方体体积的学习方法，体会转化、推理等学习方法的重要性，积累学习经验。

（3）应用知识解决问题，能灵活运用知识解决与长方体和正方体有关的实际问题。（2★）

为了让学生更清楚达成目标的标准，我将新目标以具体任务为载体呈现。

具体任务：

（1）完成本单元知识思维导图。

（2）准确解答本节课复习题组（一）（二）（三）（四）。

（二）教学板块的再设计

针对第一轮次的优点和不足，在团队议课的基础上，我对教学板块进行了修改与设计，通过课前板块（回顾知识，布置思维导图）和课中板块（明确目标、小组交流、全班交流、反馈总结）来达成教学目标。在理性精神培养方面新加入了探索创新、实事求是、质疑反思等，在"学学联动"策略方面新设计了学生质疑、补充、纠正、重复、强调重点等策略。（表10.10）

表 10.10　教学板块

板块	目标	评价设计	活动设计	理性精神培养	策略预设
课前回顾整理	形成个性化的思维导图	思维导图的基本要求：布局合理、美观，条理清楚	（1）课前导学。 （2）布置学生制作思维导图，制定思维导图的评价标准	独立思考、探索创新、反思	生：补充
课中导入	师生共同制定本节课的学习目标		（1）说一说复习课的学习任务。 （2）出示学习目标和具体任务。 （3）确立学习目标		师：目标引领 生：补充

板块	目标	评价设计	活动设计	理性精神培养	策略预设
课中小组交流	修正思维导图,整体建构知识体系	(1)小组内分工合作,有序发言。 (2)小组形成研究成果	小组内按合作要求进行学习	合作、探索创新	生:补充、纠正
课中全班交流	(1)建立完整的知识体系。 (2)巩固知识,发展能力。 (3)体会推理、转化等数学方法的重要性	(1)关于特征、表面积和体积的简单问题。 (2)说出学习"不规则物体体积"的方法	(1)学生交流"特征"板块,教师引导提升. 评价任务一:检测"特征"。 (2)师生共同整理表面积板块。 评价任务二:检测"表面积"。 (3)梳理"体积"板块。 评价任务三:检测"体积"	探索创新、实事求是、质疑反思	师: (1)目标引领 (2)引发、助推、介入 生: 质疑、补充、纠正、评价、重复强调重点
巩固练习,拓展延伸	(1)正确解答综合问题。 (2)了解"等积变形"及生活中的应用	表面积和体积的综合问题	(1)解答问题。 (2)观察"倒水、捏制、熔铸"现象,找规律	实事求是	师:目标引领 生:重复、质疑、纠正等

二、现场分析——对比观察看整改

在此基础上,我们进行了第二次观课议课,观课老师对课堂现场与上一轮次进行了对比观察,深度剖析问题的整改情况。下面我根据三个观课组的观课报告对该节课进行如下分析。

(一)课堂学习目标达成情况

"目标达成情况"课堂观察组指出本节课在学生全面参与质疑联动方面,该节课能引发联动的有2人,质疑的有3人,补充与纠正的有16个同学,3

个同学重复事实,整节课有85%的学生发言,参与率高,正确率高。在目标达成方面三个环节的达成率分别是87.5%,90.6%,87.5%,总评环节正确率84.5%,整体来看该节课较好达成目标。

(二)策略探寻观察组:如何培养学生的理性精神

理性精神培养策略课堂观察组指出,该节课比较成功地整改了上一轮次遗留的问题,具体表现在以下方面。

(1)表格整理变思维导图的整理方式更有利于学生把知识归类整理,构建完整的知识体系,从而养成逻辑思考的习惯。课前学生通过独立思考,自我探索制做出了富有个性的思维导图。学生在自我探索的过程中,加深了对长方体和正方体本质特征的认识;课堂上学生在小组内交流,通过集体的二次探索,完善了本单元的知识体系;在全班交流时,通过学生的质疑、补充、纠正,完成了对长方体和正方体知识的整理,同时积累了经验与方法;教师课前制作了比较规范的思维导图,在课堂上对学生进行知识上指导、方法上引领,给学生提供了很好的范例。

(2)抓住重要环节进行评价引领方面,教师以显性语言促进学生思考的方法,帮助学生积累探索创新的方法。

现场1:

在复习"不规则物体的体积"时。

师:回顾一下我们用什么方法学习不规则物体的体积?

生1:我们可以借助水槽,水槽里放上水,把不规则物体放入水槽,水能没过物体,用现在的水位减去原来的水位,最后用底面积乘水位差就求出不规则物体的体积了。

师:你说得真具体。谁能概括一下,这是一种什么样的数学方法?

生2:转化!

师:对,这是转化。同学们回想一下,我们学习什么知识时也用过转化?

生3:异分母分数加减法。

……

师:的确是这样,转化是学习数学最常用的方法,通过转化把未知转化成已知……

片段分析:

数学教育永远离不开思想方法的支撑。整理复习的任务:一是整理知识,

建构知识体系;二是回顾学习方法,积累活动经验。数学课程标准明确指出"让
学生获得适应社会生活和进一步发展所必需的数学基础知识、基本技能、基本
思想、基本活动经验",知识的学习是有形的,而思想方法、活动经验的积累是无
形的,抛弃了思想方法和活动经验的学习是没有灵魂的。

形成策略:

紧扣目标,挖掘价值。即结合课堂教学目标,以及具体的教学资源,挖掘蕴
含的数学思想方法,帮助学生积累理性思考的经验。

理性精神培养策略观察组也指出,该节课也存在一定的不足,具体表现在:
课堂上在用思维导图学习的过程中,只关注利用思维导图整理复习知识,回顾
方法,忽视了思维导图制作方法的引领与学生思考方式、思考顺序的点拨。

现场2:在复习长方体和正方体特征环节。

生1:我要交流长方体,长方体分支为面、棱、顶点。面有6个面,相对的
面……

生2:我要交流的是正方体,正方体分支为面、棱、顶点。面一共有6个,6
个面完全相同……

片段分析:

这个过程中,老师只是关注学生用思维导图,包括师生共同整理"表面积
和体积",老师直接出示了课前制作好的思维导图,利用思维导图进行整理复
习,忽视了制作思维导图背后的思维价值,没有充分利用学生的现成资源进行
方法的指导,简而言之只重结果,忽视了过程,培养学生理性精神的意识依然不
够。

(三)策略应用情况:学学联动策略的运用情况

"学学联动"策略观察组指出,学学联动策略的运用取得重大突破,具体表
现在:针对上一轮次"学学联动只停留在简单的话语模式上,学学联动的深度
远远不够"这一问题,我采取的整改措施有,课前布置导学作业时,提前让学生
思考每一板块的重点是什么;在课中导入环节,师生对话,制定本节课的学习目
标,并且以具体的学习任务为载体;在小组活动时,活动要求其中一条是"讨论
每一板块你们要特别强调(或提醒同学注意)的是什么",并作为小组评价的一
项重要指标。

现场:在全班交流"特征"这一板块时

交流的同学:我们要提醒同学注意的是不要把长方体和正方体说成长方形

和正方形(这个错误学生经常犯)。谁来给我们补充?

师:你听明白他说什么了吗?

生1:重复一遍。

生2:我认为他说的意思是长方体和正方体是立体图形,而长方形和正方形是平面图形,我们不要把立体图形和平面图形弄混了。

……

师:老师想提醒同学们注意的是长方体和正方体在特征方面既有相同点,也有不同点,正方体是长宽高相等的长方体。

……

片段分析:

在师生、生生的互相提醒、强调中,强化了重点,突出了难点,加深了学生对长方体和正方体本质特征的认识。

整节课中,"我来给你补充","我来给你纠正","我不同意你的观点"……等联动语言学生运用自如,不断生成精彩;教师适时介入,引发、助推学学联动的发生,推动学生不断地朝向学习目标的达成,同时培养学生实事求是的精神。

不足:学学联动花费了大量的时间,一节课上了48分钟。

三、反思梳理——明确方向再汲动力

课后,根据三个课堂观察组的观课报告,我们团队进行了如下反思疏理。

(一)理性精神培养策略

本轮次在上一轮次探寻的策略基础上,有继承,也有创新。

表10.11　理性精神培养策略

形成策略	存在问题	改进方向
(1)任务前置策略 (2)紧扣目标,挖掘价值策略 (3)鼓励思考、质疑策略 (4)适时评价策略	(1)思维导图的运用只重结果,忽视过程。 (2)培养学生理性精神的意识依然不够	(1)课堂上关注学生梳理知识方法的指引。 (2)关注学生即时性回答背后的理性思考价值

（二）"学学联动"策略的运用

表 10.12 "学学联动"策略的运用

策略运用	成效分析	存在问题	改进方向
教师维度： （1）目标引领联动策略。 （2）关键处引发、助推联动策略； （3）适时介入联动策略。	（1）目标引领整节课，师生心中装着目标，时刻清楚地知道自己已经到了哪里，要走向哪里。 （2）重难点处教师灵活地引发、助推学学联动，促进了学生的深度思考与深度对话。 （3）教师适时介入，调控学学联动的方向，保障学学联动促进目标达成	学学联动费时较多，一课时的任务没有按时完成	教师准确把握联动的深度与广度，适时介入
学生维度： （1）话语模式引发联动策略； （2）主动介入引发质疑、补充、评价、纠正重复策略。	原有的话语模式自然地引发了学生的质疑、纠正、补充，学学联动和谐；新的话语模式"我要提醒大家注意的是……""我要特别强调的是……"引发学生的深度思考与对话，深化了教学的重难点		

在这一轮次中，我们成功地整改了第一轮次遗留的问题，也遗留下新的问题，针对新的问题我们制定了整改的措施，同时在理性精神培养方面探究出新的策略，在"学学联动"策略运用方面也有成功的经验可以借鉴，期待在下一轮次中将问题整改，同时圆满完成我们的教研任务。

（海阳市凤城街道中心小学 张春静提供）

第四节 "三备三磨"：进阶与突围

数学学科大组长张春静老师承担并展示"二备二磨"课堂教学，以其对于"学学联动"策略连续两年的研究以及对于数学学科多年教学经验的积累，比较成功地解决了第一轮磨课遗留的问题，而且整堂课行云流水，孩子们在课堂上积极主动地联动，补充、质疑、评价，体现了以话语模式来撬动理性精神培养与学学联动实效的价值。团队的研讨还没开始，作为第三轮次执讲教师的我思考便已开始启动：作为一位加入到五年级教研活动中的四年级老师，与陌生的五年级孩子们一起上课，该如何来突破张老师遗留的挖掘复习课培养学生理性思维的价值？又该如何与一班陌生的孩子一起来体现"学学联动"策略运用的成效呢？带着这两个问题,与我们团队老师展开如下研讨。

一、挖掘复习课对于培养学生理性精神的价值

思考的起点通常源于对事物本身意义的追问。因此,我们重新回到数学复习课,思考对学生的理性精神培养的意义——在复习的过程中促进学生的反思。不仅反思知识会不会,更反思这些知识是什么关系什么脉络,形成本部分的知识体系。再度回望张老师的课,她带领学生们形成了非常好的知识体系,以思维导图进行呈现。但是整堂课却没有引领学生来梳理如何形成了这个知识系统,也没有让同学们对不同的思维导图进行比较。基于此,我提出复习课不能仅仅以思维导图呈现出一个知识体系,更重要的是引领学生学会用分类的思想方法,确定一级标题,然后再用分类的思想,继续确定二级标题。在分类过程中,要体会不重不漏,让学过的知识都有一个"家",引导学生经历这样一个梳理的过程,积累下建构知识体系的经验,初步学会体系化思考。带着上述思考,我组织了团队的三备研讨,进一步调整,确定了如下目标。

（1）经历课前独立整理单元内容,以及课上分板块碰撞交流形成思维导图的过程,建立起长方体和正方体的知识体系,积累架构知识体系的方法与系统思考、反思质疑的思维习惯和方法。

（2）经历灵活运用所学的知识解决长方体、正方体有关的实际问题,形成综合运用知识解决本单元问题的能力。（10★）（机动）

（3）积累整理复习、分析问题、解决问题的好方法。（每积累 1 个奖励2★）

上述目标与二备目标相比:一是对培养理性精神的价值进行了进一步的挖掘与明晰;二是将目标 2 作为一个机动目标。因为我们发现孩子们在主动联动时,往往时间控制不好,那么目标 2 的综合反馈题组便可以放到课后处理,这样一来课的提前设计也为学学联动提供了时间保障。

二、设计一页纸备课为拟解决问题提供保障

凡事预则立,不预则废。为了使学生的理性精神培养能够在课堂上从容有效,同时也让学生在课堂上的联动主动深入,我们在学习金字塔理论、逆向教学设计理论、布鲁纳目标学习层次的指导下,形成了一页纸备课。（表 10.13）

表 10.13　《长方体与正方体的整理与复习》第三次备课

教学板块		目标	评价	任务设计	理性精神价值挖掘
课前	课前独立探索	梳理知识体系	思维导图的建构情况。	（1）集体确定一级标题后,人人设计思维导图。 （2）小组认领板块讲解任务	独立建构、逻辑思考的意识与方法
	小组合作确定讲解任务	组内初次选出思维导图,完成基于小组伙伴经验的思考碰撞	现场小组参与情况	小组选出最好的思维导图,针对本组承担的讲解任务,共同修改完善,做好交流分工	反思: 合作建构,做事抓重点的意识(要重点强调的是),渗透评价意识(设计两个提问)
课堂	导入新课明确目标	明确学习目标	观察学生表情、声音与参与人数	提问:你觉得整理与复习课应该做些什么?	主题性思考的意识
	复习特征	复习长方体与正方体的特征,解读简单的相关问题	看交流中学生的正确率,评价题组的正确率	请一个小组带领大家展开复习。复习题组一	从面、棱、顶点去研究;反思、质疑;借助实物或模型进行直观想象、对比思考;整理知识体系要先分类、再归类
	复习表面积	复习表面积,解答简单的相关问题	同上	请一个小组带领全班展开复习。复习题组二	是何,为何,如何,应用思考模型;反思;在伙伴交流中对内容不断完善,直观想象
课堂	复习体积	复习体积,准确解读相关问题	同上	请一个小组带领大家讲解。复习题组三	巩固是什么为什么怎么样,应用的思考模型。其余同上
	评价促思	检查知识整理复习效果	题组正确情况	白板出示复习题组四,学生练习	以评价促进反思
	课末反思	建立本课知识的整体结构框架	观察学生参与学习情况	白板出示整体图,学生参照自我的思维导图进行反思;针对板书进行反思。	整理归纳的反思习惯

在这样备课的思考过程中，我们发现：学学联动正是遵循了学习金字塔理论，让学生自主参与到学习中来，通过讲解来获得更多的理解。同时伙伴间互相评价、质疑与追问，则正符合布鲁纳高阶思维水平的表现。

三、开发标准，让联动在课前发生

为进一步指导学生形成较高水平的思维导图，同时能在课前做好小组合作分工，以及课上主动地呈现高水平的学学联动，我们以评价标准来呼唤学生的主动参与。首先，结合思维导图的要求，形成了思维导图评价标准。（表 10.14）

表 10.14　思维导图评价标准

画法	清晰美观（2 星）
内容有逻辑	分类齐全不缺项（2 星）
	同一知识串，层级清楚（2 星）
	每板块内容，最好能呈现出是什么，为什么，怎么样，应用（每项 1 星，共 4 星）

其次，结合小组内合作，形成组内合作评价标准。（表 10.15）

表 10.15　组内合作评价标准

指标	标准	方法
讲清	声音响亮，能让大家都听清（2 星）	提高嗓门大声说。
讲明白	讲出是什么、为什么、怎么样、应用（或是考题类型）（一共 10 星，每项 2 星）	按照这几个项目去归类思考：借助实物或图画，或板演，或手势：话语提示：（1）因为……所以……（2）我们要特别强调的是……
合作	分工明确，每人都发言，小组组织流畅（2 星）	一人负责开场，一人负责结语，一人负责重点讲解，一人负责提问，一人负责巡视全班。
听取同学意识	不需老师帮忙，组织大家倾听、质疑、重复、巩固、评价（2 星）	请大家看这里……我想提醒大家认真听讲……现在我们提问大家两个问题……请大家对我们评价……

这样的评价标准，为各个小组的合作提供了一个参照的依据，大家可以清楚地知道在组内合作时自己能得到多少星。

要求：小组设记录员，带好组内合作记录本。

再次，开发全班讲解评价标准。（表 10.16）

表 10.16 讲解评价标准

项目		标准		量化
合作规划		团结友爱、认真倾听、不插话、积极回应与帮助		违规一项扣1星
讨论方法	组长组织	从4号、3号、2号、1号给予说话机会		只要发言不扣星
	发言方法	我没想出……	没关系你来听我说……	发言之后重复观点2星；询问2星；观点被采纳2星；代表小组做重要总结2星，在小组交流中承担其他任务1星
		我是这样想的……	我同意你的看法……	
			我不同意你的看法，我是这样想的……	
			我来补充一点……	
			我不明白我想问问……你为什么这样做？	
		我们去问问他们组吧	我们去问问老师吧	
		我们来总结一下吧……	……我们来分工吧	

这个标准，正是解决陌生学生与陌生老师一起上课可能会联动不积极的问题。这个标准，便成为撬动学生主动参与联动的支点。

需要说明的是，所有的标准都浓缩在一张纸上，被命名为"课堂学习争星小秘笈"发放到了每个孩子手中，把标准从我们平常的白板屏幕上，搬到了每位学生手中。事实证明，也唯有学生熟悉了标准才会更好地发挥标准的作用。

做好了这一切准备，便迎来了28日的现场上课。一切都在预期之中，目标2果然被孩子们的联动挤占了时间挪到了课后。而孩子们的主动质疑、评价、补充与纠正也一次一次地感动了听课的老师，这便是团队在第三备第三磨突围中实现的集体思维进阶的最好证明。

（海阳市凤城街道中心小学 刘云霞提供）

附　录

附录一　海阳市"新课堂"研究行动方案

为了有效落实全国教育大会精神和《中国教育现代化 2035》《中共中央国务院关于深化教育教学改革全面提高义务教育质量的意见》《国务院办公厅关于新时代推进普通高中育人方式改革的指导意见》《教育部关于加强和改进新时代基础教育教研工作的意见》等文件要求，有效落实立德树人根本任务，有效落实《海阳新时代品质教育行动纲要》，全面推进课堂深度变革，创办人民满意的教育，特制定本行动方案。

一、指导思想

全面贯彻党的教育方针，认真学习全国教育大会精神，以落实立德树人根本任务为核心目标，树牢"四个意识"，坚定"四个自信"，做到"两个维护"，围绕教育部提出的"掀起课堂革命"这一时代命题，以山东省教育科学"十三五"规划 2019 年度课题"学科育人价值导向的课堂深度变革研究"为依托，在全市中小学开展"新课堂"研究行动，建构新时代品质课堂教学体系，努力培育学生学科核心素养，持续提升我市学科育人质量。

二、总体目标

1. 研制出"新课堂"研究行动的理论框架，探索出学科育人价值导向的课堂深度变革方略，为我市中小学课堂建设提供理论支撑和技术支持。

2. 提炼出"新课堂"研究行动的实践模型，打造出一些教学业绩突出、教学特色鲜明的优质学校，培育出一批"新课堂"研究行动的精品成果。

3. 概括出"新课堂"研究行动的推进策略,全面提升中小学教师的核心教学能力和研究能力,培育出一批有专业引领力的领军人物。

三、主要任务

(一)加强学习,积极建构"新课堂"的理论框架

1. 加强"新课堂"教学的理论学习。学习儿童心理学、学科学习论和现代学习理论,更好地把握学生的身心特点、认知规律,在课堂上激发学生学习潜能,提升学生学习力,让学生享受到学习的乐趣。学习学科课程论和基于标准的教学、深度学习等理论,准确把握学科课程性质,深入研究课程标准,建立学科教学目标体系,开展大单元教学设计的实践探索,使课堂教学聚焦学科本质。学习差异教学、思维教学、对话教学等理论,探索有效的课堂教学组织形式,借助现代信息技术,加快教学方式转变,促进学生全面而主动地发展。

2. 树立"新课堂"教学的基本理念。树立"育人本位"的新课堂理念,明确学科育人价值,细化学科核心素养,让学生与文本、与同伴、与自我深度对话,提升认知、人际、自我三大领域的关键能力,同时注重学生价值观念的培养与引导,确保学生生命活力得到充分展现。树立"课程立意"的新课堂理念,分解并细化课程标准,倡导"学-评-教一体化",探索学科化的教学方式和教学策略,指导学生围绕具有挑战性的学习主题,展开深度理解与实践创新,确保学生学会、会学、学好。树立"学习中心"的新课堂理念,充分考虑学生学习需求、学习差异和学习效果,转变学习方式,让学生真正成为学习的主人,让学习在课堂上真实发生,确保学生学有所思、学有所获。

3. 探索"新课堂"研究行动的总体思路。针对当前中小学课堂教学普遍忽视学科育人价值深度开发与合理转化的现状,坚持"问题导向、理论先行、点面结合、整体运作"的指导原则,采用"课程统整、课堂重构、课题精研"的"三课联动"策略,展开"新课堂"研究行动,以"研标、立标、学标、达标"系列教研活动为抓手,积极构建理念先进、行为规范、富有生命活力的新时代品质课堂,落实学科核心素养,提高学科育人质量。

(二)统整课程,建构适合学情的学科课程群落

1. 构建基于结构的学科课程群。依据儿童、学科和社会需求,坚持"系统设计"的原则,聚焦学生学科核心素养的提升,加快学科内整合,构建基于结构的学科课程群。倡导以学科大观念、大概念为导向,精心设计大单元教学内容,

实现学科课程"逻辑结构"与学生"认知序列"的相互契合,为学生提供更为适切的学习内容,同时为更好地提高学生学科核心素养奠定基础。

2.构建基于主题的学科课程群。鼓励有研究能力的学校、教有余力的教师,依据学情、教情和校情,坚持"多维关联"的原则,聚焦学生迁移能力的培养,尝试学科间整合,建构基于主题的学科课程群。以大任务、大情境为载体,探索多学科的课程关联,为学生提供优质的"营养套餐",在系列化、综合性的主题探究中提升综合分析问题、解决复杂问题的能力。

3.构建基于项目的学科课程群。鼓励基础条件好、研究能力强的学校,依据师资、设备和教学场地等现实情况,坚持"跨界融通"的原则,聚焦学生解决复杂问题能力的培养,尝试跨学科整合,构建基于项目的学科课程群。采取项目化学习的方式,围绕基于真实情境的跨学科任务,引导学生将所掌握的学科知识和学科方法运用到综合性问题的解决中,发展学生的跨学科能力。

(三)变革课堂,探索育人本位的教学实践模型

1.探索"逆向设计"的备课模型。变革备课范式,倡导变"顺向设计"为"逆向设计",按照"明确预期学习结果→确定恰当评估办法→规划相关教学过程"的流程,探讨逆向教学设计。在深刻理解课程标准、细化学科核心素养和深入研读教材的基础上,设计具体化的学习目标和评价任务。在确保学生"学会、会学"的同时,充分挖掘学科育人价值,关照学生关键能力的发展、必备品格的培育和价值观念的形成,尤其要注重学生高阶思维能力、沟通协作能力、自控反省能力的培养。

2.探索"立体板块"的教学模型。变革课堂结构,倡导变"线性流程"为"立体板块",构建"学-评-教一体化"的新型课堂。根据课型设置教学板块,将"目标、学习、评价、导教"融为一体,指引学生展开深度学习。根据课堂板块需要,设计富有挑战性的学习任务,创设与真实生活相关联的问题情境,激活学生原有的知识与体验,灵活地选用探究性学习、展示性学习、反思性学习等方式,促进学生学习与发展。倡导信息技术与学科教学深度融合,加快课堂空间结构变革与教学方式转变,探索"互联网+课堂"教学模式。

3.探索"持续驱动"的评价模型。变革课堂评价,倡导变"即时反馈"为"持续驱动",运用学习评价标准不断地驱动学生调整学习行为,改进学习成果。按照"为学定标、案例探究;依标而学、问题探究;以标促学、成果探究"的实施流程,通过评价标准的介入、干预来持续驱动、撬动学生学习,增强学生学习的

动力值(想学)、方法值(会学)、数量值(学会)和意义值(学好)。

四、实施步骤

1. 全面推进(2020.9—2021.8)。全面推进"新课堂"研究,落实《基于学科核心素养的课堂教学改革方案》(烟教科发〔2020〕12号)和《基于学科核心素养的学部课堂教学改革方案》(烟教科发〔2020〕14号)文件要求,按学段分学科出台"新课堂"研究行动指导意见,研制相应的课堂观察框架与教学诊断指标。召开全市教学工作会、学科教研会、专题研讨会,全面启动与推进"新课堂"研究。组织"新课堂"教学重点研究项目、小课题申报与研究,开展课例研讨、专业阅读、教学观摩等活动,探索学科育人价值导向的课堂深度变革实践路径与推进策略。

2. 模型构建(2021.9—2022.8)。召开各种专题会议,开展形式多样的教研活动,不断深化"新课堂"研究。组织典型经验、优秀案例、精品课例征集活动,及时总结"新课堂"研究经验,逐步完善支持深度学习的单元教学设计,优化学科育人价值导向的课堂教学策略,建构"学-评-教一体化"课堂教学实践模型,提炼不同学科、不同课型的教学模式,形成更加完善的课堂教学诊断指标与策略体系。整理"学科育人价值导向的课堂深度变革"课题研究资料,召开全市教学成果推介周活动,及时推广先进学校、优秀教师的成功经验和优秀成果。

3. 行动规范(2022.9—2023.8)。组织精干力量,总结"新课堂"研究行动的精品成果。将已探索形成的课堂教学模式、策略等成果进行重点转化,分学段拟定"学科教学常规"。召开教学观摩会、经验交流会和成果推介会,积极转化优秀教学经验和精品成果。落实"学科教学常规",规范教师课堂教学行为。

五、具体要求

(一)加强领导,提供组织保障

1. 建立领导组织。成立海阳市"新课堂"研究行动领导小组,由教研室主任为组长,各室主任为副组长,学科教研员为成员,负责整体规划、宏观调控、组织协调和经费保障等各项工作。一要强化计划意识,从实际出发,将"新课堂"研究行动列入年度教学工作计划。二要强化责任意识,明确人员分工,强化活动配当,确保过程扎实、成效明显。三要强化科学意识,尊重规律,探索规律,掌握规律,用科学理论来指导实践行动,用科学方法来解决实际问题。

2. 组建专家团队。组建海阳市"新课堂"研究行动指导专家团队,以学科教研员、区域名师为主要成员,负责方案设计、理论研究、教师培训、过程指导、经验总结、成果推广等具体工作。一要超前谋划,加快对相关理论的前瞻性研究,组织新教材、新课堂等相关培训活动,主动将有价值的教学理论及研究成果转化为教学实践。二要靠前调研,针对基层学校和一线教师在每个阶段的课堂变革中出现的问题、存在的困惑,做好专题调研与辅导,为学校和教师答疑解惑,确保课堂深度变革有效推进。三要提前引领,在理论研究和实践反思的基础上,积极探索不同学科、不同课型的教学改革思路和有效策略,为学校、教师开展"新课堂"研究提供可资借鉴的路径参考。

3. 健全教研组织。教研组织机构是开展"新课堂"研究行动的重要保障。一要加强学科教研组建设,强化团队合作意识,创新教研方式,在课程纲要编写、大单元教学设计等重点工作中发挥集体的智慧和力量。二要健全跨界教研组织,成立并健全学校发展联盟和片区教研共同体,采用城乡联谊、强强联合、以强带弱等方式,快速突破"新课堂"研究行动中遇到的难题,加快优秀教研成果在校际之间、区域之间的应用转化,助力学科教学均衡化发展。三要组建校本研修组织,教师自发地成立学科精英团队、学习发展共同体,定向研究,团队作战,既有效解决现实教学问题,又发现并形成自己的研究专长。

(二)创新教研,提升科学含量

1. 组织学科研讨。学科研讨要坚持"学情主导"的基本原则,把握学情,以便为精准教学提供对策。一要下移重心,深入课堂、深入学生,开展学情调研,分析学生的学习基础、学习需求和现存问题,确定学科教研思路和主题,通过"备课、观课、诊课、议课",让学生学习更为需要、更有价值的学科知识。二要突出重点,围绕学科核心素养培育任务,抓实"研标、立标、学标、达标"活动,召开学科教学质量分析,结合课堂练习、日常作业和学期检测等形式,获取必要的学情信息,调适"新课堂"研究行动的进度和要求。三要跟进指导,经常深入基层,帮助实验学校、薄弱学校以及定点联系学校,系统规划学科教研工作,有序开展学科教研活动,打造优势学科、特色学科,解决薄弱学科教学中存在的实际问题。

2. 改进课堂诊断。课堂诊断要坚持"学为中心"的基本原则,以便引领教师真正做到因学定教、以学论教。一要提供理论支撑。以山东省基础教育教学改革项目"学科育人价值导向的课堂教学诊断研究"为抓手,从课程高度挖掘教材本身蕴含的育人价值,研制课堂诊断内容框架和教学评价指标体系,为教师开展"研究课、常态课、示范课"等课堂诊断提供理论支撑。二要提供技术支持。要研发有效的课堂诊断策略和科学的诊断工具,引导教师在课堂诊断时分析"学、评、教"三者的整体性、一致性和联动性,基于观察证据和检测试题,分析课堂教学行为,加快课堂诊断从"就事论事"的表层评议向"剖课析理"的深度推论转变。三要提供现场指导。深入教学现场,引领教师坚持"以学论教"的原则,分析教师教学行为对学生的学习动机、学习行为和学习效果的影响,分析教师教学行为对学生关键能力、积极情感以及价值观念的影响,做到有理有据地评课议课。

3. 开展课题研究。课题研究要坚持"问题导向"的基本原则,着眼现实问题,探寻改进实践的有效策略。一要实施项目带动战略,组织"新课堂"研究行动重点项目申报,集中力量,破解事关"新课堂"教学的重大问题。二要开展小课题研究,倡导"课题研究课堂化、课堂研究课题化",牢固树立"问题即课题、教学即研究、成长即成果"的科研理念,立足教学改革实践,按照"小步子、低台阶、快节奏、求实效"的原则,引导教师研究"新课堂"教学中的"小现象、小问题、小策略",形成相应的"小案例、小论文、小故事"。三要组织微型研讨,就教学中存在的困惑或问题组织微研讨、桌边教研等活动,探讨教改方案,积累典型案例,总结先进经验,形成"题目到课堂中选、研究到课堂中做、答案到课堂中找、成果到课堂中用"的校本教研文化。

(三)改进管理,建立长效机制

1. 完善教学管理。"新课堂"研究行动要坚持向管理要质量、要效益,建立相应的长效机制。一要加强督导评估。市教研室将把"新课堂"研究行动情况列入学校年度岗位目标考核,通过加强督导与检查,促进学校逐步形成自己的教学改革优势、亮点和特色。二要完善教学常规。要按教研主题有序开展"研标、定标、学标、达标"活动,并建立与之相配套的学科教研制度和教学管理常规,及时完善评价考核制度。落实好"三个一"的教研活动:每月至少组织一次校本研修培训活动;每学期至少举行一次全校性的主题教研活动;每学年至少搞一次全员参与的课堂教学达标评比活动。三要保障经费投入。合理安排项目研究经费,确保"新课堂"研究行动顺利进行。支持有条件的学校设立相应的"新课堂"研究行动项目和研究经费。

2. 建立激励机制。"新课堂"研究行动要通过激励措施来盘活人力资源,共享教研智慧。一要培植先进典型。及时发现并主动培育"新课堂"研究行动的先进典型,组织人员对其经验、成果进行提炼,培植出一批课堂深度变革的优秀教师、先进团队、示范学校,并通过有效形式,充分发挥其辐射带动作用。二要搭建交流平台。每学期召开全市教学工作会议,选择优秀的"新课堂"研究行动经验进行交流。采取现场观摩、研讨展示、专题论坛等形式,在全市中小学共享"新课堂"研究行动先进经验。三要加大表彰力度。评选优质课、优秀教学设计、精品课例,激发教师参与"新课堂"研究行动的积极性、主动性和创新性。要创造机会,对"新课堂"研究行动中涌现出的先进学校、先进个人和优秀教研团队、优秀成果予以表彰。

3.推介研究成果。"新课堂"研究行动要及时转化成果,推动教学改革向纵深发展。一要加强现场推介。召开教学观摩现场会,举办教学成果推介周活动,及时推广和转化"新课堂"研究成果。二要加强报刊推介。在《海阳教育》开辟专栏,推介"新课堂"研究行动的先进经验和成功做法。向省市级教育报刊推荐学校、教师的先进经验、优秀成果,在更大范围内推广我市的教学改革经验。鼓励教师发表高质量的学术论文,出版有关教学改革的专著,增强其职业的获得感和幸福感。三要加强媒体推介。向各级电视台、广播电台、微信公众号等媒体平台推送"新课堂"研究行动的报道稿件,加大宣传力度,扩大其专业影响力。

海阳市教学研究室

2020 年 9 月 10 日

附录二　烟台市基于学科核心素养的课堂教学改革启动会典型发言材料

科学规划　整体运作
区域推进中小学课堂深度变革

多年来,海阳市教学研究室一直把课堂作为立德树人的主阵地,坚持问题导向、提质增效、守正创新,加快中小学课堂转型的实践探索,引发了县域范围内的课堂深度变革,取得了显著的实践成效,也形成了一定的研究成果。现将海阳课堂教学改革情况汇报如下。

一、应势而动,顺势而为,确保课堂变革持续升级

自 2006 年以来,我们顺应教学改革发展形势,从实际出发,先后开展了高

效课堂、思维对话课堂、"学本"课堂建设,初步实现了课堂教学改革从注重"效率提升"到追求"思维发展"再到致力"学习促进"的三次跃进,海阳的课堂变革体现出学习中心、课程立意、育人本位三大理念。

（一）坚持学习中心,加快课堂转型

为了把"学习中心"的教学理念转化为具体的教学行为,我们总结提炼出了"因学定教"的教学设计、"顺学而导"的教学指导、"以学论教"的教学评价三大策略。

一是创新教材处理。倡导把"教材"变成"学材",将教材知识的编排逻辑转化为符合学生发展的认知逻辑,确保学生学习有序展开。例如海阳一中、中英文学校等都研发出了导学案,英才实验学校研发了预习案、探究案、巩固案和单元测试题。

二是创新教学思路。倡导"教"的思路顺应"学"的思路,把"教"为主线的活动安排转化为"学"为主线的任务板块,确保学生学习顺畅推进。例如凤城街道中心小学提出联动课堂,按照学生学习需求来设计课堂板块,让"学"成为"学、评、教"有效联动的关键链条。

三是创新教学方式。倡导"教"的策略匹配"学"的方式,以"学会"为目的,让"教"真正服务于"学"。例如亚沙城小学开展基于标准的教学,以折线图的方式诊断课堂"学评教"一致性,以"学的有效性"来分析"教"的匹配性,使课堂评议真正做到了"以学论教"。

（二）坚持课程立意,加快课堂重构

我们自 2015 年 1 月起推行基于课程标准的教学,倡导研究"学-评-教一致性",出台了《海阳市中小学"学本"课堂教学评价指导意见》。近年来,先后就学科课程结构、学期纲要编写、单元教学设计等展开实践探索,由此课堂教学改革迈出坚实步伐,实验教师的课程意识明显增强。

一是研究教学目标。为了让教师明确"教/学到什么程度",我们组织教师研读并分解课程标准,研读教材,调查学情,总结出"源于课标、据于教材、基于学情"的目标设计三原则。例如,凤城小学、亚沙城小学等实验教师对课标分解进行实践探索,总结出一些课标分解、目标设计策略。

二是整合课程内容。"教/学什么更好",这是值得教师深入研究的基本问题。2019 年,我们通过小课题研究的方式,引导教师就"课程纲要编制、学科内整合、跨学科整合"展开研究。亚沙城小学完成了今年两个学期的课程纲要和单元教学设计,育才中学、育才小学、英才实验学校都在单元教学方面进行了大胆实践,中英文学校也对学科课程进行了创造性整合,均富有成效。

三是提炼课堂模型。"怎么教/学更有效",我们将其作为教师研究课堂的第三大问题。在实践中,亚沙城小学探索出"问题导学"课堂模型,行村小学总结出"三读五写"整体教学模型,中英文学校提炼出"五环节"教学,此外,海阳四中"翻转课堂"教学模式,美宝学校在混合式学习方面富有成效。

(三)坚持育人本位,加快课堂再造

为了加快实现从"学科教学"向"学科育人"的转变,促进学生全面发展、主动发展、差异发展,我们的做法有三。

一是区域推进学科德育。加强学科德育探索,有利于学生全面发展、健康成长。海阳一中、育才中学、实验中学、育才小学等学校的学科德育卓有成效,新元中学、凤城初中、方圆学校、辛安一小等被评为学科德育工作先进单位。

二是研究学科核心素养。英才实验学校通过"生态课堂""作业超市"等多种路径来落实学生的学科核心素养;新元小学通过"学力"课堂来培养学生的思考力、表达力,都取得显著成效。

三是转化差异教学成果。烟台中英文学校、凤城小学、凤城初中、亚沙城初中等学校长期致力于差异教学,促进了学生发展,提高了教学质量,也积累了一些成功经验。小纪初中、泉水头学校等主动开展分层教学,就培优补差进行探索,取得了明显的实践成效,助推了学生学习与发展。

二、科学规划,整体运作,确保课堂变革有效推进

区域推进课堂教学改革是一项复杂的系统工程,需要科学谋划,精心设计。总的来看,我们在"学本"课堂建设、"学-评-教一致性"研究和学科育人三个方面总结经验,转化成果,富有成效。

(一)落实主题年教研活动,推进"学本"课堂建设

2014年10月,我们召开了"学本"建设启动暨培训会议,邀请管锡基院长做了专题报告,对全市中小学校长、教师进行了专业引领。此后,我们区域推进"学本"课堂建设,加快了中小学课堂转型。

一是"逐年推进"。为了加快课堂教学由"教本"向"学本"的转型,我们在做好关键性因素调研的基础上,将2015、2016、2017年分别确定为教师主导型、师生同导型、学生自导型"学本"课堂研究年,并依次开展主题年教研活

动,集全市之力,攻坚克难。

二是"三课联动"。对课程统整、课堂重构和课题精研进行系统思考,保持三者的一致性,形成"学本"课堂建设的强大合力。我们坚持"课堂重构需要课程先整"的思想,指导教师依据课程标准进行了学科间课程整合。

三是"四步循环"。每个主题年都按照"研标、定标、学标、达标"四步分课型进行教研活动,实现循环发展。在"四步循环"教研活动中,教师研究课程标准,设计教学目标,确定评价标准,让基于标准的教学成为教师的自觉行为。

2019 年 5 月,我们召开了全市中小学"学本"课堂建设总结表彰会议,对全市 24 所学校和 119 名先进个人进行了表彰。

(二)实施项目带动战略,推进"学-评-教一致性"研究

"学-评-教一致性"是基于课程标准的教学的基本要求,也提高课堂教学有效性的关键技术。为此,我们实施项目带动战略,推进"学-评-教一致性"研究。

一是开展跨界教研活动。2016 年 3 月,由海阳市教学研究室牵头,5 所学校组建成为"教学一致性诊断"项目共同体,确定了"专题讲座 + 读书沙龙 + 课例研讨"的项目研讨形式、"经验交流 + 课堂展示 + 专题研讨"的成果展示形式和"同读一书、同研一课、同写一文"的专业研修形式。

二是开展主题教研活动。我们以大问题教学、学习目标设计、评价任务等为主题开展了一系列教研活动,让教研团队诊断教学,引导教师基于证据进行"评学论教",有序推进了项目研究。近年来,我们在凤城小学、亚沙城小学、亚沙城初中、英才实验学校等学校组织了形式多样的主题教研活动,发挥了教师课堂研究的积极性和创造性。

三是开展专题研修活动。我们先后组织了基于标准的"学本"课堂教学培训会、大问题教学诊断培训会等,邀请张菊荣、卢臻等国内知名专家进行现场指导和专题讲座,让教师们对学评教一致性有了更深刻的理解。

(三)坚持以重点课题为依托,推进课堂深度变革探索

2019 年 7 月,"学科育人价值导向的课堂深度变革研究"立项为山东省教育科学"十三五"规划课题。我们以这项重点课题为依托,努力构建理念先进、富有生命活力的"新课堂"。

一是尝试素养导向的课程建设。2018 年,着手学科课程结构研究,2019 年,语文单元拓展整合阅读工程全面启动,通过跟进实验学校、培育种子教师、推进课题研究,取得显著成效。引导教师探索"学科 + 生活""学科 + 学科""学科 + 技术"等整合策略,在学科课程整合方面迈出坚实步伐。

二是推进育人本位的教学实践。将备课范式从"顺向设计"转变为"逆向设计",指导教师挖掘学科育人价值,实施学科育人;将课堂教学从"线性流程"转变为"立体板块",通过学习任务设计使学、评、教融为一体;将学习评价从"即时点评"转变为"持续驱动",通过评价标准实现学习增值。2019 年 10 月,成立了由 6 个市区自愿组建的"课堂深度变革学校联盟";2020 年 6 月,海阳课堂变革经验被《现代教育》推介。

三是组织学为中心的课堂诊断。我们扎实开展课堂教学诊断探索,研制课堂观察框架、课堂观察表和课堂诊断工具,对教师进行课堂诊断技术培训,使他们掌握了"观、问、听、切"的诊断技巧和"描、找、揭、提"的表达技巧,同时引导教师"剖课析理",用证据分析,用数据说话,让他们学会了专业的评课议课。

三、专业引领,成果推介,确保课堂变革健康发展

近年来,我们按照"科学研究、专业引领、精致管理、实效评价"的教研工作思路,形成了"业务靠行政助力""教研需科研支撑""实践与成果互促"三条经验。

(一)业务靠行政助力,让课堂变革高速度发展

一是会议推动。召开课堂建设启动会、研讨会、观摩会和表彰会,并配套组织教学工作会、学科教研会和课题研讨会,通过各种会议推动课堂变革持续发展。

二是培训拉动。每年都召开全市课堂建设专题培训会,邀请管锡基、崔成志、卢臻等专家进行课堂指导,对全市骨干教师进行了专业引领。同时,还组织教研员、校长、业务骨干到深圳、郑州、长沙、青岛、淄博、潍坊、威海等地参加培训,学习先进教改经验。

三是活动促动。举行片区教研共同体活动,开展学校联盟教研活动,组织名师送教下乡,对基地学校跟进指导,通过种种活动促动课堂教学变革向深水区迈进。

(二)教研需科研支撑,让课堂变革高层次运行

一是基于课题的学科教研。倡导教研员做课题研究,以课题带动课堂变革,谋求在学科教学的某一领域、某些方面取得重大突破。2019 年 10 月,我们承

办了烟台市初中物理课堂教学改革名师论坛暨中考试题分析会议和烟台市小学语文、科学等"互联网 + 教师专业发展"工程学科工作坊现场会。

二是基于主题的合作教研。我们采用城乡联手、强强联合、以强带弱等方式,建立项目共同体、学校发展联盟等合作团队,整合资源和力量,快速突破课堂变革中的重点问题、关键问题,实现了优质资源在校际之间、区域之间的互补共享,推进了"学本"课堂建设的精致化研究。

三是基于问题的校本教研。我们将校本教研作为提高课堂教学改革实效的有效举措。在实践中,凤城街道初级中学探索出学情微研讨策略体系,中英文学校探索出"集智式"集体备课模式,育才小学探索出了"关注小现象、发现小问题、探索小策略"的"三小"式校本教研模式……这些校本教研成果能将课堂教学中的问题及时消灭在萌芽状态。

(三)理论与实践互促,让课堂变革高品质发展

一是理论普及。我们编写《"学本"课堂专刊》,供教师自学研修;开展专业阅读活动,给教师提供研读书目,例如组织教研员、教师研读了《基于标准的教学设计》《核心素养导向的课堂教学》《深度学习:走向核心素养(理论普及读本)》《追求理解的教学设计》等专著,为课堂变革奠定了思想基础。

二是成果培育。我们组织县市级教学成果奖评选活动,在教育科研考核中加大重点项目展示的权重,引导学校有计划地进行成果培育。自 2016 年起,我们共获得 27 项烟台市基础教育成果奖、5 项山东省基础教育教学成果奖。

三是成果推介。我们举办科研基地学校成果推介周、全市小学教学成果推介周,把教学成果转化为现实的教学生产力,也让学校站在现有教学改革的高位上奋力前行,自觉地踏上了课堂深度变革之路。

回眸十余年的改革历程,我们在课堂建设方面取得了一些成绩。2017 年,海阳"学本"课堂建设经验被《现代教育》推介。2018 年,我市先后承办了全国生命化教育大问题教学研讨会、烟台市教育科学"十三五"规划课题中期指导暨阶段成果展示会、山东省"互联网 + 教师专业发展"教育科研工作坊现场会。2019 年,4 个项目评为山东省基础教育教学改革项目。2020 年 6 月,我市"学-评-教一体化"课堂深度变革经验被《现代教育》推介;9 月,我们教体局出台了《海阳新时代品质教育行动纲要》,把"新课堂"研究作为三大任务之一;10 月,我市被确立为全国新样态学校实验区,7 所学校确立为新样态实验学校。

今后，我们将在烟台教科院的正确领导和专业引领下，以本次会议为契机，全面落实《基于学科核心素养的课堂教学改革方案》，扎实推进海阳"新课堂"研究，努力打造新时代品质课堂，为烟台课堂革命贡献智慧和力量。

海阳市教学研究室

2020 年 11 月 6 日

参考文献

[1] 朱伟强、崔允漷.关于内容标准的分解策略和方法[J].课程教材教法，2011（10）：24-29.

[2] 崔允漷主编.有效教学[M].上海：华东师范大学出版社，2009.

[3] 邵朝友，余淑君，王莲君.《课程纲要》的撰写与呈现[J].当代教育科学，2006（22）：9-11.

[4] 卢臻.课程纲要三级撰写[J].基础教育课程，2015（13）：17-19.

[5] 张华，刘合英.编制课程纲要　引领课程实施[J].教书育人，2021（08）：46-47.

[6] 刘秀峰.基于"问题意识和问题导向"的高校"纲要"课课程设计与实践[J].文教资料，2021（22）：178-181.

[7] 廖哲勋.评新课改中不同知识观引发的激烈争论[J].课程·教材·教法，2014（12）：14-21.

[8] 常珊珊，李家清.课程改革深化背景下的核心素养体系构建[J].课程·教材·教法，2015（9）：29-35.

[9] 褚宏启.核心素养是否过时：关键能力能否取代核心素养？[J].中小学管理，2017（10）：58

[10] 杜威.民主主义与教育[M].王承绪译,北京：人民教育出版社，1990

[11] 夏雪梅.以学习为中心的课堂观察J].教育理论·课堂评价，2012（9）：29-30

[12] 李国杰，程学旗.大数据研究：未来科技与经济社会发展的重大战略领域[J].中国科学院院刊，2015（27）：647-657.

[13] 俞宏毓.近十多年来我国学情分析研究的发展与反思[J].上海教育科研，2019（03）.

[14] 张新洲主编.韩立福与学本课堂[M].北京：北京师范大学出版社，2015.我的学本课堂观42

[15]【美】拉尔夫·泰勒.课程与教学的基本原理[M].施良方译.北京：人民教育出版社，1994：86.

[16] 王少非.促进学习的课堂评价[M].上海：华东师范大学出版社，2018：

325

[17] 杨向东 . 课堂评价 [M]. 上海:华东师范大学出版社，2012:58.

[18] 崔允漷 . 有效教学 [M]. 上海:华东师范大学出版社，2009:113-114.

[19] 高凌飚,钟媚 . 过程性评价:概念、范围与实施 [J]. 上海教育科研,2005(9).

[20] 郑国民,孙宁宁 . 语文单元教学的反思 [J]. 学科教育，2002(05):18-21

[21] 刘晓惠 . 学科素养下的语文单元教学设计策略研究 [J]. 赤峰学院学报(汉文哲学社会科学版)，2020，41(09):105-108.

[22] 杨进玲 . 高中历史单元教学设计策略研究 [D]. 杭州师范大学，2020

[23] 何亚儿,三年级上册第三单元思考 . 知网，2021

[24] 【捷克】夸美纽斯 . 大教学论 [M]. 傅任敢,译 . 北京:教育科学出版社，1999:1.

[25] 申大魁,田建荣 . 教师教学方式转变的方向和措施[J]. 学术探索，2013(6):149-152.

[26] 吴艳 . 为质疑而教——中美课堂教学的比较及其思考[J]. 外国中小学教育，2012(5):23，57-61.

[27][29][30] 庞雅丽,姜辉 . 中式课例研究中"磨课"研究的内涵、实践样态及未来的趋势 [J].《上海教育科研》2020(10).

[28][31][32][33][34][35] 郭文革 . 中小学校本研课磨课三要素 [J]. 教学与管理 2018(6).

[36][37][38] 初向伦 . 基于"教、研、训"一体化磨课的实践与谈索 [J].《现代教育》，2019(11).

后 记

  2017年普通高中课程标准由国家教育部制定并颁布,在新的学科课程标准中重点体现了四大特点:一是凝练了学科核心素养;二是更新了教学内容;三是研制了学业质量标准;四是增强了教学指导性。而义务教育段的课程标准也在修订之中,相信很快将在2022年和广大教师见面。在实际工作中我们发现新的课程标准要想在广大教师的教学实践中落地还面临诸多困难,其中,最突出的问题是教师缺乏先进的教学技术作支撑,难以把新课程标准的要求转化为自身丰富多彩的教学实践。教学技术的突破成为基础教育领域亟需解决的关键性问题。

  海阳市教研室面对这一课改难题,没有等待观望,而是带领全市骨干教师自主研发教学新技术。首先,海阳通过"请进来"和"走出去"两大举措,虚心向课改专家学习先进的课改理念,组织骨干教师先后聆听了顾泠沅、崔允漷、卢臻、张斌、张文质、黄爱华、张菊荣、陈大伟等课改专家的讲座,更新教师教学理念,坚定教师课改决心。其次,海阳尝试从自身的教改实践中提炼先进技术。自2006年至今,海阳市教研室引领县域学校先后开展了"有效课堂、高效课堂"研究、"和谐高效思维对话型"课堂研究、"学本"课堂研究和学科育人的"新课堂"研究,这四次教学改革是一个循环发展的迭代过程,每一次迭代行动的研究成果,都是下一次迭代行动的实践基础。让人惊喜的是:在四次教改迭代的过程中,支撑教学改革的关键技术被部分骨干教师所掌握,我们指导教师将这些教学新技术提炼出来,在自己的教学实践中进一步打磨细化,使之达到自动化的水平。最后,组织骨干教师通过专题讲座、成果推介、网络研讨等形式,向海阳乃至域外教师推广应用,让更多的教育同行在实践中对这些教学新技术进行完善和优化，使其具有先进性和普适性。

经过专家引领、教改检验和实践打磨，这些教学新技术日臻完善。在此基础上，海阳市教研室开始了本书的撰写工作。本书共分 10 章，分别介绍了"课程标准的分解、课程纲要的编写、导学作业的设计、学情调研与分析、教学目标的制定、评价任务的设计、大单元教学设计、教－学－评一体化、教学诊断与评价、课堂打磨与改进"等 10 项课堂深度变革的教学新技术。每一项教学新技术都从操作要领、核心理念、典型案例三个方面进行详细解读，便于一线教师理解与操作。

本书是海阳新时代品质教育的重要成果之一，也是山东省教育科学"十四五"规划一般资助课题"县域中小学"学－评－教一致性"教学技术开发研究"（课题编号：2021YB129）和烟台市教育科学"十四五"规划重大项目"学科核心素养导向的区域课堂教学改革研究"（课题编号：YJZHDA145002）的阶段性成果。它凝聚了海阳市教体局领导、教科研团队和广大基层教师的心血与智慧。2021 年 9 月，在海阳市亚沙城小学召开了首次书稿编辑会，明确了各章素材征集的具体分工：第一章"课程标准的分解"由梁雪洁负责；第二章"课程纲要的编写"由孙翠负责；第三章"导学作业的设计"由祁云彦、许晓燕、修庆负责；第四章"学情调研与分析"由鞠爱宠负责；第五章"教学目标的制定"由高珊珊负责；第六章"评价任务的设计"由韩楠负责；第七章"大单元教学设计"由高阿静负责；第八章"教－学－评一体化"由邢陈强、郭晓莉、刘俊杰、邹腾云负责；第九章"教学诊断与评价"由宋军丽负责；第十章"课堂打磨与改进"由张春静负责。10 月，海阳市教研室召开了书稿网络研讨会，各章编辑面向海阳各学科骨干教师征集了各项教学新技术应用的典型案例。12 月，初稿完成后冷海涛、耿平、孙俊杰、曲新美、刘静静协同各位编辑对书稿做了进一步的修改。本书由海阳市教研室主持撰写，海阳市教研室主任刁伟波作为海阳课改的带头人和书稿撰写的发起人，一直倡导对海阳的教改成果进行编辑出版，对全书的框架设计提出了具体指导意见，最终完成了书稿的审定工作；李云辉作为教学新技术的理论指导者，具体负责书稿的策划和参编人员的培训，提出了书稿的撰写思路，梳理了每一章的内部结构，对各章的撰写内容提出了合理化建议，并对书稿进行了多次调整与修改；包宏伟具体负责会议的组织、人员的联络和书稿的汇总工作。

随着 2022 年国家义务教育段课程方案与学科课程标准的修订与颁布，我国的课程改革之舟将驶向全新的教育领域。如何把新课标的要求在教学实践中落地? 本书将为一线中小学教师提供技术支撑和方向引领。期待海阳的广大教师和全国教育同行一道,运用书中的先进教学技术,在丰富的教学实践中深入推进基于学科核心素养的课堂深度变革,帮助学生形成学科大概念,掌握学科思想和方法,提升自主学习能力,获得学习幸福感,全面实现学科育人的目标。

在本书撰写过程中,烟台市教育局和烟台市教科院的领导、专家给予我们很多专业指导和人文关怀,海阳市教体局局长纪卫东把"新课堂"研究作为海阳新时代品质教育的三大行动之一,对本书的编辑出版起到了积极的推动作用。在此,代向各位领导、专家表达由衷的谢意! 当然,本书的创编者多为一线教育工作者,受自身教育视野和实践经历所限,全书在理论的高度、思想的深度和技术的精度方面还存在诸多欠缺,诚望方家批评指正!

作　者

2022 年 3 月